# Amazon創業者
## ジェフ・ベゾスの

# お金を生み出す伝え方



THE BEZOS
BLUEPRINT
Carmine Gallo

カーマイン・ガロ
鈴木ファストアーベント理恵訳

文響社

THE BEZOS BLUEPRINT



Published by arrangement with
St. Martin's Publishing Group through Japan UNI Agency, Inc., Tokyo.

# Amazon創業者ジェフ・ベゾスのお金を生み出す伝え方

カーマイン・ガロ
鈴木ファストアーベント理恵 訳

# はじめに

## 「Day 1」――毎日が1日目

2004年の夏、ジェフ・ベゾスCEOは驚くべき決断をくだして、アマゾンのリーダーシップチームに衝撃を与えた。パワーポイントの使用を禁止したのだ。

アマゾンの経営陣は、ビジュアルにうったえるスライドや箇条書き機能の代わりに、文書やナラティブ（ストーリー仕立ての文章）の形でアイデアを説明し、売りこまなければならなくなった。世界でもっとも先進的なeコマース企業が、現代のプレゼンテーションツールを、5000年以上も前に発明された古代のコミュニケーションデバイスである文字と置き換えたのだ。

この新たなシステムによって、アマゾンの全社員が、シンプルな言葉、短い文章、そして明快な説明でアイデアを他者と共有するよう強いられることになった。

だが、ベゾスが導入したこのブループリント（設計図）こそが、アマゾンのその後20年にわたる驚異的な成長の基礎を固めたのである。

ジェフ・ベゾスは大胆なアイデアを世界でもっとも影響力ある企業に発展させた夢想家だ。その過程で、リーダーたちがプレゼンテーションを行い、アイデアを共有し、共通のビジョンを軸にチームをまとめる方法を根本からひっくり返すような戦略を作り上げた。

リーダーシップとコミュニケーションの探究者であるベゾスは、大半の人が不可能だと考えることを実現するために、人々のモチベーションを高める方法を探り、学習を重ねていった。

本書は、億万長者ベゾスの人生について書かれたものでもなければ、アマゾンという巨大eコマース企業について考察したものでもない。これらのテーマは、他の本で十分に語られているし、富の役割やアマゾンが経済におよぼす影響に関しても終わりのない論争が繰り広げられている。

そうではなくこの本では、より根本的な、読者一人ひとりが自分に当てはめて活かしていくことのできるテーマに注目した。

本書は、アマゾンの成長物語において見落とされ、過小評価されている側面、言い換えれば、読者の人生とキャリアの成功の土台となるトピックに焦点を当てている。

それはすなわち、コミュニケーションである。

並外れた文章力とストーリーテリング力という、ベゾスのコミュニケーションスキルに正面から取り組んだ書籍は、これまでなかった。

彼が24年にわたり株主に宛てて書いた手紙の、4万8000に上る単語を分析した本もない。さらに言えば、アマゾンの元幹部や、自身が立ち上げた会社にベゾスのコミュニケーションモデルを取り入れたCEOを、私ほど多くインタビューした著者も皆無だ。

シリコンバレーの伝説的ベンチャーキャピタリストとして知られるある人物は、ビジネススクールの学生たちに、ベゾスのライティングとコミュニケーション戦略を学ぶことを義務づけるべきだという考えを述べている。もし「あと20歳若かったならば」、自分がその授業を担当しただろうとまで言うのだ。

ベゾスは、アマゾンの社員が文章を書き、協力し、イノベーションを起こし、アイデアを売りこみ、プレゼンテーションを行う方法を改善するコミュニケーションツールを先駆けて開発した。そうすることで、シアトルのガレージで働く小さなチームを世界最大の企業のひとつへと成長させるうえで欠かせない、拡張性のあるモデルを構築したのだ。

端的に述べれば、ベゾスはブループリントを描いたのである。

私カーマイン・ガロは、ハーバード大学デザイン大学院の上級リーダーシップ・プログラムで、企業エグゼクティブ向けにコミュニケーションスキルを教えている。

受講者は皆、構築環境分野のリーダーである。世界中で、壮大な構造物、建造物、さらには都市を丸ごと創造してきた設計者やディベロッパーたちだ。彼らのビジョンは、よりスマートで、健康的で、環境に優しい、つまり、より住みやすい空間を作り出すことである。

カリキュラムの中で、コミュニケーションスキルのトレーニングは、重要な部分を占める。投資家や利害関係者、コミュニティの住民に自分たちのアイデアを売りこむことができなければ、何かを建設することなどまず不可能だからだ。

設計者のビジョンを、他の人がそれにしたがってアイデアを実行に移すことのできる詳細なモデルに変換したものがブループリントである。建設プロセスに関わるすべての人の認識をひとつにするための計画書としての役割を果たす。

加えて、ブループリントには拡張性があるため、設計者がその場に立ち会わずとも、エンジニア、請負業者、作業員がビジョンを現実のものにしていくことができる。

ビジョンがどれほど壮大であっても、ブループリントがなければ何も始まらない。

慈善事業と宇宙開発への情熱を追い求めたいという理由から、ベゾスは2021年にアマゾンCEOのポジションから退き、その後任にはアンディ・ジャシーが就いた。しかし、ベゾスが作り上げたコミュニケーションのブループリントは、同社のあらゆる部門で社員やリーダーのためのモデルとして機能し続けている。

アマゾンの幹部たちは今でも、ベゾスが27年におよぶ在任期間中にスピーチやインタビュー、プレゼンテーションを通して一貫して用いたのと同じ言葉を使い、同じ原則を説いているのだ。

また、ベゾスがアマゾンで先駆的に構築したコミュニケーション戦略は、同社が残してきた巨大な足跡の範囲をはるかに超えて波及している。

「アメリカのCEO生産工場」として知られるアマゾンは、多数の起業家を輩出しており、あなたも日々の生活を通してその多くに触れているだろう。

彼らは、ウォール・ストリート・ジャーナル紙が、「ジェフ・ベゾスのビジネスの福音を経済界に広めるアマゾン卒業生のディアスポラ［訳注：もともとは故地から世界中へ離散したユダヤ人を指す］」と呼ぶ人々の一部である。

本書でもたびたび取り上げるが、これらの元幹部たちは、自分のリーダーシップスタイルに合わせて取捨選択しながらも、アマゾンのカルチャーを自らの組織に取り入れている。

ベゾスのブループリントは、アダム・セリプスキーにも忘れがたい印象を残した。アマゾンで11年間働いた後、セリプスキーは2016年に同社を退職し、シアトルのソフトウェア大手タブローのCEOに就任した。

彼は「私がアマゾンから明らかに借用したもののひとつは、ナラティブだ」(出典1)と告白している。パワーポイントを文章によるナラティブに置き換えたり、製品開発に着手する前にプレスリリースを作成したりといったベゾスのアイデア(これらの戦略は、次章以降で詳しく学んでいく)を、アマゾンでのキャリアを終えた後も、アマゾンに復帰してからも、セリプスキーは手本にしたのである。

2021年、セリプスキーはアマゾン・ウェブ・サービス(AWS)を率いるべく、古巣アマゾンに戻った。AWSは、ネットフリックス、エアビーアンドビー、ズームなど、100万社以上の顧客企業のバックボーンを支える、アマゾンのクラウドコンピューティング部門である。

AWSの最高責任者として初めてテレビのインタビューを受けた時のセリプスキーの受け答えは、ベゾスの下で直接働いたことはなかったにもかかわらず(彼はベゾスの後任CEOとなったアンディ・ジャシーの下で働いていた)、アマゾン創業者ベゾスの発言を彷彿とさせるものであった。

ベゾスが株主宛てに書いた最初の手紙で経営理念の象徴として用いた表現を引用しながら、セリプスキーは「AWSにとっても顧客にとっても、今はまだ1日目(Day 1)です」(出典2)と述べ、

「長期的なビジネス戦略は、競合他社ではなく顧客にマニアックなほどフォーカスすることだ」と続けた。

「毎朝目を覚ましたら、顧客が私たちに次に何を構築してもらいたいと願っているのかを正確に理解し、そこから逆算して働くことが求められるのです」。セリプスキーが伝えようとしていたことは、本書を読み進めるうちにわかるように、ベゾスのメッセージそのものだったのである。

ベゾスのブループリントの伝道者は、アマゾン出身者だけにとどまらない。

本書で明らかにされる戦略は、ベスト・バイ、ホールフーズ、J．P．モルガン、フールーなど、誰もが知っている数多くのブランドのCEOや上級幹部たちによって実践されているのだ。

ペプシコの元CEOインドラ・ノーイのように、アマゾンを内部から学ぶ機会に飛びついたリーダーもいる。

ノーイはペプシコを去った後、「私がこれまで出会った中で、もっとも革新的で顧客中心主義の企業の考え方を最前列で観察できる」席を得ようと、アマゾンの取締役会のメンバーになった。

本書を手にした読者の皆さんも、そのアイデアでもって私たちの暮らす世界を変革し、コミュニケーションを競争優位性に変えた夢想家について、最前列で学ぶことができるはずだ。

## 説得の達人から学び、スキルを磨く

オンライン書店としてスタートしたアマゾンは、今や全世界で3億5000万点という驚異的な数の商品を販売するインターネット小売企業に成長した。

しかし、ベゾスが「世界一のセールスマン」である理由は、アマゾンがあらゆる人にあらゆる物を売っているからではない。

商品ではなく、夢を売るからこそ、ベゾスは世界でもっとも優秀なセールスマンなのである。そしてそのことが、すべての点において違いを生み出している。

アマゾンが最初の1冊の本を販売する1年前、ベゾスは商品よりももっと大事なもの、つまりビジョンを売りこまなければならなかった。

1994年から1995年初頭にかけて、ベゾスは家族や友人、そして出資をしてくれる可能性のありそうな人々と60回ものミーティングに臨み、自身の革新的なアイデアに対してひとり5万ドルを投資してくれるよう頼んだ。

だがその当時、アマゾンを売りこむのは容易なことではなかった。なにしろ、eコマースを利用した経験がある人など、ほとんどいなかったからだ。ベゾスが受けた質問のうちもっとも多かったのは、「インターネットって何?」だったのである。

もちろん、すべてのミーティングが出資に結びついたわけではない。ピッチを行った相手の多くは説得しきれなかった。だが、それでも22人から投資をしてもらえた。

3人に1人の割合で投資家から支援を受けられるというのは、どのようなスタートアップにとっても羨望に値する成功率である。それが1990年代半ばのeコマース企業への出資であったことを考えるなら、目を見張るような結果と言ってもいい。

アマゾンの初期の投資家たちは、会社に賭けたのではない。そのアイデアの背後にいる人物に賭けたのだ。ベゾスという人間と、そのビジョンに惹かれたのである。

トム・アルバーグは、アマゾンに小切手を切った投資家のひとりだ。23年後にアマゾンの取締役を退いた時、アルバーグの初期投資の価値は3000万ドルを超えていた。

アルバーグは、創業当時のミーティングでベゾスに強く感銘を受けたと述べている。特に、長期投資家にとって抗いがたいほど魅力的な見通しを、数字を使って証明する彼のスキルに驚嘆したという(データの効果的な伝え方については、第14章で取り上げる)。

そして時の経過とともに、自らの理念を日々実践するチームを作り上げるベゾスの能力にも感心させられるようになった。

1996年6月にベゾスは、ジョン・ドーアが率いるベンチャーキャピタル、クライナー・パーキンスから、さらに800万ドルの出資を受けた。

これは、アマゾンがその1年後に株式を公開するまでのあいだに行った資金調達のうち、唯一のベンチャーキャピタルからの支援であった。そしてこの投資は、クライナー・パーキンスに10億ドル以上のリターンをもたらすことになった。

ドーアは、ベゾスとの最初のミーティングについて、「私の目の前には、素晴らしい創業者がいて、千載一遇の投資機会があった」（出典3）と振り返る。「ベゾスには技術的なバックグラウンドがあり、彼は会社を短時間で成長させて世界の仕組みを変えるという夢を持っていた」

シアトルへ飛び、「とても環境が良いとは言えない地区」にあるアマゾンのオフィスを訪問したドーアは、ホーム・デポで購入した木製のドア板を使ったデスクを見て仰天したという。

第13章で学んでいくが、このドアは、アマゾンの社員に基本原則のひとつをつねに意識するようながすための、視覚的なシンボルだった。

ドーアは、ベゾスの原則が組織全体に深く浸透しているため、アンディ・ジャシーがベゾスの後任としてCEOに就任した後も、同社が価値観を見失うことはないだろうと予測した。

これこそがブループリントの力であり、アイデアや企業の成長に合わせて拡張できるモデルと呼ぶゆえんなのだ。

このうえなくいいアイデアを思いついたとしよう。成功の鍵は、どのような方法を試みるにしても、そのアイデアを実現させるために誰かを説得することにある。

営業の肩書きなど持たなくても、アイデアを売りこむことはできる。相手を納得させることがすべてであり、思っている以上にあなたも頻繁に誰かを説得しようとしているはずだ。

ダン・ピンクやその他の研究者の調査によると、ビジネスプロフェッショナルは仕事時間の40％を、説得する、影響力を行使する、動機づける、おだてる、納得してもらうといった営業を思わせる行為に費やしているという。

言い換えれば、毎日1時間のうち24分に前向きな影響を与えるには、説得の達人から学び、スキルを磨いていく必要があるということだ。

数年間、ジェフ・ベゾスのすぐそばで働いた経験を持つアン・ハイアットは、「私の人生で最良の贈り物は、世界でもっとも賢いCEOたちの隣に座り、彼らがどのように考え、行動し、自他のモチベーションを高め、意思決定しているかを一歩ずつ学べたことだ」(出典4)と語る。

ハイアットは、元上司から学んだ一番重要な習慣は、学習を優先する姿勢だと述べる。

ベゾスは毎朝、3紙の新聞を小脇に抱えて出社したという。新聞を読み終えてから、契約条項や報告資料の確認へと移った。

そこでハイアットは、ベゾスのデスクから新聞を拝借しては昼休みに読んだのだという。

自分はすべてのことを知っていると思った瞬間に、成長は止まる。

ベゾスは時間をかけてリーダーとして成長し、文章を書く力やプレゼンテーションの能力を見事に高めていった。あなたも、劇的な変化を遂げることができる。ただしそれは、「すべてを知っている」ではなく「すべてを学んでいく」姿勢を維持した場合の話だ。

次章以降で学ぶライティング、ストーリーテリング、プレゼンテーションの戦術は、読者の皆さんの潜在能力を引き出し、学生、起業家、経営者、リーダー、どのような分野のどのようなポジションであれ、ビジネスプロフェッショナルとして成功するための土台を固めることになる。

揺るぎないコミュニケーションの基礎を身につけることができれば、これらはアマゾンの有名な「フライホイール（弾み車）」のように機能し、ひとたび回り始めると止められない成功のサイクルを生み出すことに気づくだろう。


ジェフ・ベゾスがアマゾンで開発したコミュニケーション戦略は、私たちの日々の生活にも影響をおよぼしている。たとえあなたが、世界に3億人いるアマゾンのアクティブユーザーでなくとも、アマゾンの技術を借りている企業や、アマゾンからインスピレーションを受けた企業とやりとりをしているはずだ。

ベゾスほど、あなたの日常生活に大きな影響を与えた起業家はいないし、ベゾスほど、自分のビジョンを伝えることに「Ｄａｙ１（1日目）」から心を砕いたビジネスリーダーもいない。

## 求む、一流のコミュニケーションスキルを持つ人材

１９９４年8月23日、ベゾスは初めて求人広告を出した。

社名すら決まっていなかったのに、「潤沢な資金を持つシアトルのスタートアップ」を成功させるために必要なスキルについては、明確なビジョンを持っていた。

オペレーティングシステム（ＯＳ）のひとつであるＵＮＩＸの開発者を探していたので、応募者はプログラミング言語Ｃ＋＋に精通している必要があった。ウェブサーバーやＨＴＭＬの知識はあれば

プラスだが、必須ではないと付け足している。

一方ベゾスは、どのような職種であっても不可欠なスキルがひとつあると考えていた。それは、「一流のコミュニケーション能力」（出典5）である。


ベゾスは時代を先取りしていた。この求人広告から四半世紀後に、リンクトインが採用担当者4000人を対象に調査を行った。その調査からは、「いかなる分野でも、成功するために不可欠なスキルは、コミュニケーション能力である」という結論が導き出されている。

採用マネージャーたちは、120のスキルのうち、コミュニケーションスキルは需要が非常に高いにもかかわらず、それを提供できる人材は少ないと回答している。


機械学習、人工知能、クラウドコンピューティングのような非常に複雑で専門性の高い分野であっても、技術的なノウハウだけでは、大半の場合はトップに立つことはできない。リンクトインのジェフ・ワイナーCEOに言わせれば、「人間は過小評価されている」（出典6）のだ。

書く、話す、という人間のスキルは、分野を問わず成功のための基礎だ。この調査に基づけば、ライティングとコミュニケーションは、ほぼすべての業界、そして技術分野においてさえ、強く求められているスキルなのだ。


世界最大級の求人サイト、インディードのあるレポートによると、リモートワークの浸透によって、基礎的なスキルの重要性がますます高まったという。

口頭および文章によるコミュニケーションスキルは、雇用主がもっとも望む11のスキルリストのトップとなっている。2位はチームワーク、3位はリーダーシップだが、これらはいずれも、効果的に話し書く能力を高めていくことで強化できるスキルである。

新型コロナウイルスのパンデミックにともなうリモートワークへの移行や、自ら事業を起こしたり、フリーランスとして独立の道を選択したりして仕事を辞めていく人が増加する中、コミュニケーションスキルの重要性は高まる一方だ。


コンサルティング会社マッキンゼーは15か国で1万8000人を対象に調査を行い、「人々が将来のキャリアにおいても時代遅れになることがないと考えるスキル」を特定している（出典7）。この2021年のレポートは、人工知能や自動化、デジタル技術の進歩に加え、ポストコロナ時代の職場の変化を考慮に入れたもっとも包括的な調査のひとつに数えられる。


同調査によると、「デジタルスキル」が未来の雇用主が求職者に強く求めるスキルセットである一方、将来のキャリアを確かなものにするために必要な重要スキルのほとんどが、次のようなあらゆる形態のコミュニケーションスキルの分野に該当するという。

ストーリーテリング、パブリックスピーキング、メッセージの統合や明確化、オーディエンスや状況にあわせた情報の翻訳、周囲の人々を鼓舞するビジョンの創出、関係の構築や信頼の醸成。

いずれも、マッキンゼーが「基礎的スキル」と呼ぶスキルである。本書を通して、それぞれのスキルを高める方法を詳しく学んでいこう。

## 世界一のビジネス・コミュニケーター

このように、コミュニケーションのスキルがすべての土台となることを、ベゾスは誰に言われるまでもなく知っていた。

アマゾンの歴史のかなり早い段階で、ベゾスは効果的なコミュニケーションと類まれなイノベーションを結びつけた。

顧客体験を向上させるうえでデータが果たす役割の大きさを理解する一方で、イノベーションこそがアマゾンの成長を促進すると認識していた。そして、イノベーションには、優れた対人能力やコミュニケーションスキルを持つ賢い人材が必要だった。

多くの受賞歴を持つ作家ウォルター・アイザックソンは、「(彼が伝記を書いた) レオナルド・ダ・ヴィンチ、アルベルト・アインシュタイン、スティーブ・ジョブズなどの偉大な人物と並び得る、現代のリーダーは誰か?」と、たびたびたずねられるという。

アイザックソンの答えは、ジェフ・ベゾスだ。

「彼らは皆、非常に頭が良かった。だが、そのことが彼らを特別な存在にしているのではない」(出典8) とアイザックソンは語る。

「頭のいい人物ならいくらでもいるし、その多くは傑物にはならない。重要なのは、創造的であり、想像力に富んでいることなのだ。これらの能力が真のイノベーターを生み出す」

彼が執筆の対象とした3人と同じように、ベゾスは情熱的な好奇心、強烈な想像力、子どものように物事に驚嘆する感覚を持ちあわせている。

アイザックソンによれば、ベゾスは、文章の執筆、物語の構築、そしてストーリーテリングに「個人的な情熱」も抱いているという。

ベゾスは、コミュニケーションに対する深い関心と人文科学への思いを、テクノロジーへの熱意とビジネスの才能に結びつけたのだ。

「人文科学、テクノロジー、ビジネス、この三位一体こそが、ベゾスをこの時代でもっとも成功し、影響力あるイノベーターのひとりにしたのである」（出典9）

この見解に私も100%賛成だ。というのも、私もよく似た質問をされるからだ。「世界でもっとも優れたビジネス・コミュニケーターは誰だと思うか？」と。

拙著『スティーブ・ジョブズ 驚異のプレゼン─人々を惹きつける18の法則』で私は、アップルの共同創業者スティーブ・ジョブズを世界最高のコーポレート・ストーリーテラーと呼んだ。また、『TED 驚異のプレゼン─人を惹きつけ、心を動かす9つの法則』では、世界最高のパブリックスピーカーを称えるプラットフォームとしてTEDトークを取り上げた。

しかし、世界でもっとも優れたビジネス・コミュニケーターの名前をたずねられたなら、際立った人物の姿が思い浮かぶ。ジェフ・ベゾスだ。

## ベゾスが紡いだ、4万8062語の分析

ベゾスはコミュニケーションの達人だ。これは、私がインタビューを行った複数の元アマゾン幹部のあいだで一致する見解でもある。

これらのリーダーたち（元アマゾン幹部の多くが、自らスタートアップを立ち上げ、成功に導いている）は、ビジネスライティングとコミュニケーションの手本として、ベゾスが毎年執筆したアマゾンの株主への手紙をよく引き合いに出す。

ベゾスの手紙から得られる学びは、どのような分野のリーダーにも有効であるため、ビジネススクールの教材にすべきだと提案する人もいるくらいだ。

1997年から2020年まで、ベゾスは株主に宛てて24通の手紙を書いている。それらの手紙に含まれる単語数は、合計4万8062語に上る。

私はその一つひとつを分析し、分類した。センテンスごとに、綿密に検証した。すべての段落を深く掘り下げ、内容を精査した。その結果、さまざまな洞察が得られた。

まずベゾスほど巧みに、メタファー（暗喩）を用いるビジネスリーダーはなかなかいない。

彼は、アマゾンの成長の原動力となる「フライホイール（弾み車）」を構築した。「種」を蒔き、その「種」が巨大な事業へと成長した。「ピザ2枚分のチーム」を作った。また、なぜ失敗と発明が「分かちがたい双子」であるのかを説き、「傭兵」ではなく「伝道者」を雇った。ここに挙げたメタフ

アーは、氷山の一角に過ぎない。

もちろんベゾスはアーネスト・ヘミングウェイではないし、彼の使命も次の偉大なアメリカ小説を書くことではない。それでも、2人の書き手には共通点がある。複雑なテーマを扱いながらも、文章がシンプルで、多くの読者にとって取っつきやすいのだ。

文章がシンプルであることは重要だ。ハーバード・ビジネス・レビュー誌に掲載されたある研究によれば、「シンプルさは、科学者が呼ぶところの、脳の処理の流暢性向上につながる。短い文章、馴染みのある単語、すっきりした構文は、読者が脳を過度に働かせずとも意味を理解できる」(出典10)のである。

加えて、ベゾスの手紙から学べるもっとも注目すべき教訓のひとつは、「文章力は誰もが学び、時間をかけて磨くことができるスキルだ」という点だ。アマゾンが年々成長していく中、株主への手紙を書くたびにベゾスもまた書き手として進化を遂げた。

文章の質と明瞭さの観点から順位づけしたなら、スコアの低い手紙のほとんどが、アマゾンが上場してから数年のあいだに書かれたものだ。対して、質の高い文章は、上場から10年以降の手紙に多く見られる。

ベゾスが最後にしたためた2020年の手紙は、1997年の最初の手紙を、文章の質に関するほぼすべての客観的指標で上回っている。

ライティングが時間をかけて伸ばしていくことのできるスキルだということを、これでわかってもらえるだろう。

この「はじめに」のタイトルとして掲げた「Ｄａｙ　１」は戦略ではない。むしろマインドセット、あるいは考え方である。

１９９７年、ベゾスは最初の株主への手紙で、「今はインターネットとアマゾンにとって『Ｄａｙ１』です」と書いた。

ベゾスはその後20年間、会社がどれほど大きくなろうとも、このキャッチフレーズを、イノベーションの文化を創造し維持することのメタファーとして使ってきた。

アマゾンは、大きなアイデアと小さなチームから始まった。

アマゾンが１５０万人の従業員を抱える大企業に成長しても、ベゾスは感情面と精神面ではスタートアップであり続けることにこだわった。それはつねに学ぶこと、絶えず改善を重ねることを意味する。

「Ｄａｙ　１」のマインドセットとは、過去に学び損ねたスキルを習得することではない。将来の成功へ向けて新たなスキルを学ぶことである。

「Ｄａｙ　１」は、人類史上もっとも変化の激しい10年になることが確実視されているこの時代に、成功するための準備となるものなのだ。

## 本書で学べること

さて、本書は3部構成となっている。

第I部では、コミュニケーションの基礎を固めるために必要なことを学んでいく。文章が持つ説得の力を理解し、この力を高める方法を身につけていこう。

トップへの道は、無駄を削ぎ落とした言葉で舗装されていることも明らかにする。ベゾスや、他の革新的なリーダーたちが、なぜ複雑なことを説明するのにシンプルな言葉を用いるのかがわかるはずだ。

そして、選ばれたメタファーやアナロジー（類推）が、アマゾンのイノベーションを加速させ、バブルが崩壊した時代を生き抜くのに役立ったことも理解できるだろう。

この他、以下のことも学んでいく。

- 説得力のある文章と魅力的なプレゼンテーションが、ビッグアイデアから始まる理由
- 英語の歴史において１０６６年が重要な転換点である理由と、今日のビジネスリーダーが知っておくべき影響
- アイデアをシンプルにまとめるリーダーたちが、内容を薄っぺらにすることなく、競合他社を凌駕できる理由
- アイデアを説明し、聞き手の深い理解をうながすために、メタファーやアナロジーを効果的に用いる方法

・優れたプレゼンテーションと、記憶に残る音楽のサビに見られる共通点

第Ⅱ部では、読者や聴衆が行動を起こしたくなるようなストーリーを構成する要素を読み解いていこう。

ベゾスがパワーポイントを禁止した理由ときっかけ、そしてパワーポイントの代わりに何を導入したのかを正確に理解すれば、読者の皆さんもこれまでとは違った考え方ができるようになるはずだ。そして、安心してほしい。パワーポイントを使い続けても問題ない。何が違うかというと、ストーリーを伝えるためにスライドに頼るか、それとも自分が伝えたいストーリーを補完するために、プレゼンテーションの力を利用するかなのだ。

また、新しく効果的なコミュニケーション戦術を導入するために、ベゾスと緊密に仕事をしてきた元アマゾン幹部の話も紹介していく。

アマゾンの社員は今日にいたるまで、これらのコミュニケーション戦術を守っている。ベゾスが推進した変化のひとつであるナラティブがアマゾンの成長を加速させたこと、そしてあなたの生活に直接的に影響を与える多くの製品やサービスを生み出す火付け役となってきたことが、よくわかると思う。

さらに、次の点についても深掘りしていきたい。

・長い年月を経て有効性が実証されているストーリーテリングのシンプルな構成について。そしてそれが、印象に残る魅力的なプレゼンテーションやピッチを生み出す鍵となる理由

・大胆なアイデアを売りこむために、アマゾンの「ワーキング・バックワーズ（未来からの逆算）」戦略を適用する方法
・オリジン・ストーリー（原点となる出来事）を特定し、それを伝えるべき理由
・ベゾスをはじめとする創造的なリーダーが、人よりもはるかに多くの本を読む理由。そして彼らの読書習慣こそが、パブリックスピーカーとしての並外れた能力の源泉である事実

第Ⅲ部のテーマは、アイデアの共有とメッセージの伝達である。

ベゾスはメッセージを繰り返し発信する、最高経営責任者（CEO）ならぬ「最高リピート責任者（CRO）」の役割を担い、彼の考えに触発された「伝道者」たちから成るチームを作り上げた。その過程を詳らかにすることで、ベゾスと、次々に生まれる伝道者たちが、データや統計を記憶に残りやすく、理解しやすく、実行に移しやすいものにするために使っている戦術を解き明かしていく。

そして、優れたコミュニケーション能力もまた生まれながらの才能ではないこと、学び、伸ばしていくことが可能な能力だということを説明していく。

また、次のことにも触れる。

・「強み」「メッセージ」「練習」という3つの変数に焦点を当てることで、コミュニケーションと情報伝達の能力を向上させる方法
・チームをまとめて鼓舞するための、簡潔かつ大胆なビジョンを明快に伝える方法
・ブレインハック［訳注：無意識な行動の理由を明らかにし、脳の使い方に意識的になることで、脳の潜在能力を引き出す手法］によって、創造的なアイデアを生み出す方法

・コミュニケーションにおいて、3がもっとも説得力のある数字である理由

アマゾンの稼ぎ頭として、コンピュータの演算能力、記憶装置、ネットワーク機能などを提供するクラウド部門AWSの上級幹部をはじめ、私が、世界有数のブランドのCEOやリーダー向けのトレーニングで活用しているコミュニケーションツールとテンプレートも紹介していく。

あなたのストーリーを1枚のページに視覚的に示し、15分、あるいはたった15秒という短い時間で他者と共有できるメッセージを構築する方法を学んでいこう。

## 高まるコミュニケーションスキルの重要性

今日、次のような理由から、コミュニケーションのスキルがかつてないほど重要視されている。

第1に、あなたの上司、顧客、同僚、その他あなたが影響を与える必要のあるすべての人が、連日のように爆発的な量のデータと情報にさらされている。誰しもが、不要な雑音を排除して、優先順位を決め、複雑な情報を実用的なアドバイスに変換し、重要な内容を凝縮して明確にしてくれる、優れたコミュニケーターを必要としているのだ。

第2に、先にも言及したが、新型コロナウイルスの大流行により、リモートワークやオンラインミーティングの普及が一気に進んだ。パンデミックは「大退職時代」の引き金を引き、米国経済で今までに例がないほど多くの人が辞職の道を選択している。本書執筆中に発表されたマイクロソフトの調

査では、41％の労働者が退職もしくは転職を考えていることが明らかになった。

転職や起業に際しては、一歩抜きん出るために、またはビジネスパートナーを惹きつけるためにも、卓越したコミュニケーション能力が求められる。

リモート環境での協業は、文書によるコミュニケーションとオンラインでのプレゼンテーションが明確で簡潔、そして具体的であるほど効果的になる。

柔軟なリモートワークはメリットも多い一方で、希望の職をめぐる競争は激化する。求職時のライバルは、もはや会社の通勤圏内に住む候補者だけではない。採用マネージャーは、世界中のどこからでも人材を選ぶことができるのだ。

効果的に話せ、文章を書け、プレゼンテーションを行うことができる人材は、他者よりも輝いて見え、成功に近づけるだろう。

ここでひとつ朗報だ。コミュニケーションに用いるツールこそ変化してきたが、人間の脳は変わっていない。聴衆や読者が目の前にいようと、遠隔地にいようと、人々がどのように情報を吸収し、消化するのかを理解すれば、彼らの注意を引きつける能力を飛躍的に向上させることができる。それはキャリアの前進にもつながるはずだ。

ところで、「Ｄａｙ１」が初心を忘れず、つねに学び、成長の機会を求めることのメタファーであるとしたら、「Ｄａｙ２」は何を意味するのだろうか？

ベゾスの言葉を借りれば、２日目とは「停滞」である。「停滞の次には、存在意義の喪失が続きま

す。その後にやってくるのは、耐え難い、痛みをともなう衰退です。そして最後に待つのは死です」（出典11）

スキルの向上など自分には不要だと、現状に満足していられる人はほとんどいない。ベゾスが描くような、じわじわと進行する、痛みをともなう衰退は誰もが避けたいと思うものだ。「それこそが、毎日がＤａｙ１であるべき理由なのです」とベゾスは強調する。本書の戦略を学べば、あなたが衰退の道をたどることはない。上昇するだけだ。

アマゾンは、リーダーはもちろん、社員一人ひとりが日々の仕事で念頭に置くべき信条として、また採用に際しては求める人材の基準となる「リーダーシップの原則」を設けている。

その原則のひとつに、「物事を大きく考えること（Think Big）」がある。逆に、物事を狭い視野でとらえることは、自己成就的な予言［訳注：その時点では誤りや思いこみであるにもかかわらず、ある出来事が将来起こりそうだと信じることで新たな行動を誘引し、結果として現実となってしまうこと。社会学者ロバート・K．マートンが提唱］であるとベゾスは言う。

「Ｄａｙ１」を信条とするリーダーたちは、大きな夢を描き、周囲を鼓舞するコミュニケーションスキルを極めている。このような本を手にしたあなたはおそらく、そのようなリーダーたちの一員になろうと決意しているのではないだろうか。本書の戦略を適応していけば、アイデアをうまく引き出し、潜在能力を解き放つことができる。

本書を1章ずつ読み進めるうちに、自信が増していくだろう。各章を読み終えるたびに、より大きく、大胆で、力強い未来へと踏み出すために必要なスキルを身につけることができる。

今日は、そのような未来を築くための旅路の「Ｄａｙ１」だ。ただし、ベゾスならば次のように釘を刺すに違いない。

今日だけじゃない、毎日が「Ｄａｙ１」だ。

目次

## 5 アナロジーはコミュニケーターの最強の武器である 153



# 第Ⅱ部 ストーリーの構築

## 6 3幕構成でストーリーを語れ 174



## 7 著名な起業家たちのオリジン・ストーリー 204

## 第Ⅲ部 アイデアの実現へ

# 第Ⅰ部

# コミュニケーションの基礎

# 1 とにかくシンプルにすること

いつだって、物事をシンプルに、そしてスムーズにできればできるほど、より多くのものを得られるようになるのです。

——ジェフ・ベゾス、アマゾン株主への手紙（２００７年）

ジェフ・ベゾスはプリンストン大学で理論物理学を専攻していた。

非常に高い能力が要求されるコースだが、ベゾスは自分ならばどのような山でも乗り越えられると自信を持っていた。なにせ高校時代には卒業生総代を務めた人物である。出だしの2年は順調で、ほとんどのクラスで最上位の成績をおさめた。

その頃のベゾスは、物理学のプログラムを選択した新入生１００人のうち残っているのはたった30人だけという事実を誇りに思っていた。

そして、その数はさらに減少しようとしていた。問題はこの時、ベゾスも落ちこぼれる側に入りかけていたことである。3年生となったベゾスの前に、その人生とインターネットの未来を変えることになる障壁が現れたのだ。

ベゾスとルームメイトのジョーは、量子力学の授業を取っていた。

2人は、偏微分方程式（PDE）を解こうとして行き詰まった。偏微分方程式とは、「多変数関数のさまざまな偏微分のあいだに関係を課す方程式」と定義されている。数学が得意なベゾスだったが、この課題には当惑せざるを得なかった。

3時間、問題と格闘したあげく、出口を見出せなかった2人は名案を思いついた。「ヨサンタに聞いてみよう。プリンストンで一番賢い男だ」（出典1）

2人はヨサンタの部屋へ行き、問題を解いてくれないかと頼んだ。少し考えた後、ヨサンタは落ち着いた様子で「コサイン」と言うのだった。

「どういう意味だ？」ベゾスはたずねた。「それが答えだよ。解いてみようか」とヨサンタは3ページにわたり詳細な代数式を書き連ね、どのようにしてその答えにたどり着いたのかを明らかにした。

「ぜんぶ頭の中で考えたのか？」ベゾスは信じられないというようにたずねた。

「それはさすがに無理だよ」とヨサンタは答えた。「3年前に、同じような問題を解いたことがあるんだ。その時の問題に重ねることができたから、答えがコサインだとすぐにわかったというわけさ」

これがベゾスの人生のターニングポイントになった。

当時のことをベゾスは、「まさにその瞬間、自分は偉大な理論物理学者にはなれないと悟った」と述懐している。「壁の掲示板に貼られた情報を見て、急いで専攻を電気工学とコンピュータサイエンスに変えました」

後年ヨサンタは、世界一裕福な人物が自分をプリンストン大学でもっとも賢い男だと呼んだことを知り喜びを隠さなかった。

ヨサンタは次のようなツイートを投稿している。「私がいなかったらアマゾンは生まれていなかっただろう。ジェフ・ベゾスはそのまま物理の道を歩んでいただろうし、そうであったら世界は今とは違う場所になっていたはずだからね」

そのプリンストン大学の寮の部屋から世界を変えたのは、ベゾスだけではない。

あなたがアップルやサムソンの携帯電話を持っているなら、ヨサンタが開発に携わったチップや技術が使われている。大きなストーリーには、たくさんのエピソードがつきものなのだ。

専攻を変えるという決断が功を奏し、1986年、ベゾスは最優秀の成績でコンピュータサイエンスと電気工学の学位を取得して大学を卒業した。

それから四半世紀近くを経て、ベゾスは母校の卒業式に招かれ訓示を垂れている。

2010年のプリンストン大学の卒業生は、全米でもトップクラスの優秀な学生たちである。彼らの大半が入学した4年前、同大は過去最多の出願書類を受け取り、合格率はわずか10%だったのだ。

2010年5月30日、ベゾスはアイビーリーグの卒業生を前に語りかけた。

「今日皆さんにお話ししたいのは、才能と選択の違いについてです。賢いことは生まれ持った才能であり、優しさは選択です。才能は簡単です。結局のところ、与えられるものですから。しかし、選択は困難をともなうことがあります。突き詰めていけば、選択の積み重ねが私たちを形成しているのです」（出典2）

深遠なメッセージをシンプルな言葉で伝えたベゾスのスピーチは、瞬く間に話題となり拡散された。ナショナル・パブリック・ラジオはこのスピーチを、「史上最高の訓示のひとつ」と評している。

プリンストン大学でのスピーチから6年後、ベゾスは、誇りを持つべきは才能ではなく、自分の選択だというテーマを再び取り上げている。

「これは非常に重要なことであり、若い人々が理解し、親が子どもたちに繰り返し言って聞かせるべきことです。才能ある若者が、自分の才能に誇りを持つのはしごく簡単なことです。『私はすごく運動神経がいい』『私は本当に頭がいい』『私は数学がとても得意です』というように。それはそれでいいのです。自分の才能を喜ぶべきです。幸せに思うべきです。でも、それを誇りに思うことはできません。誇れるのは、自分の選択のみです」（出典3）

Did you work hard? That's a choice.
十分に努力したか？　これは選択だ。

Did you study hard? That's a choice.
手を抜かずに勉強したか？　これが選択だ。

Did you practice? That's a choice.
練習したか？　これが選択なのだ。

「優秀な人というのは、才能と努力を組み合わせることのできる人であり、努力とは選択なのです」とベゾスは述べている。

さて、本章では、ベゾスをはじめ成功したリーダーたちが、複雑な情報をどのように単純化しているのか見ていこう。また、なぜ物事を単純にする能力が競争優位性につながると考えるのか、そして単純化する力をあなたの強みにするために今すぐできることは何かについても学んでいく。

## 読みやすい文章で、競合相手を制する

卒業式でのベゾスのスピーチは、１３５３語、88の文から構成され、「リーダビリティ・スコア（読みやすさを示す指標）」を学年レベルで表す「フレッシュ・キンケイド・テスト」で言えば、７年生（日本の中学１年生）レベルに相当する。

リーダビリティ・スコアとは、文章の質を測る尺度である。平均的な読者にとって、対象となる文章を理解するのがどの程度難しいかを点数化したものだ。

リーダビリティ・スコアはもともと、ルドルフ・フレッシュ博士によって考案された。フレッシュ博士は、学者でありながら、複雑さを避けたシンプルな文章の大切さを説く伝道者であった。博士は、文章を読みにくくしたり、読みやすくしたりする要素を分類した。そのうえで、文章の平均的な長さや単語の数などの変数に基づいて、読みやすさを評価するテストを開発した。

読みやすさは1〜100のスコアで判定される。高スコアほど、読者が文章を理解しやすい。たとえばスコア30ならば、「とても読みにくい」文章であることを示す。70ならば「読みやすい」、90以上ならば「非常に読みやすい」となる。

1940年代後半に発表されてから、このシステムを採用した新聞社や出版社では、読者数が60％増加した。

1970年代、科学者であり教育者でもあるJ．ピーター・キンケイドは、フレッシュ博士とともに、リーダビリティ・スコアをより解釈しやすいものにすべく改良を図った。読みやすさのスコアを学年レベルに対応させたのだ。

こうして編み出されたフレッシュ・キンケイド・テストでは、文中の単語数、使われている単語の音節数、能動態と受動態で書かれた文の数などを検証し、読みやすさを学年レベルに当てはめる。

もしフレッシュ・キンケイド・テストに基づいて幅広い層の成人読者に向けて文章を書くとしたら、何年生レベルを想定すべきだろうか？　驚くかもしれないが、その答えは8年生（日本の中学2年生）だ。

8年生レベルで書かれた文章ならば、アメリカ人の80％が読んで理解することができる。ちなみに、『ハリー・ポッター』シリーズは6年生～8年生レベルだ。

後述するが、アマゾンの社員たちは文章を書く際、フレッシュ・キンケイド・テストの8年生レベル以下を目指すように指導されている。

さて、プリンストン大学でのベゾスのスピーチは7年生（日本の中学1年生）レベルであった。世界一の富豪が、この国でもっとも賢い大学生たちを、12歳の子どもにもわかる言葉で鼓舞したのだ。

ここがポイントである。読みやすさのスコアが7年生のレベルだからといって、ベゾスのスピーチが7年生のそれに聞こえるというわけではない。スコアは、スピーチの内容の難易度や精巧さを反映したものではないからだ。スコアは単に、聴衆や読者が情報を吸収し、理解するために精神的エネルギーをどれだけ費やす必要があるかを示すものなのだ。

スピーチやプレゼンテーションを追いかけるのが簡単であればあるほど、聴衆があなたのメッセージを記憶し、それに基づいて行動を起こす可能性が高くなる。

複雑なアイデアをシンプルに表現することは、内容のレベルを落とすことではない。むしろライバルを制することにつながるのだ。

ベゾスは1997年から2020年までアマゾンの株主に毎年手紙を書き、その数は全部で24通に上った。これらの手紙のリーダビリティ・スコアは次の通りだ。

・全単語数：4万8062語
・全センテンス数：2481文
・1文あたりの単語数：18・8語
・フレッシュ・キンケイド・レベル：11年生（日本の高校2年生）
・受動文6％、能動文84％（能動文は受動文よりも早く要点にたどり着くことができ、短く、ほとんどの場合において受動文よりも理解しやすい）

ベゾスほどの頭脳の持ち主が、平均的な高校生が読んで理解できる言葉で約4万8000語の文章を書くというのは、あっぱれとしか言いようがない。

とりわけ、フリーキャッシュフロー、GAAP（米国会計基準）、プロフォーマ利益といった難解な財務関連のテーマにも触れていることを考えたならば、偉業である。また、データマイニング、人工知能、機械学習など、高度に技術的な話題についても、これらがビジネス用語として定着する何年も前に言及している。

どのようなスキルでもそうであるように、ライティングのスキルは高めることができる。ベゾスの文章力も時間の経過とともに磨かれていった。

下の表1は、1997年にベゾスが初めて書いたアマゾンの株主宛ての

［表1］1997年と2020年のベゾスの株主への手紙の読みやすさの比較

| 読みやすさの要素 | 1997年 | 2020年 |
|---|---|---|
| 全単語数 | 1600語 | 4033語 |
| 1文あたりの単語数 | 20語 | 16語 |
| フレッシュ・キンケイド・レベル | 10年生（高校1年生） | 8年生（中学2年生） |

手紙と、CEOとしての最後の手紙を比較したものだ。

アマゾンの成長にともない、株主への手紙も長くなっている。一方で、手紙を書く回数を重ねるにつれ、文章がうまくなっているのだ。１文は平均４単語分短くなり、手紙を読むのに必要な教育年次も２学年分下がっていることがわかる。

２０２０年の手紙で人々の注目を集めた次の一節は、シンプルで読みやすく、小学６年生でも理解できる。

If you want to be successful in business (in life, actually), you have to create more than you consume. Your goal should be to create value for everyone you interact with. Any business that doesn't create value for those it touches, even if it appears successful on the surface, isn't long for this world. It's on the way out（出典４）.

ビジネスで成功したいのなら（これは実際、人生についても言えることですが）、消費する以上のものを作り出さなければなりません。あなたが目指すべきゴールは、自分が関係するすべての人にとっての価値を創造することです。たとえ表面的には成功しているように見えても、関わる人たちのために価値を生み出さないビジネスが、この世で長続きすることはありません。そのようなビジネスは、すでに退却へと向かう道を歩みつつあるのです。

## コーチング・ドリル

アマゾンのＣＥＯ在任中にベゾスは、リーダーシップの原則の作成に力を入れた。

アマゾン社員は、毎日この原則を念頭に置いて、新プロジェクトについて議論したり、アイデアを売りこんだり、問題を解決するための最善のアプローチを特定したりしている。そしてこの原則は何よりも、あらゆる決定において「お客様を中心に考える」というアマゾンの企業理念を補強するものだ。

組織のすべてのレベルの社員がこの原則を十分に理解し、仕事に取り入れることができている理由のひとつは、文章の書かれ方にある。文書全体はたった７００語から成り、7年生（日本の中学1年生）レベルの言葉で書かれているのだ。どの原則もシンプルかつ明快で、原則を望ましい行動に落としこむための短い文章が続く。

たとえば、ひとつめの、そしてもっとも重要な指針となる原則は次の通りだ。

CUSTOMER OBSESSION

お客様に執拗なまでにこだわる

アマゾンによると、これは次のことを意味している。

Leaders start with the customer and work backwards. They work vigorously to earn and keep customer trust. Although leaders pay attention to competitors, they obsess over customers.

リーダーはお客様を起点に考え、逆算して仕事をする。お客様から信頼を獲得し、維持していくために全力を尽くす。リーダーは競合にも注意を払うが、何よりもお客様を中心に考えることにこだわる。

本書のテーマにも関連する重要な原則は、「Ownership（オーナーシップ）」「Invent and Simplify（革新と創造の追求とシンプルな方法の模索）」「Learn and Be Curious（つねに学び好奇心を持つこと）」「Think Big（物事を大きく考えること）」「Earn Trust（信頼の獲得）」「Insist on the Highest Standards（最高水準の適用）」である。

これらの原則は、アマゾンのウェブサイトにも掲載されている。それは同社がこの原則を、すべての求職者に知ってもらいたい、すべての新入社員に学んでもらいたい、そしてすべてのリーダーに原則を自分のものとして、さらに他者と共有してもらいたいと考えているからだ（出典5）。

『ジェフ・ベゾス 果てなき野望─アマゾンを創った無敵の奇才経営者』でアマゾンの成長の軌跡を追ったブラッド・ストーンは、明確に原則を打ち出すことは、計算されたリーダーシップ戦略であると述べている。

会社の目標がわかりにくかったり、複雑であったりするために多くの組織で社員が混乱状態に陥るのに対し、アマゾンの原則は単純明快で、一貫性がある。

企業文化を形成する原則や価値は、社員がそれに基づいて行動することを意図している。誰にも覚えられないような、もしくは理解できないような原則に基づいて行動することなど不可能だ。読みやすく、覚えやすく、容易に実行に移せるシンプルなものにしよう。


文章を短くして、長い単語を短いものに置き換えることで、アイデアを吸収するために必要な精神的エネルギーの消耗を軽減することができる。

なぜそうする必要があるのか？　それは、私たちの脳が、そもそも思考するためにあるのではないからだ。脳は、エネルギーを節約するようにできている。

リサ・フェルドマン・バレットは、高い評価を受けた『バレット博士の脳科学教室　7½章』で、「エネルギー効率こそが生き残りのための鍵であった」と述べている。

「脳のもっとも重要な仕事は、体のエネルギー需要を制御することなのだ。要するに、脳の最重要タスクは、考えることではないのである」（出典6）

議論や複雑な考えを、シンプルな言葉や文章で表現するのは天才の証である。誰の言葉の引用かと言えば、ノーベル賞を受賞した心理学者であり経済学者でもある、ダニエル・カーネマンという名の天才によるものだ。

彼は、画期的な著作『ファスト&スロー――あなたの意思はどのように決まるか?』において、「信頼できる人だ、知的な人だ、と思われたいのならば、よりシンプルな言葉で事足りる場面で複雑な言葉を使わないことだ」と書いている。

カーネマンによれば、説得力のある話し手というのは、情報の受け手の「認知的負担」を減らすために、できる限りの手を尽くすのだという。

読んだり聞いたりする時、知的な努力を必要とするものはすべからく頭の中の負担を増加させる。馴染みのない言葉、知らない略語、複雑に入り組んだ文章、新しいアイデアなど、あらゆることが負担につながる。もしあなたがこのような負荷を与え続けたら、読み手や聞き手は、すべてを放り出して、諦めてしまいかねない。

「認知容易性」はコミュニケーションの相手に、より快適な体験を提供する。そして人々が満足したならば、あなたの考えを支持する可能性が高くなる、とカーネマンは述べている(出典7)。

認知容易性を作り出すことは、本書を貫くテーマである。

## 自分が知っていることではなく、相手が知っていることを起点にする

シンプルな表現には、「知ること」そして「選択すること」が欠かせない。情報の受け手であるオーディエンスのことを知り、オーディエンスが知るべき情報を選択することに尽きる。

スティーブ・ジョブズと出会った時のことは鮮明に覚えていると、ジェイ・エリオットは振り返る。IBM出身のエリオットは、シリコンバレーの中心地にある高級住宅街のメキシカンレストランにいた。ラウンジで新聞の記事を読みながら、友人を待っていたのだ。そこに、無精髭を生やし、Tシャツにくたびれたジーンズ姿の若い男が入ってきた。

隣に座ったその男は、エリオットが読む新聞記事がIBMに関するものであることを見て取ると、コンピュータに詳しいのかと話しかけてきた（出典8）。

「まあそうですね、IBMでマネージャーを務めていましたので」とエリオットが答えると、「いつか、私はIBMを葬るつもりですよ」とその見知らぬ男が言い出す。

こいつはいったい誰なんだ？　とエリオットはいぶかしんだ。「あ、ぼくの名前はスティーブ・ジョブズです」と彼は言った。

会話を続けているうちに、エリオットは、大衆向けのシンプルで使いやすいパーソナルコンピュータというジョブズの構想に引きこまれていた。

しばらくの後、「うちに来てもらうには、どうしたらいい？」とジョブズがたずねた。

こうして、初代マッキントッシュを設計していたアップルで、エリオットはジョブズのメンターを務めることになった。

「30歳を超えた人間は信用するな」とジョブズはよく冗談を言った。「ただしジェイは例外だ」とも。

ジョブズは、箱から出してすぐに使える、説明書もマニュアルも不要なパーソナルコンピュータを作ろうとしていた。「それが一番の目標だった」とエリオットは振り返る。

しかし、チーム・マッキントッシュは、コンピュータを操作するためのデバイスであるマウスに不慣れなユーザーのためにも、製品に取り扱い説明書を同梱しなければならないという現実に気がついた。

エリオット、ジョブズ、そして数人のマーケティング担当者による会議の場で、誰かが「マニュアルは、12年生（高校3年生）が読んで理解でき、テキストに目を通しただけでコンピュータの使い方を学べるようなシンプルなものにすべきだ」と提案した。「その線でいこう」ジョブズは、渋々ながらも受け入れた。そして「ジェイ、どこかの高校に行って、マニュアルを書ける12年生を見つけてきてくれ」と続けた。

ジョブズは本気だった。エリオットは、クパチーノ近郊の高校を訪ね、コンテストを開催して、優れたマニュアルの書き手を探した。そのようにして選ばれた高校生を社外秘の施設に連れていき、マッキントッシュの前に座らせ、自由に操作して遊んでもらった。

しばらくしてマッキントッシュが発売された時、高校レベルの教育を受けた人であれば誰でも理解できる内容の、薄いマニュアルが添えられていた。

マニュアルに書かれた文章は、たとえば次のようにシンプルなものだった。

・You're about to learn a new way to use a computer.
あなたはコンピュータの新しい使い方を学ぼうとしています。

- This chapter teaches you what you need to know to use your Macintosh — how to create documents (the name for anything you create on Macintosh), make changes to them, and put them away.
  この章では、マッキントッシュを使うために必要なこと、たとえば、ドキュメント（マッキントッシュで作成するあらゆるもの）の作成方法、変更方法、そして整理の仕方を学びます。
- The finder is like a central hallway in the Macintosh house.
  ファインダーは、マッキントッシュの家の中央廊下のようなものです。

「スティーブの天性の才能のひとつは、デザインからコンテンツまで、すべてをシンプルに保つために、適切な人材を見つけ出す力だ」とエリオットは語った。

優れたコミュニケーターは、自分が知っていることを起点にするのではなく、聞き手が知っていることから出発する。

アマゾン・ウェブ・サービス（ＡＷＳ）の幹部と仕事をしてから間を置かず私は、ＡＷＳのパートナーでもある、セキュリティ分野のあるクラウド企業の創業者と面会した。

シリコンバレーで急成長しているこのスタートアップは、ＩＴやセキュリティの専門家向けに、津波のように押し寄せる膨大な量のデータを、これまでよりはるかに高速に分析できるソフトウェア製品を販売している。同製品により、致命的なセキュリティ侵害の検証に要する時間を短縮することができる、これが同社に関する簡単な説明だ。

初期のフェイスブック、ドロップボックス、パンドラ、インスタグラム、エアビーアンドビーなどにも出資してきたシリコンバレーのベンチャーキャピタルであるグレイロック・パートナーズは、このクラウド企業の主要投資家である。

グレイロックは、同社のＩＰＯ（上場）を成功に導くうえで難題を抱えていた。グレイロックの23％の出資により、このスタートアップの評価額は10億ドルを超えていたというのに。

「同社の業績は順調なようですが、なぜ私が必要なのですか？」と私は、グレイロックのパートナーのひとりに聞いてみた。

その答えは以下のようなものだった。「コンピュータセキュリティの専門家たちは、会社の価値を理解してくれていますが、今私たちに課された仕事は、その価値を投資家、アナリスト、そして一般株主という幅広いオーディエンスに伝えて、理解してもらうことなのです」

スタートアップの創業者たちが、同業の専門家たちに専門用語や業界用語を用いながら説明する分には問題ないが、それ以外の人たちは、製品が何にどう役に立つのか、その価値を簡単には理解できない。

見せてもらったオリジナルのプレゼンテーションは、回りくどい文章が連なるスライドと聞き慣れない略語にあふれ、詳しすぎる情報の中で重要なメッセージが埋没していた。ストーリーも、ストーリーを生き生きとしたものにするための具体的な事例も欠けていた。平たく言えば、「退屈な」プレゼンテーションだったのだ。

投資家たちが求めていたのは、シンプルな言葉で、製品がどのような問題を解決するのか、なぜクラウド・ネイティブな企業であることが重要なのか、そしてその企業がクラウド界に数多存在するセキュリティ・プラットフォームと何が異なるのかを説明してもらうことだったのだ。

とはいえ、そのスタートアップには、優れたストーリーがあった。必要なのは、認知の過負荷が起こる前に核心にたどり着けるよう、不要な脂肪を削ぎ落とすことだけだった。

この会社は、シンプル（専門家にとっては、という話だが）に使えるクラウドアプリケーションを持っていたので、私たちは、大きな組織のＩＴ専門家たちが同プラットフォームを使い、問題発生時に15分以内のトラブルシューティングを実現しているという事実に焦点を当てることにした。

ロードショーは大成功だった。分け前に預かろうと、投資家が殺到した。このスタートアップは２０２０年に上場し、その年もっとも成功したＩＰＯのひとつに数えられた。同社の価値は現在、20億ドルを超えている。

## ウォーレン・バフェットの明快な文章を書くためのシンプルなコツ

ビジネスコミュニティにおいて必読とされている株主への手紙は、ベゾスのものだけではない。億万長者の投資家ウォーレン・バフェットは、バークシャー・ハサウェイの株主に60年間、毎年手紙を書いている。ベゾスの3倍の数だ。

バフェットは、90歳になってもなお手紙を書き続けている。ライティングに関して彼は、長年の経験に裏打ちされた独自の流儀を持つ。バフェットに言わせれば、明快な文章を書く秘訣は、読み手をイメージすることだという。

「私はいつも、自分が姉のドリスと妹のバーティに話しかけている場面を思い浮かべています」とバフェットは明かしている（出典9）。「2人の投資先のほとんどはバークシャー株です。彼女たちは賢いですが、自分たちで積極的にビジネスに取り組んでいるわけではないので、経済や経営の情報を毎日読んだりはしません。私は頭の中で、2人が1年間、自宅を留守にしていたというような状況を設定して、その間の投資業績について報告をするわけです」

バフェットは、株主への手紙の草稿を、「親愛なるドリスとバーティへ」という書き出しで始めるのだという。正式に発表する段階で、2人の名前を消して、「バークシャー・ハサウェイの株主の皆様へ」に書き換えるのだ。

彼の手紙は、親しみやすく、読みやすい。そして読者を楽しませる。話の読み手を思い浮かべることで、バフェットは相手の視点から物事を見て、彼らが簡単に理解できる言葉で語りかけるのだ。

2018年の手紙の下書きをした時は、自分の姉妹が株の売却を考えている状況を想定したという。バフェットの仕事は、彼女たちに株を持ち続けるよう説得することであった。

同年の手紙を読めば、ドリスとバーティにも理解できるよう、彼が複雑な財務情報をいかにわかりやすく伝えているかがわかる。「森に焦点を」というメタファーで有名なこの手紙は、多数のメディアで大きく取り上げられ、今でも語り継がれている。

バフェットは、バークシャーの膨大なポートフォリオに含まれる個別企業の財務内容の詳細を分析することは、その複雑さゆえに気が遠くなるような作業であると語る。だが、投資家にとっては幸いなことに、バークシャー株を保有する価値があるかどうかを判断するために、各社の財務状況を評価する必要はないのだ。

小枝からセコイア［訳注：樹齢２０００年にもなる高木］までさまざまだが、個々の企業は「木」であることを、投資家は理解する必要があるとバフェットは説く。「これらの中には、病気にかかり10年後の存在が危ういものも一部存在する」と認めながらも次のように述べる。「しかし、他の大半の木は、大きく、そして美しく成長するように運命づけられているのです」（出典10）

手紙の残りの部分は、まるで森の中を案内するかのように、バークシャーのポートフォリオを構成する5つのカテゴリー、すなわち「森を形成する木々のまとまり」の紹介に費やされている。保険以外の事業（「バークシャーの森の中で、もっとも価値のある木立」）、市場性のある株式、いくつかの事業の支配権、現金、それから保険だ。

複雑な財務情報を単純化するためのメンタルモデルとして、バフェットは、「木」のメタファーを選択した。彼は、合計で約40万人の従業員を抱える90社の企業から構成されるポートフォリオを理解するには、木立を思い浮かべた方が簡単になると説明している。

バフェットは、ビジネスコミュニケーションにおけるメタファーの王様だと考えられてきた。だが今その王座を奪おうとしているのが、ジェフ・ベゾスだ。メタファーを取り入れる方法については、第4章で詳しく見ていこう。

**コーチング・ドリル**

もし複雑なトピックを扱う場合は、かの有名なファイナンシャル・レターを書く時のウォーレン・バフェットのアプローチをお手本にしてみよう。書き始める前に次の3つの質問を自分に投げかけて、聞き手や読み手のことを理解するのだ。

Who：ターゲットとなるオーディエンスは誰だろうか？　バフェットは、姉のドリスと妹バーティが読む手紙を想定している。

What：相手が知るべき情報は何だろうか？　自分が知っていることすべてを披露するのは避けよう。彼らがまだ知らないが、知っておくべきことは何だろうか？

Why：なぜそれが彼らにとって大切なのか？　彼らが気にかけているのは、あなたのアイデアではない。あなたのアイデアが自分のより良い生活にどのように役立つのか、この点に関心があるのだ。

あなたにとってのドリスとバーティは誰だろうか？　彼らは何を知る必要があるのか？　その情報は彼らにとってなぜ大切なのか？

オーディエンスをしっかり把握できたところで、先に進もう。次のステップでは、メッセージをシンプルにすることを学ぶ。ステップ1がオーディエンスを知ることならば、ステップ2は、オーディエンスに適したメッセージを選択することだ。

## たった620語に込められた27年分のイノベーション

シンプルさの追求とは、選択することであり、詰めこむことではない。読者の皆さんも、必要以上に多くの情報を取り上げ、不必要なほど細部へと入りこむスピーカーたちのプレゼンテーションに居合わせた経験があるのではないだろうか。大切な情報が埋もれ、まるで「雑草の中にいる」かのような感覚を味わうことになる。

このような場合、プレゼンテーションに先立って「雑草」、つまり余分な情報を取り除く努力を行うことで、雑草の中に紛れこむ事態を避けることができる。

2021年2月2日、ベゾスは社員宛てのメールで、アマゾンのCEOを退任するという自身の決断と、後任としてAWSの最高責任者であるアンディ・ジャシーが新CEOとなることを発表した。

ベゾスは、アマゾンの取締役会の会長に就任し、今後も同社の新製品や初期の事業に深く関与していく考えも説明した。

同メールの読みやすさは、構成、単語、そして文章のシンプルさから、7・8年生（日本の中学1～2年生）レベルと言える。

しかし、そのシンプルさの真髄は、CEOとして最後のメッセージで強調するためにベゾスが選択した情報にある。

もしベゾスが、1994年から2021年までにアマゾンが達成したことすべてを語ろうとしていたら、世界一長いメールになってしまっていたことだろう。顧客に対する「摩擦のない体験」の提供に誇りを持っているリーダーとしてふさわしくない行動だ。

何を残し、何を残さないかを慎重に選択することで、ベゾスはわずか620語のメールで27年分のイノベーションの実績を網羅したのである。

「発明こそが私たちの成功の源です」とベゾスは書いている（出典11）。「私たちはともに、クレイジーなことに取り組み、それを普通のことにしてきました。カスタマーレビュー、ワンクリック、パーソナライズされたレコメンド、プライム会員向けの超高速配送、ジャストウォークアウト・ショッピング［訳注：レジなし決済システム］、気候変動対策に関する誓約、キンドル、アレクサ、マーケットプレイス、インフラとしてのクラウドコンピューティング、キャリア・チョイス、その他多くのものを私たちは先陣を切って開拓してきました」

その他多くのもの。この端的な言葉が、ベゾスが文中に残さないことを選択した、数々の取り組みやイノベーションの範囲の広さを控えめに表現している。

ベゾスはかつて、「私たちがインターネットの世界で同業他社よりも優れた業績をあげている理由がひとつあるとしたら、それは、私たちが顧客体験にレーザーのように焦点を当ててきたからです」と述べた（出典12）。

ベゾスは「Ｄａｙ１」から、人間の行動の基本的な法則を理解していた。それは、共通の目標、ビジョン、優先順位がシンプルに、簡潔に、そして一貫性をもって表現されたならば、人々は一致団結することができるというものだ。

## シンプルにすることが、賢い判断につながる

バージニア州経済開発局のトップを務めるスティーブン・モレは、アマゾンの指針となる原則やビジョンを勉強しておいて正解だったと語る。

２０１７年4月、アマゾンはシアトルの外に、第2本社の建設計画があること、そのための候補地を探していることを明らかにした。全米各地から入札を募ったところ、２３８件の誘致提案があった。モレは、州の経済発展のための巨大なチャンスを見てとった。その一方で、自分たちが不利な状況に置かれていることを認識していた。

あるコンサルティング会社に依頼して、20に上るカテゴリーからデータを集め、バージニア州の誘

致計画の実行可能性を分析してもらったが、その結果はけっして喜ばしいものではなかったのだ。

バージニア州は、他州が提供する気前の良い優遇措置に対抗することもできなければ、物価や人件費が比較的安価な州のように支出削減効果の面で競争することもできなかった。

「アマゾンが何百もの誘致提案を受け取るだろうことはわかっていました」とモレは言う。「バージニア州が勝ち残るチャンスは限られていました。だからこそ、自分たちの特色をはっきりさせる必要があったのです」（出典13）

モレのチームは、北バージニアの提案資料の作成に入る前に、まずアマゾンのニーズを調査して、そこから逆算して作業を進めていった（ちなみに、逆算して考えるというアプローチは、第9章で詳しく説明するアマゾンのライティングと意思決定のテクニックである）。そして、アマゾンが重視するのは、持続可能で安定した人材パイプラインであるという結論にたどり着いた。


モレたちは、州政府と民間企業を説得して、州内のコンピュータサイエンス教育の拡充と、バージニア工科大学のイノベーションキャンパスの新設に11億ドルを投じるという約束をとりつけた。

当初は、誘致運動を疑問視する声も聞かれた。だがモレは、バージニア州が仮にアマゾンの誘致で望む結果を得られなかったとしても、地域はテック人材の宝庫として知られるようになり、全米から企業を惹きつけることができるようになるはずだと主張し、懐疑派の意見をひっくり返していった。


北バージニアの最終的な提案資料は、付属資料を含めて900ページにもおよんだが、モレはチームのメンバーに「核となるストーリーを1ページにおさめる」という困難な課題に挑ませた。チームは、慎重に慎重を重ねて選んだ次の6つのメッセージから構成されるシンプルなストーリーを作り上げた。

・北米トップの技術系人材輩出地
・多様でありながら相互を尊重する文化を持つ、グローバルで包括的な地域
・公共部門と民間部門のイノベーションを牽引する米国唯一の大都市圏
・卓越したガバナンスの遺産を継承する、安定的で競争力のあるパートナーとしての州政府と自治体
・第2本社の範囲、スピード、規模に見合う、豊かな文化、教育や住宅などの基盤
・21世紀型の新しい経済発展モデル

「6つのポイントに焦点を絞ることで、説得力のある訴求を確実にできるようになりました」とモレは言う。「もし自分の主張を、いくつかのポイントに集約しなければならないとしたら、それらはどのようなものになるでしょうか。いずれのポイントも明快で、鉄壁かつ確かな裏づけに基づくものでなければなりません。データの大海原で迷子にならないように」

モレが編成したチームは、事情に詳しい人々の大多数があり得ないと予測したことを達成した。
２０１８年11月13日、アマゾンは北バージニアに第2本社を置くと発表した。モレのチームは、米国史上最大の民間経済プロジェクトを勝ち取ったのだ。

モレと話していると、彼が、時に対立することもある多様な利害を有する何百人もの人々を、ひとつの共通の利益に向かって団結させることに成功した理由がすぐにわかる。

モレは自分の功績をひけらかすことなく、いつだって提案申請の作成に関わった500人の仲間にスポットライトを当てるのだ。だが、彼は間違いなくチームのクォーターバックであった。賢いリーダーは、物事をシンプルに保つ。シンプルであることが、賢い判断につながるからだ。


元ペプシコのCEOで、現在はアマゾンの取締役を務めるインドラ・ノーイは、「他の人が持っていない、ズボンのお尻のポケットからさっと取り出すことのできるような能力――ヒップポケット・スキル――を手にすれば、あなたの価値はずっと上がる」と述べている（出典14）。

そして、ノーイ自身のヒップポケット・スキルは、複雑なものをシンプルにする能力であると考えている。

「物事が複雑になりすぎると、いつも私のところへ仕事がまわってきました。『インドラ、まず問題をシンプルにしてくれ、そしてこの極めて複雑な問題をどう切り抜けるべきか教えてくれ』と頼まれたものです。それが当時の私の強みでした。今でもそうです」


ノーイの主張は次の通りだ。「リーダーになりたいというのに、効果的なコミュニケーションが苦手というのではお話になりません。デジタルの世界では、短いテキストやツイートがコミュニケーションだと思いこんでいる人がいます。しかし、それは違います。従業員の前に立ち、彼らが想像もしていなかったようなところへと導いていかなければなりません。とびきりのコミュニケーション能力が必要なのです。コミュニケーションに関してはいくら投資しても足りません」

メッセージをシンプルにするなどごめんだ、という人は少なくない。複雑な文章を組み立てることができる自分の知性にうっとりしているわけである。彼らが、長ったらしい単語の代わりに、簡潔な単語を選ぶことはない。短い単語を選ぶ必要がどこにあるというのだろうか。長い単語を使うのが好きなのだから。発音しにくく、理解しにくい、音節の多い単語を愛して止まない。

だが、このようなタイプの前に膝を屈する必要はない。

ある投資会社の創業者で、億万長者の人物から次のような話を聞いたことがある。彼の会社に応募してくるビジネススクール出身者の最大の弱点は、自分の仕事やアイデアを平易な言葉で説明できないことだという。

「彼らのプレゼンテーションは包括的で高度に技術的ですが、まったく理解できないうえ、全然記憶に残らないのです」

メッセージをシンプルに保つことに注力しよう。シンプルなメッセージは、大いなる力となる。

# 2 簡単で短い言葉を選ぶ

短い言葉が最良だ。短いうえに、古い言葉ならもっといい。
――ウィンストン・チャーチル

2007年11月、出版界を揺るがす革命が起きた。アマゾンが、ロケットを打ち上げるかのように、電子書籍リーダー「キンドル」を世に送り出したのだ。

初代の端末は、9万冊の作品を求めて顧客が殺到し、5時間で完売した。現在では、キンドルユーザーは、600万冊を超えるタイトルの中から書籍を選ぶことができる。米国では電子書籍販売の80%をアマゾンが占めている。

また、米国の成人の約25%が電子書籍を読んでいる。あなたがこの層に属さず、印刷された書籍や急成長中のオーディオブックを好むとしても、電子書籍の探し方や読み方は知っていることだろう。

しかし、2007年当時は、ほとんどの人がそのようなデバイスを目にしたことがなかった。ベゾスは株主への手紙の中で、その特徴をいくつか挙げて強調している。

If you come across a word you don't recognize, you can look it up easily. You can search your books. Your margin notes and underlinings are stored on the server-side in the "cloud," where they can't be lost. Kindle keeps your place in each of the books you're reading, automatically. If your eyes are tired, you can change the font size. Most important is the seamless, simple ability to find a book and have it in 60 seconds. When I've watched people do this for the first time, it's clear the capability has a profound effect on them. Our vision for Kindle is every book ever printed in any language, all available in less than 60 seconds（出典1）.

知らない言葉が出てきても、簡単に調べることができます。検索もできます。余白に書きこんだメモやハイライトは、サーバー側の「クラウド」に保存され、失われることはありません。キンドルは、あなたが読んでいる本の一冊一冊について、どこまで読んだかを自動で覚えていてくれます。目が疲れたら、フォントのサイズを変更できます。何よりも重要なのは、読みたい本を見つけてから、60秒で手に入れられるというスムーズでシンプルな機能です。初めて電子書籍を検索して、購入する人々の様子を見ていたところ、この機能が重要な効果を持つことが明らかでした。キンドルに関する私たちのビジョンは、これまでに印刷されたあらゆる言語のすべての書籍を、60秒以内で手に入れられるようにすることです。

この文章に出てくる英単語の92％は、１音節か2音節である。実際、キンドルについて説明するためにベゾスが選択した単語の大部分（76％）は音節がひとつである。

偉大な話し手は、新しいアイデアを説明するために、短い単語を使用するのだ。

英語における短くシンプルな言葉を理解するには、イギリスの人々の意識に深く刻みこまれたある出来事までさかのぼる必要がある。キンドルが人々の本の読み方を変えた時から約９４０年前、ヘイスティングズの戦いが人々の話し方を変えたのである。

１０６６年、征服王ウィリアムはその名にふさわしく、７０００人のノルマン人の侵略者たちとともにフランスを発ち、船でイギリス海峡を渡った。ウィリアムは、イギリスの支配階級に新しい言葉、ラテン語をベースにした初期のフランス語（ノルマン・フレンチ）を導入した。

ノルマン人による征服「ノルマン・コンクエスト」は英語に大きな影響を与え、その影響の大きさは今日でも感じることができる。

ノルマン人の新しい支配階級がフランス風の気取った言葉を使い始めた一方で、残りの97％の人々、つまり「庶民」は古英語を使い続けた。古英語とは、5世紀までそのルーツをたどることができる、記録が残るうちもっとも古い形の英語である。

１０６６年以降、ノルマン・フレンチが貴族階級の言葉となる中、民衆の言葉は短い古語であり続けた。

現代の英語話者が使う英単語の80％は、次の2つの陣営に分類される。一方は、古英語と中英語［訳注：ノルマン・コンクエスト以後15世紀後半頃までの英語］の組み合わせ、他方がラテン語である。残りの20％の英単語は、ギリシャ語や他の大陸に起源を持つ言葉の集合（たとえば、アメリカ先住民の言葉に起源を持つ「タバコ」や「ポテト」、アジアから入ってきた「バンガロー」「グル」など）だ。また「ググる」のような、テクノロジーから生まれた造語も数％含まれる。

古くから使われている英語の単語と、ラテン語由来の単語は、どのように見分けることができるだろうか？　次のルールを理解すれば、そう難しいことではない。古代の単語は短く、1音節であることが多い。ラテン語由来の単語は長く、音節数も多い。以下の文はどれも、前者は古代の単語、後者はラテン語由来の単語が用いられている。

- If you need it／If you require it（もしあなたがそれを必要とするなら）
- If you report to a boss／If you report to a superior（もしあなたが上司に報告するなら）
- Your neighbor's property is next to your house／Your neighbor's property is adjacent to your house（隣人の敷地はあなたの家に接している）

とはいえ、平易な単語だけで書かれた文章は、まるで絵本のようである。その逆もしかりで、長く高尚な単語ばかりで構成された文章やプレゼンテーションは複雑で、読み手や聞き手に困惑や混乱をもたらすだけだ。それに、眠気も誘う。

では、いつ長い言葉を選び、いつ短い言葉を選ぶべきか。これはどう判断すればいいのだろうか。答えは単純だ。難しいことを話す時に、短い単語を使うのだ。たとえば、危機的な状況や、複雑だったり、聞き手にぜひ記憶してもらいたいアイデアなどがこれにあたる。

**コーチング・ドリル**

自分の文章をテストしてみよう。過去のプレゼンテーションの原稿などから、文章をひとつサンプルとして選んでほしい。小難しい単語やフレーズはいくつあるだろうか？

よりシンプルで、短い単語を探してみよう。平易な単語を優先的に使うことで、あなたのスピーチから、聴衆を戸惑わせる専門用語の大半を取り除くことができるはずだ。その結果、あなたの文章は、簡潔にして明瞭、力強いものになるだろう。

長く難しい単語を、簡潔な単語に置き換えることで、説得力は増していく。

## 緊急事態において選ぶべきは短い単語

エリック・ラーソンは、第一次世界大戦中のルシタニア号沈没事件を取り上げた『Dead Wake』（未邦訳）や、第二次世界大戦勃発直後のイギリス首相としてのチャーチルの役割を描いた『The Splendid and the Vile』（未邦訳）といったベストセラーを生み出してきた歴史作家である。

ラーソンは、チャーチルが国民と対話するための言葉の選択に、細心の注意を払っていたことを教えてくれた。チャーチルは、『Brevity（簡潔さについて）』と題したメモの中で、政府の役人に対して「伸びた毛糸のようなフレーズ」を、口語で用いられるような簡潔な言葉に置き換えるように強く求めた。チャーチルは「真の要点を平明に述べるように自分を律することは、明晰な思考の助けとなる」と知っていたのだ(出典2)。

新型コロナウイルスのパンデミックにより世界中が機能停止に陥った時に必要だったのは、明快な思考と明確なメッセージの伝達であった。

2020年3月、各国の保健当局はウイルスの蔓延を抑えるための隔離政策を実施し、国民に予防策の徹底をうながすキャンペーンを展開した。アメリカからイギリス、カナダからオーストラリアまで英語圏の国では、「家にいよう。感染の広がりを止めて、命を守ろう」というメッセージが国民に向けて発せられた。

英国政府は、NHS（英国の国民保健サービス）に過剰な負荷がかからないよう「Stay home,

stop the spread（家にいよう、感染を防ごう）」と書かれた印刷広告とラジオ広告を制作した。オーストラリアの人々は、「Stop the spread and stay healthy（感染を食い止め、健康を守ろう）」と指導された。カナダの場合は「Stay home, wear a mask, and wash your hands（家にいて、マスクをつけ、手を洗おう）」だった。

緊急事態において、誰もが簡単に理解できるのは短い言葉である。人々の注目を集め、危機意識を醸成できるのも、短い言葉だ。

非英語圏の国々ではどうだろうか？　危機に際して、簡潔な言葉が用いられるだろうか？　もちろんだ。

新型コロナウイルスの大流行に直面した日本が、どの国にも増して動揺したのは、2020年東京オリンピックの延期という心理面、経済面での追加的打撃にも向き合わねばならなかったからだ。

3月に開催された公衆衛生の専門家会議では、ウイルスの感染には3つの条件があると結論づけられた。換気が十分ではない空間、社会的距離を保つことが難しい空間、そして近距離での会話である。行動の変容が重要な局面で、予防策を講じるように国民を説得するためには、効果的なコミュニケーションが不可欠だった。

そこで保健当局は、次の三密を避けるよう呼びかけるキャンペーンを開始した。密閉・密集・密接である。この三密は非常に覚えやすく、小学校低学年の子どもたちでも、閉じられた空間や混雑した場所、他人との密接な接触を避けなければならないことを理解できた。

グローバルヘルスの専門家は、非常事態での危機管理広報（クライシス・コミュニケーション）のトレーニングを受ける。彼らが最初に学ぶルールは、メッセージを明確かつ簡潔なものにすることだ。危機管理広報分野の研究の多くは、「メンタルノイズ理論」に基づいている。危機下ではストレスが高まり、感情に変化が生じる。このような状況に置かれた人々は、情報を正しく聞き取り、理解して、記憶することに困難を覚えるのだ。

ノイズ（雑音）をはねのけるための解決策は、7〜9秒で伝えられるメッセージ、あるいは20語程度の文章を作成することだ。これこそが、危機管理のためのメッセージの多くが、できるだけ短い言葉で、3点にまとめられている理由である。

もしも着ている服に火がついたら、「Stop, drop, and roll（止まって、倒れて、転がって）」という対処法が覚えやすい。アメリカの地震が多発する地域では、子どもたちに「Drop, cover, and hold on（しゃがみ、頭を隠し、揺れがおさまるまで動かない）」と教えている。

危機に際してメッセージを伝える時は、特に短い言葉を選ぼう。言いたいことに対してそれ以上短い単語が見つからないなら、あなたはおそらくメッセージを表現する最適な言葉を見つけたのだ。

## 複雑なアイデアを一般の人に説明する方法

あなたのアイデアが複雑であればあるほど、単語の長さは短くすべきだ。
わかりやすい例として、法律の分野に目を向けてみよう。法律家というのは、難解な言葉をこよなく愛しているものだ。だから法的拘束力のある契約書などには、「heretofore（従前の）」「indemnification（求償）」「force majeure（不可抗力）」など日常会話では使わないような単語が頻出する。

ゼネラル・エレクトリック（GE）の航空事業部門で企業内弁護士を務めるショーン・バートンは、変化を起こすべき時が来たと考えた。彼はGEの法務部門にイノベーションを起こし、それは平易な英語でのコミュニケーションという形で実を結んだ。

バートンは、ハーバード・ビジネス・レビュー誌への寄稿論文の冒頭で、次のような見解を記している。「法律用語が多用され、法律家以外には理解するのが事実上不可能な、難解であまりにも冗長な契約書をなんと呼ぶか？　現状維持だ」(出典3)。また、法的拘束力を持つ契約書の大半は「不必要な言葉、理解不可能な言葉で埋め尽くされている」と指摘する。

そのような考えから彼は3年にわたり、法律家が使う、ほとんどの人が理解できない難解な専門用語の代わりに、平易な言葉で書かれた契約書の作成をうながす取り組みを率いた。

法律用語の問題は、GEの営業チームにとって頭痛の種であった。100ページを超え30以上もの定義条項が含まれる契約書は、読むにも、理解するにも、交渉するにも多くの時間を必要とする。

ロースクールで平易な英語の重要性について学んでいたバートンは、簡単な判別方法を考え出した。「もし高校生がそれを読んで、前提知識なしに理解できないようであれば、その文書は十分に平易であるとは言えない」(出典4)

契約書の書き換えは一筋縄ではいかず、彼の法務チームは最初の草案作りだけで1か月を費やした。しかし結果的に、7つの契約書をひとつにまとめることに成功した。1ページ以上続く文章や段落も、1~2文にまとめられた。また、ある契約書には142語から成る文章があったが、よりシンプルな言葉に置き換えることで、65語まで削ぎ落とすことができた。これでもまだ長いが、半分以下の単語数に減らせたのだ。何よりも、定義が必要だった33の用語がすべて削除されたことで、定義条項が記載された付属文書が不要になった。

契約書の最終版は、より簡潔で読みやすいものになったというのが、関係者全員の共通認識だ。新しい契約書に衝撃を覚えたという人もいた。言葉がシンプルであればあるほど、内容を理解しやすいということに気づいたからだろう。

「長年にわたり契約書の中で複雑化されてきた法的な概念が、わかりやすい言葉で説明されるようになった。文章は短く、能動態で書かれている」とバートンは説明する(出典5)。

この努力は報われ、具体的な成果をもたらした。平易な言葉で書かれた契約書を用いた最初の150件の契約で、交渉にかかる時間を60%短縮できたのだ。

バートンによれば、新しい契約書は取引のスピードアップのみならず、顧客満足度の向上、そしてコストの削減にもつながったという。

バートンは、この取り組みを「卓越した契約イニシアティブ」と呼ぶ。その戦略は確かに秀逸だ。

だが、けっして新しいものではない。

ＧＥで平易な言葉で書かれた契約書イニシアティブが推進される１５０年前、「大草原の弁護士」と呼ばれたエイブラハム・リンカーンが偶然にもその戦略を採用していた。

「リンカーンの成功の鍵は、もっとも複雑な事件や問題をもっともシンプルな要素に分解する、超人的と言えるほど優れた能力にあった」（出典6）と、歴史家のドリス・カーンズ・グッドウィンは書いている。

リンカーンの主張は、論理的で核心をついている一方で、わかりやすかった。それはなぜか？「リンカーンの言葉は、平易なアングロサクソンの言葉で構成されて」おり、「リンカーンは陪審員たちと、まるで友人と話すかのように、親密な会話をすることを目指した」ためだ。弁護士仲間としてリンカーンを間近で観察したヘンリー・クレイ・ホイットニーの話を引用しながら、グッドウィンはそう結論づけている。

アマゾンに話をもどそう。ただし、シアトルのアマゾンではなく、「韓国のアマゾン」だ。

韓国のアマゾンとは、２０２１年3月に上場したクーパンのことである。ボム・キムは、２０１０年、ハーバード・ビジネススクールをわずか半年で中退して同社を立ち上げた。

しかし、彼の手腕について心配することは何ひとつない。キムはアマゾンの原則をいくつか採用して、母国のｅコマースに革命を起こした。フォーブス誌の記事によると、クーパンの企業価値は80億ドルに上るという。

自社のサービス、幅広い品揃え、価格へのこだわりを語るキムの姿は、アマゾンを成功に導いた原則を思い起こさせる。この若い起業家も、ベゾスの戦略を取り入れて、平易な表現とシンプルな言葉を使い、新しいアイデアについて話すのだ。

キムは、上場へ向けたロードショーのプレゼンテーションで、「ロケットデリバリー」と名づけた迅速な配送サービスについて説明した。そのスピードは突出している。クーパンの高度な物流システムにより、数百万点の商品と新鮮な食材を、1年365日、数時間以内に配達することができるのだ。

このサービスに関する彼の説明は次のようなものだ。

Order as late as midnight and wake up to find your item when you wake up. Place your order. Head to bed. Wake up to find your items at your door like Christmas morning. Does your child need a tutu for ballet practice? Order by midnight and have it arrive at dawn before they're off to school. Or order headphones at night and use them on your commute the very next day（出典7）.

たとえば深夜に注文を行えば、朝起きるタイミングで商品が届きます。注文をします。ベッドに入ります。目覚めたら、まるでクリスマスの朝のように商品が玄関先に届いているというわけです。あなたのお子さんのバレエのレッスンでチュチュが必要になったとします。深夜までに注文すれば、早朝、子どもたちが学校へ行くまでに間に合います。夜中にヘッドホンを注文して、翌朝新しいヘッドホンを装着して通勤することだってできます。

キムのプレゼンテーションのリーダビリティ（読みやすさ）スコアは90点だ。これはほとんどの人にとって「とても理解しやすい」ことを意味する。

第1章で触れた通り、文章や単語が短いほど、スコアは高くなる。フレッシュ・キンケイド・テストでは、小学3年生でも理解できるレベルであり、受動態の文も含まれていない。同じことを言うのに、これ以上簡単な言い回しは考えられないのではないか。

しかし、キムの言葉の背後には、非常に複雑な仕組みが存在する。

同社が「需要を予測して、前もって顧客の近隣に在庫を配置するために機械学習を活用している」ことについては一言も触れていない。

注文ごとにもっとも効率的な経路を予測するために、在庫と配送ルートの選択肢の何億通りもの組み合わせの中から最適解を探し出す技術である「ダイナミックオーケストレーション」の説明もない。「下流工程での非効率性を低減するために上流工程を最適化する」同社の統合システムについての議論も避けている。

一般的な顧客は、注文した商品がどのように届くかなど気にしないものだ。優れた顧客体験を提供するために、企業がどのような人工知能技術、ロジスティクス、あるいはソフトウェアプラットフォームを使っているか、そのようなことには関心を持たない。先述の「ダイナミックオーケストレーション」についての理解を深めることにも無頓着だ。

だが、先進的な技術によりクーパンがすべての注文を翌日までに、または数時間以内に届けることができるようになったという、その結果には感激するのである。

キムはCNBCのインタビューで、アマゾンのビジネスモデルについて「羨望を覚える」と述べ、会社のビジョンや利益を明確に表現するベゾスの手法から刺激を受けたと答えている。

キムは、優れたコミュニケーターになった。多くの顧客が、クーパンのシンプルで印象的なミッション・ステートメントを暗唱することができる。それは「クーパンのない生活は想像できない、お客様にそう思っていただけるような世界を作ること」だ。

## 格言とはアイデアの凝縮である

「If it ain't broke, don't fix it（壊れていないものを直す必要はない＝うまくいっているものを変えてはならない）」というのは、英語話者であれば、誰もが耳にしたことがある表現だ。

このような古い格言に新しくひねりを加えて、独自バージョンを作り出す起業家たちもいる。たとえば、「Move fast and break things（素早く動き、破壊せよ）」というように。なお、これはフェイスブック（現メタ）創業者マーク・ザッカーバーグの言葉である。

古くからの格言、あるいはそれを応用したモットーなどには、簡潔な言い回し、鋭い観察眼、珠玉のごとき知恵、ためになる助言が含まれる。含まれるメッセージはそれぞれ異なっていても、簡潔明瞭であるという点で一致している。
たとえば、次に示すのもよく聞く格言だ。

- As you sow, so shall you reap.（蒔いた種は刈らねばならない＝自業自得）
- A chain is only as strong as its weakest link.（鎖の強さは一番弱いつなぎ目で決まる）
- There is nothing good or bad, but thinking makes it so.（ものの良し悪しは考え方ひとつ）
- Rome wasn't built in a day.（ローマは一日にして成らず）
- Don't judge a book by its cover.（人は見かけによらぬもの）

長くて、わかりにくい格言は覚えにくい。思い出せないようでは、その言葉を活かすことなどできない。人々の思考を刺激するような新しいアイデアには、短い文章とシンプルな単語が最適なのだ。

ベストセラー『ブラック・スワン―不確実性とリスクの本質』の著者として知られ、哲学者でもあるナシーム・ニコラス・タレブは、格言の力は「強力なアイデアをひと握りの言葉に凝縮する」能力にあると述べる。タレブはもう1冊の著書『ブラック・スワンの箴言―合理的思考の罠を嗤う392の言葉』で、箴言や格言、ことわざ、短い言い習わしは、もっとも古い文学形式の例示であると説明している。

「これらの言葉は、キャッチフレーズのような認知的なコンパクトさを兼ね備えている……特に口頭で表現される場合はそうだ。強力な思考を数語にまとめようなどという、創作者自身の向こう見ずさもうかがえる。〈中略〉箴言は私たちに、いつもの読み方を変えるように、少しずつアプローチするように求める。格言は、一つひとつが完全な単位であり、他のものとは切り離されたひとつの完全な物語なのである」(出典8)

格言の中には、常識的な考えを繰り返すだけの、おもしろみのないものもある。だがタレブによれば、格言というのは総じて気づきを引き起こし、「爆発的な結果」をもたらす。つまり、人々に共有された「簡にして要を得たアイデア」なのである。

私たちに世界を新しい角度から考えるよううながす格言は、世代を超えて受け継がれ、時代が変わっても有効であり続ける。それと同じように、ベゾスは自分の戦略が現在の社員から未来の社員へと受け継がれ、会社全体が共通の目標に向かって結束し続けることを望んでいる。

それこそが、ベゾスが自分の考えを、短いフレーズに多くの知恵を含んだ格言のような形で、ひとつのパッケージにする理由なのである。短い言葉は、言うのも、読むのも、覚えるのも、繰り返すのも簡単だ。

## ベゾスの言葉はなぜ繰り返したくなるのか？

「ジェフイズム」と呼ばれる、何度も繰り返される印象的なベゾスの名言をつぶさに観察し、なぜベゾスがこれらの言葉を選んだのか、そのわけを探っていこう。

［表2］ベゾスの名言

| ベゾスの言葉 | 解説 |
| --- | --- |
| Get big fast.<br>とにかく早く大きくなる。 | フレッシュの読みやすさスコア100点満点の3語。これ以上シンプルな書き方はないだろう。 |
| You don't choose your passions. Your passions choose you.<br>あなたが情熱を選ぶのではありません。情熱があなたを選ぶのです。 | これも読みやすさスコアで100点に近い、ほぼ完璧な文章だ。連続する2つの文で同じフレーズを反転させる「交差対句法」と呼ばれる修辞技法が活用されている。これはジョン・F. ケネディの演説の一節「国家が自分のために何をしてくれるのかを問うのではなく、自分が国家のために何ができるかを問うてほしい」でも有名な技法だ。 |
| You can work long, hard, or smart, but at Amazon.com, you can't choose two out of the three.<br>長時間働くことも、一生懸命働くことも、賢く働くこともできます。しかしアマゾンではこの3つの中から2つだけを選ぶことはできません。 | 1997年にベゾスが述べて以来、この見解はすっかり定着している。「Amazon.com」以外はすべて1音節の短い語だ。 |
| In short, what's good for customers is good for shareholders.<br>端的に言えば、お客様にとって良いことは、株主にとっても良いことなのです。 | 2002年の手紙に書かれた言葉。「端的に言えば」と前置きしているように、大きな原則の短い要約であることがわかる。 |
| Life's too short to hang out with people who aren't resourceful.<br>人生はあまりに短い。想像力を持ち解決策を生み出していくことのできない人と付き合っている時間はありません。 | 「付き合う」の部分に、よりフォーマルな「associate」や「fraternize」という単語も使えたはずだが、ベゾスは「hang out」という一般的な表現を選択している。 |
| If you can't feed a team with two pizzas, it's too large.<br>ピザ2枚で足りないなら、そのチームは大きすぎます。 | 読みやすさスコア100点満点。本1冊をかけて語ることのできるコンセプトを表現するのに、これ以上シンプルな方法はないだろう。 |
| Your brand is what others say about you when you're not in the room.<br>あなたが部屋にいない時に、他の人があなたについて言うこと、それがあなたのブランドです。 | 「ブランド構築」をテーマにした、こちらも本1冊書けるようなコンセプトが、ほとんど1音節のシンプルな語で書かれている。 |
| It's always Day 1.<br>毎日がDay 1です。 | とても読みやすく、覚えやすく、繰り返しやすい。 |

右ページの表2に、具体的な例を挙げ、これらの言葉の人気が高い理由について解説を加えた。

さて賢人とは、深い知性を持つ人物と定義される。賢人は世界中に存在するが、そのひとりが、ネブラスカ州オマハに暮らす、地球上でもっとも聡明な金融界の賢人だ。億万長者のウォーレン・バフェットは、先にも言及したように、メタファーの王様である。簡潔な名言の王子でもある。

バフェットの名言の多くにも、その分野の関連書籍1冊分に値するほどの知恵が含まれている。本質的な真実を明らかにするバフェットの短い表現を私たちが好んで読み、共有する理由もそこにある。バフェットの名言は、たった1、2文で私たちの目を開かせ、学びやインスピレーションを与えてくれるのだ。

次ページの表3では、オマハの賢人の名言の例を紹介している。

## 耳に心地よい言葉を奏でる

短く、覚えやすいフレーズは、リーダーシップにおいて、音楽のサビと同じような効果を持つ。サビは、曲の中でも特に覚えやすく、耳に残りやすく、ついシャワールームで口ずさんでしまう部分だ。サビの基本的なルールは、シンプルで繰り返せることである。

［表3］バフェットの名言

| バフェットの言葉 | 解説 |
|---|---|
| Be fearful when others are greedy and greedy when others are fearful.<br>皆が貪欲な時には恐怖心を抱き、皆が恐怖心を抱いている時には貪欲であれ。 | バフェットの1996年の株主への手紙からのこの引用には、2つの優れた点がある。まず、短い単語。バフェットは、「貪欲」を表現するのに、「avarice」ではなく「greed」を用いている。もうひとつはベゾスも使った「交差対句法」である。この言い回しは短くて覚えやすく、耳に心地よいという点でも優れている。要するに、申し分なしである。 |
| It's not how you sell 'em, it's how you tell 'em.<br>いかに売りこむかではなく、いかに伝えるかです。 | 2016年の手紙では、短縮形が用いられ、単語を完全につづってさえいない。だからこそ、バフェットの言葉はしばしば「庶民的な知恵」と呼ばれるのだ。人々が話すように書くのがバフェット流なのである。 |
| It's better to hang out with people better than you.<br>自分よりも優秀な人間と付き合うほうが賢明です。 | この後の文章で、バフェットは同じことを次のように言い換える。「自分より優れた行動を取る仲間を選べば、その方向に流れていくものです」。短い文章の方が、心にささる。 |
| I don't look to jump over 7-foot bars: I look for 1-foot bars that I can step over.<br>私は、7フィートのバーを飛び越えようと試みたりしません。自分が乗り越えられる1フィートのバーを探し求めます。 | 文章全体が、「over」以外は1音節の単語で構成されている。 |
| If you buy things you do not need, soon you will have to sell things you need.<br>必要のないものを買えば、遠からず必要なものを売らねばならない羽目になります。 | これもすべて1音節の文章だ。 |
| You never know who's swimming naked until the tide goes out.<br>潮が引いてはじめて、誰が裸で泳いでいたかわかるものです。 | 「潮が引く」に「subside」という単語を使っていたら、「go out」が持つ、心に訴えかけるような効果は得られなかっただろう。 |
| For 240 years it's been a terrible mistake to bet against America, and now is no time to start.<br>過去240年間、アメリカと反対の方向に賭けるのは、ひどい誤りでした。今も、それを始める時ではありません。 | 言葉の選び方がポイントだ。バフェットは、「賭ける」に「wager」よりも簡潔な「bet」を、「始める」に「commence」ではなく「start」を選んでいる。 |
| America's best days lie ahead.<br>アメリカの最良の日はこれからです。 | バフェットが、「アメリカは将来の成長機会から利益を得るうえで、良い位置につけている」などと書いていたらどうだろう。思いきった行動のためには、短くまとめることだ。 |

ラジオでよく流れる音楽のサビは、3～5秒の長さに過ぎない。耳に心地よいサビが何度も繰り返されるほど、頭の中に残る可能性が高くなる。

1972年、ビル・ウィザースは、「Lean on Me / when you're not strong（ぼくに頼れよ、くじけそうな時は）」というサビを書いた。それがローリングストーン誌の選ぶ「オールタイム・グレイテスト・ソング500」に選ばれることになるとは、想像もしていなかったという。

「私にとって世界最大のチャレンジは、複雑なものを、一般の人に理解されるように単純化することです」と、ウィザースは数年後に行われたインタビューで答えている（出典9）。

「私は、できるだけシンプルな形で表現することにこだわっています。シンプルなものは記憶に残りやすいですから。もし複雑すぎたら、鼻歌を歌いながら歩くことはできないでしょう。なかなか覚えられませんからね……鍵は、覚えてもらうだけでなく、何度も何度も思い出してもらうことなのです」

ウィザースは、好きな音楽のジャンルのひとつにカントリーミュージックを挙げている。その理由は、シンプルな歌詞の中に、ストーリーが込められているからだという。

ウィザースがこのような考えを示したのは、世間を沸かせたカントリーミュージック界の人気者、ルーク・コムズが登場するずっと前のことだ。だが、ウィザースとコムズ、この2人のミュージシャンは、複雑なストーリーを短いサビに昇華させることへのこだわりを共有している。

コムズは、「She Got the Best of Me（ぼくは大事なものを失った。君の時のように他の人を愛せない）」「When It Rains It Pours（降ればいつも土砂降り〔訳注：ここではポジティブな意味で使われている〕）」「What You See Is What You Get（君の目に映るもの、それを君は手に入れる）」「Beer Never Broke My Heart（ビールはぼくを裏切らない）」など、曲のタイトルにもなっている巧みで、抗いがたいほど魅力的なサビのおかげで、音楽チャート「ビルボード」のストリーミング再生回数で記録を打ち立てた。

「ソングライティングに関して私は妥協を許しません」と、コムズは曲作りのプロセスについて語っている（出典10）。「超、超完璧主義なので……ちょっとした単語一つひとつのレベルまで、とても大切にしています」

もしあなたが、音楽のサビなど、ビジネスコミュニケーションの役に立つわけがないと思っているなら、ここで次の言葉をあなたに贈ろう。「Yes, it can（それは、可能です）」。役に立つのだ。たとえばバラク・オバマは、作詞に情熱を注ぐソングライターではないが、抒情的な耳をもったスピーチライターを起用している。

イリノイ州選出の上院議員であったオバマの存在を強くアピールしたのはジョン・ファヴローだ。彼は、2008年の演説の草稿作りを手伝った。

オバマとファヴローは、オバマが数年前に政治広告で使った3語から成るフレーズを復活させた。それが「Yes We Can」だ。

2人はこのフレーズを、繰り返しによって文末の言葉を強調する、修辞学用語で言うところの「結句反復」に変えたのだ。政治スピーチでは、音楽のサビのように、参加者が声を合わせて復唱する部分になる。

聴衆がそらで覚えることができるこの3語は、何度も繰り返されるスローガンになった。ワシントンポスト紙は、これを「叙情的キャッチフレーズ」と呼んだ。

ある演説で、オバマはこのフレーズを12回繰り返している。

オバマのスピーチは修辞効果がふんだんに盛りこまれた叙情歌であり、音楽のようなリズムで語られる物語であった。印象的なキャッチフレーズ「Yes, we can」が唱和され、繰り返されるうちに、オバマの思いが詩に満たされていくのだ。

まとめると、明快かつ簡潔に話すのが良いコミュニケーター、耳に心地よい音楽を奏でるのが卓越したコミュニケーターである。

# 3 ログライン——ビッグアイデアを伝える鍵

アマゾンの使命は、地球上でもっともお客様を大切にする企業になることです。
——ジェフ・ベゾス

Ouch（あいたた）

このたった1語で、ジェフ・ベゾスは、5兆ドル以上の富が無に帰した株式市場の崩壊、ドットコム・クラッシュの衝撃を表現した。

主にハイテク企業株から構成されるナスダックの総合指数は、2000年3月10日に最高値5132ポイントを記録した。1996年から、リスクの大きいインターネット企業に投資家の資金が流入していたのだ。投資先企業に利益が出ていなくてもお構いなしであった。

しかし、すべてのブームがそうであるように、この熱狂もまた終わりを迎えることになる。ハイテク株がピークに達してから1か月後の4月に、ナスダック市場は34％の急落を見せた。そして、2002年10月には、総合指数が80％近くも下落したのである。その後に起こったことは、金融業界、そしてシリコンバレーにとって激震にほかならなかった。それらの分野に従事する何百万人もの従業員たちのあいだにも衝撃が広がった。

総合指数が2000年3月の水準まで回復するには、その後15年の歳月を要した。シリコンバレーだけでも20万人分の雇用が失われ、アマゾンの株価は、116ドルから6ドルまで下落した。まさにOuchな出来事と言えよう。

「Ouch」も、第2章で触れたような古い時代の単語に起源を持つ。1800年代初頭にペンシルバニアに入植したドイツ人移民が、痛みでつい声が出てしまう時の簡潔な表現として、この言葉をアメリカにもたらしたのだ。

ドットコム市場の崩壊を表す言葉として、これに優る適切な表現があれば教えてほしい。私は、Ouchほど多くを物語る言葉はないように思う。

もちろんベゾスは、その年の株主への手紙をこれだけで終わらせたわけではない。だが、この一言のおかげで、それほど時間とスペースを割かずに、本題に入ることができた。ベゾスは、Ouchに続く55語で、たくさんのことを語っている。

It's been a brutal year for many in the capital markets and certainly for Amazon.com shareholders. As of this writing, our shares are down more than 80% from when I wrote you last year. Nevertheless, by almost any measure, Amazon.com the company is in a stronger position now than at any time in its past（出典1）.

今年は、資本市場の参加者の多くにとって、当然ながらアマゾンの株主の皆様にとっても、非常に厳しい年でした。当社の株価は、この手紙を書いている時点で、昨年の手紙を書いていた時期に比べて80％以上、下落しています。しかしながら、どのような指標で見ても、アマゾンという会社は、過去のどの時期よりも強いポジションにあるのです。

ベゾスがこの文章によって成し遂げたのは以下のことだ。

- アマゾンの株主の注意を引きつけた。
- 何が起こったかを伝えた。
- 希望を与えた。
- 会社の株を保有し続けるべき、説得力ある理由を提示した。

ベゾスの文章やスピーチ原稿の出だしは、非常に綿密に練られている。最初の1行で読み手や聞き手の注意を引き、その後に続く議論のトーンを設定するのだ。

## 最初の1行で惹きつける

世界的なベストセラー作家ジェイムズ・パタースンによれば、本を書くにしても、メールを送るにしても、プレゼンテーションを行うにしても、最初の1行次第で明白な優位性が生まれるという。

パタースンは数々の最初の1行を世に送り出してきたが、そのうち特に気に入っているのが『Private』（未邦訳）の冒頭部分であるという。

To the best of my understandably shaky recollection, the first time I died it went something like this.

私のおぼろげな記憶の限りでは、私が初めて死んだ時、確かにこんな感じだった。

「自画自賛ですが、この最初のフレーズは実際、なかなかの出来だったと思っています」と、パタースンは微笑みながらそう振り返った（出典2）。

出だしの1行にこだわってきたことが、3億冊以上の書籍の販売実績につながったとパタースンは考えている。彼は、最初のページ、そして最初の文章を、読者を魅了するのに十分な力強さがあると感じられるようになるまで何度も書き直すのだという。

冒頭の1行だけで、最終ページまで読者を夢中にさせられるわけではない。しかし、出だし部分で、読者やリスナーがストーリーに引きこまれれば、次のパートまでついてきてくれるはずだとパタースンは話す。

アマゾンの上級幹部たちも、ボスの関心をアイデアにいかに惹きつけるかが重要であることを学んでいる。それも、瞬時に惹きつける必要がある。ベゾスは時間を無駄にすることを好まず、興味を失うやいなや、おもむろに会議を終わらせることがあるからだ。

ベゾスは、自身の集中力とエネルギーが最高潮に達する午前10時にもっとも重要な会議を行う。多くのCEOがそうであるように、ベゾスも自分の時間を大事にしている。平均的なビジネスプロフェッショナルが1年間に行うよりも多くの重要な意思決定を、1日でくだすのだから当然である。

CEOとしてアマゾンの経営にあたっていた当時、ベゾスが采配を振るっていたのは、毎日1000万個に上る荷物を出荷するeコマース部門だけではなかった。彼は、リフトの配車サービスから、ネットフリックスのストリーミングサービス、エアビーアンドビーの民泊プラットフォーム、ワシントンポスト紙のデジタルメディア、ズームのオンライン会議、スラックのビジネスチャットまで、私たちが毎日のように触るアプリやウェブサイトのためにクラウドサービスを提供する会社を経営していた。

それだけではない。映画を制作し、人工知能技術を開発する会社や、通販会社ザッポス、スーパーマーケットチェーンのホールフーズ、オーディオブックサービスのオーディブルなど40以上の子会社を所有する会社を経営していたのだ。さらに隙間時間を利用して、宇宙開発企業ブルーオリジンまで立ち上げた。とにかく忙しいのだ。

CEOやシニアリーダーの多くは、何よりも足りないリソースとして「時間」を挙げる。1日に1000通ものメールを受け取り、6か月先までスケジュールがびっしり埋まっているCEOは珍しくない。時間を無駄にせず、遅滞なく要点を伝えられなければ、彼らの関心を失うことは必至だ。幾多のビジネスプロフェッショナルが、多忙なリーダーのためにボリューム過多の資料を用意して失敗した話を語ってくれた。

シリコンバレーの草分け的存在のひとり、アンディ・グローブ［訳注：ロバート・ノイスとゴードン・ムーアが創設したインテル社に3番目の社員として入社し、後に同社のCEOを務めた］は、長ったらしいプレゼンテーションを嫌い、辛辣な言葉を発することで有名だった。

外部の、たとえばハーバード大学の教授でイノベーションの権威である故クレイトン・クリステンセンのような人物でさえ、グローブの伝説的なせっかちさに閉口させられている。ハーバード・ビジネス・レビュー誌に掲載された有名な論文をもとに書かれた『イノベーション・オブ・ライフ――ハーバード・ビジネススクールを巣立つ君たちへ』で、クリステンセンは初めてグローブに会った時のことを次のように描写している。

グローブは、クリステンセンが書いた破壊的テクノロジーに関する論文を読み、研究の意味するところを議論するために、クリステンセンをカリフォルニア州サンタクララにあるインテル本社に招いた。クリステンセンは、研究から得られた知見を喜んで共有したいと考え、飛行機で国を横断し、西海岸へ向かった。

にもかかわらず、グローブはミーティングに入るやいなや、こう言うのであった。「いろいろなことが起こりましてね、10分しか時間がないんです。あなたの破壊的イノベーションのモデルがインテルにとって何を意味するのか、そこのところを10分で教えてください」(出典3)「無理です。モデルの説明には、30分は必要です」とクリステンセンは返した。

だがグローブは、クリステンセンにとにかく説明を始めるようにうながした。そして10分が経過したところでプレゼンテーションを中断し、「あなたのモデルは理解しました。インテルにどのような影響があるのかを教えてください」と急かす。

なんとか数分の延長時間で話をまとめると、「よくわかった、それがインテルにとって何を意味するか……」とグローブは、インテルがマイクロプロセッサ市場を支配するうえでクリステンセンのモデルがいかに役立つか、簡潔に要約してみせたのであった。

グローブへの説明は、時間との闘いであった。喜んで挑みたい状況ではない。

だが実際、CEO、上司、マネージャー、顧客、投資家、出資者というのは、たいていせっかちである。10分後に話を切り上げることこそしないかもしれないが、10分を超えてなお、あなたの説明に100％の関心を持ち続けるだろうと期待することはできない。

彼らは、グローブがクリステンセンにした質問と同じことを問い始める。「それは自分にとってどのような意味があるのか？」と。

また、あなたのチームで働く部下たちも、増え続ける難しい仕事に直面しているし、彼らの気を散らす要因は洗練される一方だ。

複数の研究によると、人間の注意持続時間は1800年代から一定であるのに対し、私たちの注意を散漫にするものの数は指数関数的に増加しているのだ。

私たちは、何かに取り組んでいるあいだも、それに代わる選択肢をつねに探している。この心理学的な事実を利用して、ソーシャルメディアは私たちの注意を自社のプラットフォームに引き寄せるのに成功しているのだ。

絶え間なく浴びるデジタルノイズの集中砲火のせいで、ひとつのメッセージにじっくりと取り組むことがますます難しくなっている。

ユーチューブには1年365日、1分間に500時間分に相当する動画がアップロードされている。同じ60秒のあいだに、ワッツアップでは4200万通のメッセージがやり取りされ、ズームでは20万8000件のミーティングが行われ、ツイッターでは35万件のツイートが投稿され、メールは1億8800万通送信され、スライド1枚につき平均40の単語が詰めこまれたパワーポイント資料を使って2万5000件のプレゼンテーションが行われている。

データは眠らないが、聞き手や読み手は人間である。私たちの精神は、途切れることなく津波のように押し寄せる情報に対応できるだけの容量を持たないのだ。

コンテンツの量が増えるにつれ、私たちの注意力はますます細切れになってきていると研究者たちは指摘する。繰り返しになるが、つねに何か「新しいもの」を探し求めることが人間の性だからだ。だが今日、私たちの指先に何も新しいものが存在しない瞬間など、1秒だってないのである。

そのような状況下で人々の注意を引く鍵は、「ノイズのカット」ではなく、「信号の増幅」にあることがわかってきている。

過去30年のあいだ、人々が新しい概念をどのように学ぶかというテーマで研究を行ってきた認知心理学者たちは、興味深い結論に達している。

たとえば、効果的な指導を行う教師に関する研究では、優れた指導者は「ビッグアイデア［訳注：本質的な問い。読み手や聞き手に記憶してもらいたいアイデア。マーケティングの分野では、ブランドや商品が存在すべき理由として理解される］」を中心に情報を整理していることが明らかになった。

コンテンツを階層構造で作成することを考えるならば、文書やプレゼンテーションの冒頭にはそのようなビッグアイデアを置き、続く細部でそのビッグアイデアを補足していくのがいいだろう。

世界最高の講演者たちを取り上げた拙著『TED驚異のプレゼン――人を惹きつけ、心を動かす9つの法則』の執筆にあたり、私はTEDでのスピーチが話題になった多くの専門家にインタビューを行った。

そのほぼ全員が、TEDからの招待状を受け取った際に同じような反応をしたようだ。「自分の知っていることすべてを、どうやって18分にまとめろというのだ？」と。答えを先に述べれば、それはできない。

だからTEDの優れた講演者は、ビッグアイデアをひとつ選び、それを理解しやすい簡潔なメッセージで表現している。

簡潔さとは、山のような情報を短時間に圧縮することで得られるのではない。ひとつのビッグアイデアからスタートして、そのビッグアイデアを支えるストーリー、実例、データを慎重に選択する。そうすることで、簡潔さが生まれるのだ。

今後、誰かが「ポイントだけかいつまんで教えてくれ」と発言するのを耳にしたら、その人が本当に求めているのは、ビッグアイデアの理解なのだと覚えておこう。

しかし、物事をシンプルにして要点を伝えるのは、骨の折れる作業である。そこで、人々が望むストーリーを提供することに長けた、プロのコミュニケーターたちの力を借りてみよう。

## ログラインを使って、ビッグアイデアを説明する

ここで私が提案したいのは、ハリウッドの脚本家が作成する「ログライン」のコンセプトだ。スタジオに脚本を売りこむ時、脚本家はログラインを武器に、打ち合わせに臨む。

ログラインとは、「この脚本は何についてのストーリーか？」という問いに簡潔に答える、説得力ある文章のことだ。通常、ログラインは25～30語で構成される。時間にして15秒以内である。

脚本家たちが脚本をクラウドにアップロードする時代が訪れるずっと昔、脚本を印刷し、スタジオ

の保管庫にしまっていた。その際、スタジオ幹部が、タイトルと映画の内容を要約した1文を脚本の背表紙（ログ）に書きこんだ。これが「ログライン」の起源だ。

ログラインがメールでやり取りされるようになった現代でも、ログラインは企画の打ち合わせに欠かせない要素である。

以下に、成功したログラインの例をいくつか挙げよう。作品名を当てられるだろうか？

・ある青年が過去にタイムスリップする、そこで彼は、自分と自分の未来が消滅する前に両親を仲直りさせなければならない。

・農家で育った前向きな青年が自分に特別な力があることを発見し、他の反乱軍兵士と協力して銀河系を帝国の邪悪な力から解放しようと試みる。

・タイタニック号の処女航海で恋に落ちた悲運の2人が、大西洋に沈む運命の船で必死に生き延びようとする。

・息子がさらわれたと知った心配性のカクレクマノミが、息子を連れ戻すために危険な海を横断する旅に出る。

映画のタイトルが難なく思い浮かぶと思うが、一応答えを記しておこう。右から順に、『バック・

トゥ・ザ・フューチャー』『スター・ウォーズ』『タイタニック』『ファインディング・ニモ』だ。

テレビドラマ『グレイズ・アナトミー 恋の解剖学』の脚本を担当したクリエイター、ションダ・ライムズは、「ピッチ、つまり売りこみは、扉を開けた後にできる、唯一かつもっとも重要なことです。ピッチを苦手とする人が、この世界でやっていくのは非常に難しいでしょう。どうすればうまくできるか、やり方を学ばねばなりません」（出典4）と述べている。

ハリウッドのスタジオ幹部は、毎週何十通もの企画書を受け取る。彼らの関心を瞬時につかむことができなければ、その脚本の企画はおそらく失敗に終わる。ライムズによれば、「強いピッチは、ほとんど瞬間的に聞き手の想像力をかきたてる」のだという。

勝ちにつながるログラインを作成する鍵は、ベゾスのやり方を見習うこと、すなわち、顧客に徹底的にこだわることだ。

脚本家にとっての最初の顧客またはオーディエンスは、プロデューサー、ディレクター、スタジオ幹部である。これらのオーディエンスは、ピッチを聞きながら、次のただ1点に思いをめぐらせている。「どうやって売り出すか？」と。

ライムズは『グレイズ・アナトミー』のピッチで、マーケティングの観点を意識した経緯を説明する。当時人気のあった番組『セックス・アンド・ザ・シティ』と対比させるように、自身の脚本を「セックス・イン・ザ・サージャリィ（手術室のセックス）」と呼んだのだ。

ライムズは、このログラインが営業ツールとしてうまく機能したのは、番組をどのように売り出すかという点について、幹部たちに明確で簡潔なアイデアを提供したからだと考えている。

実際のストーリーは、この当初のコンセプトから変化していくのだが、まずはスタジオ側に「欲しい」と思わせなければならない。だからこそ、彼女はオーディエンスのことを第一に考えて企画提案を作成したのだ。

明確で簡潔なログラインだけで、プロジェクトの売りこみが成功するわけではないが、優れたログラインなしにプロジェクトを成功に導くのは難しい。成功につながるログラインは、スタジオの責任者がストーリーの続きに興味を持つように誘導する。

ジミー・ドナルドソンは、映画の売りこみではなく、コンテンツを制作している。ドナルドソンのユーチューブチャンネル『MrBeast（ミスタービースト）』は、コメディドラマ『となりのサインフェルド』や『フレンズ』のシーズンファイナルよりも多くの視聴者を集めている。チャンネル登録者数は、なんと6000万人を超えるのだ。

ドナルドソンは13歳の時に初めて動画を投稿した。最初の1年のチャンネル登録者数はわずか40人だった。だがその後、数年にわたる試行錯誤を経て、またユーチューブが動画のレコメンドに用いているアルゴリズムについての研究を重ねた結果、2017年に爆発的なヒットを達成した。

ある日ドナルドソンは、退屈のあまり、1から10万まで数える自分自身の動画を撮影した。10万にたどり着くまでにかかった時間は44時間だ。もし暇で仕方がないという人がいたら、その1分1秒を記録した動画は今でもユーチューブで視聴できる。ハフィントン・ポストは、この風変りな動画について「見たまえ、何の理由もなく10万まで数えるこの男を」と題した記事を掲載している。

ドナルドソンの動画は今ではずっと短くなったが、スポンサーからの商品を活用するなど、動画コンテンツはより入念に練られている。たとえば、「I gave my 40,000,000th subscriber 40 cars.（4000万人目のチャンネル登録者に40台の車をプレゼントしてみた）」というタイトルの動画では、登録者のひとりにとんでもない贈り物をして驚かせた。

ドナルドソンと一緒に仕事をしてきたコンサルタントのデラル・イヴスによれば、ストーリーの筋書きをシンプルに保つことで、もっとも急成長しているユーチューブチャンネルのひとつを作り上げることができたという。

「動画のコンセプトをひとつの文で説明できない場合、複雑すぎると判断して、ラインアップから除外します。このコンテンツ作成スキルを、ほとんどのユーチューブ・クリエイターは見落としているか、過小評価しています。しかし、それこそが、優れたクリエイターをその他大勢から際立たせるものなのです」（出典5）と、イヴスは説明する。

以下の1行タイトルの動画は、合計2億回以上再生された。長いタイトルでも、含まれる文字数は最小限だ。

- I Gave People $1,000,000 But Only 1 Minute to Spend It.

百万ドルプレゼントしてみた、条件は1分以内に使いきること。

- I Opened a Restaurant That Pays You to Eat at It.
  食べるとお金がもらえるレストランを開いてみた。
- I Opened a Free Car Dealership.
  無料のカーディーラーをオープンしてみた。

動画を再生して最初に聞こえてくるドナルドソンの言葉は、タイトルそのままだ。大きな文字で画面にも表示される。この1文で、視聴者はこれから何を目にするのかを、はっきり理解できる。ドナルドソンの動画は毎週、スーパーボウルよりも多くの視聴者を惹きつけている。彼もまた、ロググラインから、つまりビッグアイデアから出発しているのである。

強力なロググラインは、シリコンバレーの投資家の心をもつかんで離さない。シリコンバレーは、世界の主要ベンチャーキャピタルの本拠地である。私は、アマゾン、アップル、エアビーアンドビー、グーグル、ペイパル、ツイッター、ユーチューブをはじめ、数多くのスタートアップを支援してきたベンチャーキャピタリストたちに会ってきた。また、上場へ向けたロードショーで、スタートアップのCEOや起業家たちが投資家に自社を売りこむためのピッチ作りのサポートも行ってきた。

投資家はハリウッド映画のプロデューサーたちと同様、細部に入る前に全体像を知りたがる。そう、「その映画は何について?」の問いと何ら変わらない。以下に紹介するのは、スタートアップのピッチで実際に使われたログラインである。

- Google organizes the world's information and makes it universally accessible.
  グーグルは、世界中の情報を整理し、世界中の人々がアクセスできて使えるようにします。
- Coursera provides universal access to world-class learning so that anyone, anywhere has the power to transform their life through learning.
  コーセラは、世界クラスの教育への普遍的なアクセスを提供し、誰でも、どこでも、学習を通じて人生を変える力を手にできるようにします。
- Airbnb is a web platform where users can rent out their space. Travelers save money, hosts make money, and both share their cultures.
  エアビーアンドビーは、ユーザーが自分のスペースを貸し出すことができるウェブプラットフォームです。旅行者はお金を節約し、ホストはお金を稼ぎ、そして両者は文化を共有するのです。
- Canva is an online design tool with a mission to empower everyone in the world to

design anything and publish anywhere.
キャンバは、世界中の誰もが何でもデザインして、どこでも公開できるようにすることを使命とするオンラインデザインツールです。

- Amazon is Earth's most customer-centric company.
アマゾンは地球上でもっともお客様を大切にする企業です。

間違っても、ログラインなしにアイデアを売りこんだり、プレゼンをしたりしてはいけない。フォーブス誌の世界の億万長者リストに名を連ねるある投資家から直に耳にした見解を、本書の読者の皆さんとも共有したい。「もし、起業家が自分のアイデアを1文で表現できないなら、私は興味を持てません。そこに議論の余地はありません」

オーディエンスに知ってもらいたい、ただひとつのビッグアイデアを表すログラインを作成したら、次の問題はそれをどこに組みこむかだ。

米軍は、この問題に答えるために、膨大な研究を行ってきた。研究から導き出された答えは、コミュニケーションのテクニックとして米軍の組織内のみならず、アマゾンでも教えられている。

## 結論から始めよ

アリゾナ州のユマ砂漠で気温が華氏114度（摂氏約45度）まで上昇した9月のある日、私は米海兵隊航空部隊のパイロット約100名から成るクラスを訪れる機会を得た。海軍ならば戦闘機兵器学校（通称トップガン）のパイロットに相当する精鋭たちだ。

米海兵隊でも特に優秀な100名の飛行士たちはこの時、世界でもっとも包括的なパイロット向け訓練コースとして知られる7週間のプログラムに参加していた。プログラムの参加者は、座学や実地体験を通して高度な技術やリーダーシップスキルを学ぶ。

言葉や文字によるコミュニケーションが、戦闘に不可欠なスキルに数えられるという事実は、意外かもしれない。しかし、突発的に発生したどのような問題にも迅速かつ機敏に対応することが求められ、その対応に専門家のあいだの協調行動が必要である限り、簡にして要を得た、わかりやすいコミュニケーションを欠くことはできない。

米軍のすべての軍種において、リーダーたちは「指揮官の意図」と呼ばれるコミュニケーション戦略を学んでいる。この戦略は、起業家、ビジネスプロフェッショナル、そして分野を問わずリーダーシップを志す人が活用することができる。

指揮官の意図とは、ミッションを率いる指揮官が描く「ミッションが成功裏に終わった状況」、いわばビジョンである。明確で、簡潔で、容易に理解できるものでなければならない。ミッションの全体像であり、脚本家のログラインにあたる。

第1に、5W（いつ・誰が・何を・どこで・なぜ）に答えるものであること。第2に、ミッション

とされている。「私たちが達成しなければならないもっとも重要なことは……」のブリーフィングの最初、そして最後に繰り返されること。第3に、次のような宣言から始まること

軍でコミュニケーションの指導にあたる専門家は、指揮官の意図とは、全体像を明確かつ簡潔に伝える「パーパス・ステートメント」の役割を果たすと説明する。

ある訓練マニュアルによると、「長々とした描写は、部下の自発性を阻害する傾向がある」という。言い換えれば、ミッションを遂行するメンバー一人ひとりが、簡潔明瞭なステートメントを通してミッションの目的を理解する必要があるのだ。簡潔であることは明確さにつながり、明確であることで人は鼓舞されるのである。

指揮官の意図は、箇条書きのリストではなく、名詞と動詞を含む文章として作成され、口頭でも伝えられる。たとえば、「我々のミッションは、目標XYZの敵のレーダー装置を破壊し、その後に続く連合軍の空からの攻撃を、敵が早期に検知する事態を防ぐことである」といった具合だ。文章は能動態で書かれ、「我々は積極果敢に攻撃を行う」というような曖昧な命令は避ける。

戦闘中は、長々とした通達より、簡潔で具体的なステートメントの方が無線経由でも迅速に伝わる。その結果、命令が正確に届く可能性が高くなり、極度のストレス下にある隊員にとってもはるかに記憶しやすい。

時速700マイルで山岳地帯を飛行している戦闘機のパイロットに、任務遂行に必要な詳細情報を読んだり、思い出したりする時間はないのだ。彼らは皆、それまでに何年もの経験を積んでいる。座

学の講義やフライトシミュレーターの前で、そして実地訓練に何千時間もの時間を費やしてきている。対応の仕方は心得ているのだ。しかし、何を成し遂げるべきか、なぜそれをするのかがわからなければ、やり方を知っていたところで意味がない。

指揮官になったつもりで考えてみよう。あなたの任務は、顧客、上司、採用担当者から、同僚、投資家、従業員まで、さまざまなオーディエンスに情報とひらめきを与えることだ。

指揮官の意図は、行動を起こすべき時に、リーダーが伝えねばならないもっとも重要なフレーズである。前述のように、ブリーフィングの冒頭で表明することが求められる。これは、「ＢＬＵＦ」と呼ばれる、簡潔で強力なコミュニケーション技術に基づくものだ。

ＢＬＵＦは「Bottom Line Up Front（結論を先頭に）」の頭文字を取った略称である。「頭括構成」とも呼ばれる。ＢＬＵＦはもともと米陸軍の文章術としてスタートしたが、現在では、軍種の垣根を越えて教えられている。

ちなみに、この頭字語を生み出したのは確かに米陸軍である。だが、その必要性を最初に認識したのは彼らではなかった。それは、英国首相ウィンストン・チャーチルであった。

第二次世界大戦中、チャーチルは『Brevity（簡潔さについて）』と題した有名なメモを作成して、長々とした文書の重要なポイントを強調するよう指示した。チャーチルは、ほとんどの書類で要点が埋もれてしまっており、時間とエネルギーの無駄になっていると指摘した。

結論を早い段階で宣言することは、アマゾンでも組織の隅々まで浸透している。ただし、同社のライティングのクラスでは、「Bottom Line On Top: BLOT（結論を冒頭に）」として教えられている。先頭でも冒頭でもいいが、肝心な点は、聞き手や読み手が知る必要のある最重要情報を最初に持ってくることだ。詳細については何も知らなくても、結論さえわかれば、全体像を知ることができる。これこそが、メールの読み手が最初に目にし、プレゼンテーションの聞き手が最初に耳にすべきメッセージなのだ。

アマゾンの社員たちは、もっとも重要な結論を、メールの一番上に太字で書き記す。最初の1、2文を読むだけで、メールの受け手は、なぜ自分がそのメールを受け取ったのか、なぜメールの続きを読む必要があるのかを知ることができる。

アマゾン史上2人目のCEOに就任して間もなく、アンディ・ジャシーが行った初めての主要方針発表を例に挙げよう。

2021年末、新型コロナウイルスのパンデミックが落ち着きを見せ始めた状況を受けて、ジャシーはアマゾンの従業員にメールを送り、職場への復帰ルールに関する会社の最新の考えを説明した。

メールの件名は、「勤務場所に関するガイダンスの更新」である。本文は「親愛なるアマゾン社員の皆さんへ」から始まっている。「勤務場所について、私たちがどのように考えを進化させているか、最新の情報を皆さんにお伝えしたいと思います」。件名とあわせて、この1文でメールのトピックは明白だ。

ジャシーは続けて、経営幹部が何度も会議を開き、オフィスに戻ることの難しさと不確実性について議論してきたことを説明する。そして彼らが「3つのこと」で合意したと書いている。

第1に、これらの問いに対する明確な答えは、特に長期的な答えについては誰にもわからないということ。第2に、アマゾンのような規模の会社では、すべてのチームに適用できる万能のアプローチは存在しないということ。第3に、新型コロナウイルスのパンデミックから脱するためにも、しばらくのあいだ実験し、そこから学び、調整を加えていく段階に入りつつある、ということ。

オフィスに勤務する従業員については、週に何日出社する必要があるかを、チーム単位で各責任者が決定する。そして、その決定はアマゾンのリーダーシップの原則から導かれる「お客様にとってもっとも効果的なことは何か」を指針にすべきであると付け加えた。

ビジネススクールでは学べない暗黙知がここにある。重要な点を冒頭に配置するコミュニケーションにより、時間や労力を節約し、上司やチームメイトを納得させられる可能性が高まるのだ。

複数の研究で、メールや文書、記事の読み手の注意を引くのに、書き手に与えられる時間は15秒だということが明らかになっている。読者の約45％は、15秒後に興味を失うか、続きを読むことを放棄してしまうのだ。しかし、15秒（英語の文章ならば35語程度）を過ぎても注意を引きつけられたならば、読者は残りのコンテンツを最後まで読み進める可能性が高くなる。

## アマゾン流ビッグアイデアの示し方

もしあなたが高い完成度の文章やスピーチ原稿を作成したいと望むならば、ビッグアイデアを「明確さ」「簡潔さ」「具体性」が揃ったものにしなければならない。以下に、アマゾン流のノウハウを示そう。

### 明確さ

アマゾンは明確なコミュニケーションを非常に重要視している。口頭および書面でのコミュニケーションを明確にするために、アマゾンの従業員は、以下のガイドラインにしたがうよう奨励されている。

- 誰が何をしているのかをはっきりさせるため、能動態を使う。
- 業界用語を避ける。
- フレッシュ・キンケイド・テストで、8年生（中学2年生）以下を目指す。
- アイデアが「So what?テスト」に合格していることを確認する。

最初の3項目についてはすでに説明したので、ここでは「So what?テスト」について掘り下げていこう。

クライアントであるＣＥＯやエグゼクティブが重大発表やプレゼンテーションに向けてログラインを研ぎ澄ましていくプロセスで、私もこのテストの類似バージョンを活用している。以下に、テストがどのように機能するか説明しよう。

前提として、自分は自分のアイデアと距離が近すぎるという事実を認識すること。言い換えれば、自分は、他の人が理解していない詳細を知りすぎているということだ。

そこで、伝えたいメッセージを作成しながら、自分に問いかけてみるのだ。「So what?（だから何？）」と。この質問を3回繰り返そう。そうすることで、聞き手が知りたがっているメッセージの核心に近づくことができる。

私はこのプロセスが、アマゾンだけでなく、多くの企業でうまく機能していることを目撃してきた。たとえば、アップルもこの手法を採用している。

アップルで、マーケティング担当者と経営陣が製品の発売を前にブレインストーミングをしている会議を想定して、その舞台裏をのぞいてみよう。発売予定の製品はＭ1チップとする。

- 何を発表するのか？
  Ｍａｃのために設計された、初の自社製チップ「Ｍ1」。
- だから何？
  アップル初の、システムオンチップ（ＳｏＣ）だ。

・だから何？
　160億個のトランジスタを搭載し、世界最速のCPUコアを実現した。
・だから何？
　高い演算能力、驚異的な性能、並外れたバッテリー駆動時間を実現するM1により、Macはかつてないほど大きな進化を遂げることができる。

　最後の1文は、ティム・クックCEOをはじめとする同社の幹部が、実際に自社製チップを搭載した最初のMacBookを発表した時に使ったものだ。

　この種の対話は、製品発表のプレゼンテーション作成の初期段階で広く取り入れられている。その場にいる専門家たちは、何か月も、あるいは何年もその製品の開発に携わってきており、深い知識を持つ一方で、知識の呪縛にとらわれているものだ。

　細部に入りこむほど、全体像が見えなくなる。大半の人が、自動車のボンネットの中に何があるのかなど気にしないように、コンピュータ購入者のほとんどは、システムを動かすエンジンのことなど気にもかけない。

　情報を伝えるうえで、詳細は不可欠だ。だが、詳細情報はログラインではない。ログラインは、大きな全体像を伝えるものなのだ。

**コーチング・ドリル**

あなたのプレゼンテーションに、「So what? テスト」を適用してみよう。対話のトピックから出発して、「だから何?」と問い、答えていくのだ。あなたのピッチやプレゼンテーションの明快なログラインができあがるまで、さらに2回、同じ問いを繰り返してほしい。

トピック＿＿＿＿＿＿＿＿
だから何?＿＿＿＿＿＿＿＿
だから何?＿＿＿＿＿＿＿＿
だから何?＿＿＿＿＿＿＿＿

**簡潔さ**

アマゾン流のコミュニケーションとは、読みやすく、かつ理解しやすい文書やメールを書くことだ。アマゾンの社員は、1文を構成する単語を20語以下に保つように指導される。つまり、文章の書き手は不要な言葉を削ぎ落としていくことを求められる。

妻ヴァネッサ・ガロは、私とともにガロ・コミュニケーションズ・グループの共同代表を務めている。ヴァネッサのバックグラウンドは発達心理学で、その経験を活かして、企業幹部がより自信にあふれて見えるように、決然とした態度で発言できるように支援している。

プレゼンテーションのテキストを解析し、余計な言葉を排除していくのも彼女の仕事だ。彫刻家が余分な石を削り取って傑作を掘り出すように、余分な言い回しを取り除くことで、あなたのメッセージの力を最大限に引き出すことができる。

ヴァネッサがどのようにメッセージをスリム化しているのか、その例を紹介しよう。オリジナル版の文章は、軍のある上級教官が、卒業に必要な必修講義の冒頭で学生たちに語ったものだ。ヴァネッサが手を加えたのが、改良版である。不要な言葉が排除され、要点がまとめられ、明快になったことがわかるだろう。

〈オリジナル版〉

A lot of you are here because it’s a requirement, but if you take the time to sit in class and it’s gonna be a long class, right, because that’s what we’re working on in the summer, but if you take the time to sit in that class and do the work, you’re doing yourself, your brain, your future self a favor.

皆さんの多くは、必修科目だからという理由でここにいるのでしょう、でも、時間を取って授業に参加すれば、長いクラスになるでしょうが、それはそうです、それこそが私たちがこの夏に取り組むことなのですから、しかし、もし時間を取って授業に参加し、課題に取り組めば、自分自身と、自分の脳と、自分の未来のためになるのです。

〈改良版〉

Most of you are here because it's a requirement. If you take the time to sit in class and do the work, you're doing yourself, your brain, and your future a favor.

あなた方の大半は、必修科目だからここにいます。時間を取って授業に参加し、課題に取り組めば、自分自身と、自分の脳と、自分の未来のためになるのです。

ジェフ・ベゾスもまた、率先してメッセージを短くし、要点を絞って伝えている。次ページの表4に掲載した3つの文章を見てほしい。左側はベゾスが株主への手紙に書いたものだ。右側は、妻と私がベゾスの文章をもとに作成した冗長な文章である。後者はもちろん「悪い見本」だが、現実のビジネスコミュニケーションで頻繁に耳にする表現を反映している。

**具体性**

アマゾンの従業員たちはライティングのクラスで、曖昧な言葉、つまり「玉虫色の表現」を避けることを学ぶ。

たとえば「大半のお客様」と言う代わりに、「プライム会員の87％」と具体的な数字を用いるのだ。「大幅な改善」ではなく「25ポイントの増加」、「少し前に」ではなく「3か月前に」とあくまでも具

［表4］簡潔な文章 vs. 冗長な文章

| 株主への手紙 | ベゾスの簡潔な文章 | 冗長な文章 |
|---|---|---|
| **2007年** | I'll highlight a few of the useful features we built into Kindle that go beyond what you could ever do with a physical book（出典6）.<br>私たちがキンドルに組みこんだ、紙の本では実現できない、便利な機能をいくつか紹介しましょう。 | During this next part of the presentation, I would like to review some of the dynamic features of the Kindle, a device we recently released with the intent to maximize this market that can execute more tasks than would be possible to execute reading physical books.<br>本プレゼンテーションの次のパートでは、この市場の最大化を目的に最近リリースした、紙の本を読む時よりも多くのタスクを実行できるデバイス、キンドルのダイナミックな機能のいくつかをレビューしたいと思います。 |
| **2015年** | This year, Amazon became the fastest company ever to reach $100 billion in annual sales（出典7）.<br>今年、アマゾンは史上最速で年間売上高1000億ドルを達成した企業になりました。 | Before I review the year and get into the details, I guess I should mention that Amazon reached $100 billion in annual sales. What's really impressive about that accomplishment is that we reached that number at a faster pace than any other company has been able to achieve.<br>この1年を振り返り、詳細に入る前に、アマゾンが年間売上高1000億ドルを達成したことについて言及しておく必要があると思います。この業績に関して非常に印象的なのは、他のどの企業よりも速いペースでその数字に到達したということです。 |
| **2018年** | Third-party sellers are kicking our first-party butt. Badly（出典8）.<br>サードパーティ・セラーがファーストパーティの尻を叩いているのです。しかも容赦なく。 | An interesting point to note – third-party sellers in our industry are outperforming us as first-party sellers by a noticeable margin, so much so that there is a substantial difference.<br>注目に値する興味深い点として、我々の業界では、サードパーティ・セラーが、ファーストパーティ・セラーである我々のマージンを、明白に、かなりの差をつけて圧倒しています。 |

体的に書く。

具体性について学ぶなら、アマゾンのコーポレートサイトのニュースルームがおすすめだ。アマゾンのプレスリリースのログライン（冒頭のステートメント）には通常、指標やデータから特定の場所やターゲットオーディエンスにいたるまで、具体的な情報が含まれている。

以下に例をいくつか紹介しよう（具体性が見られる部分を太字にしている）。

- Amazon expands its Boston tech hub with plans to create **3,000 new jobs** to **support Alexa, AWS, and Amazon Pharmacy.**
  アマゾンが、ボストンのテックハブを拡大。**アレクサ、アマゾン・ウェブ・サービス、アマゾン・ファーマシーのサポート**を目的に、**３０００人の新規雇用**計画を発表。
- Amazon Launches **$2 Billion** Housing Equity Fund to Make Over **20,000 Affordable Homes** Available for Families in Communities It Calls Home.
  アマゾン、**20億ドル**の住宅投資ファンドを設立。地域コミュニティ「It Calls Home」で手頃な価格のファミリー向け**住宅を2万戸以上**提供へ。
- Amazon's new **one-million-square-foot** fulfillment center in Oklahoma City will create **500 jobs.**
  アマゾンがオクラホマシティに新設する**１００万平方フィート**のフルフィルメントセ

ンターでは、**５００人分の雇用**が創出される予定。

- Amazon customers can now purchase **prescription medications** through the Amazon online store without leaving home. **Amazon Prime members** receive **free two-day delivery** and up to **80% savings** when paying without insurance, with new prescription savings benefit.
アマゾンのお客様は、家に居ながらアマゾンのオンラインストアで**処方箋薬**を購入することができるようになりました。**アマゾンのプライム会員**であれば、**２日以内の無料配送**を利用でき、無保険で薬を購入する場合は、割引特典により、**最大80％の節約**が可能です。

- Amazon is hiring **75,000 Employees** across Fulfillment and Transportation, with average starting pay of over **$17 Per Hour** and sign-on bonuses of up to **$1,000**.
アマゾンはフルフィルメント部門と輸送部門で**７万５０００人の従業員**を採用します。初任給は平均**時給17ドル**以上、サインオンボーナス（入社一時金）は**最大１０００ドル**です。

## ベゾスは逆算して仕事をする

2021年2月2日、100万人を超えるアマゾン従業員は、1通のメールを受け取った。ボスからのメールである。ジェフ・ベゾスが会社を立ち上げて以来となる、重大な発表を行ったのだ。「アマゾンの仲間たちへ」とベゾスは切り出した。

I'm excited to announce that this Q3 I'll transition to Executive Chair of the Amazon Board and Andy Jassy will become CEO（出典9）.

この第3四半期に、私がアマゾンの取締役会の会長に就き、後任としてアンディ・ジャシーがCEOに就任すると発表できることを嬉しく思います。

メールの受信者は、最初の1文だけで何についてのメールか理解した。

ベゾスは逆算して仕事をする。重要な結論、つまりログラインから出発し、その後にCEO交代に関する詳細が続いた。「なぜ（why）」この交代にいたったのか、ベゾスはCEOを退いて「何（what）」をするのか、そして彼が27年前に立ち上げた会社がこれまで「どのように（how）」世界を変革してきたかが詳しく説明されている。

ベゾスのメールは、次ページの表5で分析するように、明確で簡潔、かつ具体的な文章のお手本となるものだ。

明確さ：ベゾスが送ったメールは、ログライン、つまり全体像から始まる。最初の1文で読むのを止めたとしても、ストーリーの大まかな内容はわかるはずだ。メール全体の読みやすさのレベルは、フレッシュ・キンケイド・テストの学年レベルで、7・8年生（日本の中学1～2年生）。メールの大部分（約94％）は能動態である。誰が何をするのかを明確に示すことができるのが、能動態だ。

簡潔さ：620語のメールは、2分足らずで読むことができる。アマゾンの27年間の歴史と次のステップをカバーしていることを考えれば、短い時間である。

具体性：ログラインには、3つの具体的なポイントが示されている。
①ベゾスが取締役会の会長になる。
②アンディ・ジャシーがCEOにな

［表5］ジェフ・ベゾスのメールの言語学的分析

| | |
|---|---|
| **全体** | |
| 単語の数 | 620 |
| 文字の数 | 2959 |
| 段落の数 | 12 |
| センテンスの数 | 47 |
| **平均** | |
| 段落に含まれるセンテンスの数 | 4.7 |
| 一文に含まれる単語数 | 13.1 |
| 単語の文字数 | 4.6 |
| **読みやすさ** | |
| リーダビリティ（読みやすさ）スコア | 62.4 |
| フレッシュ・キンケイド・テストの学年レベル | 7.8 |
| 受動態 | 6.3% |

る。

③この交代は第３四半期に行われる。
より具体的な詳細は次の通りだ。

・In the Exec Chair role, I intend to focus my energies and attention on new products and early initiatives.
取締役会会長のポジションでは、新製品と初期の取り組みにエネルギーと注意を集中させるつもりです。

・Today, we employ 1.3 million talented, dedicated people.
今日、私たちは１３０万人の有能で献身的な人材を雇用しています。

・Invention is the root of our success. We pioneered customer reviews, 1-Click, personalized recommendations, Prime's insanely-fast shipping, Just Walk Out shopping, the Climate Pledge, Kindle, Alexa, marketplace, infrastructure cloud computing, Career Choice, and much more.
発明こそが、私たちの成功の源です。カスタマーレビュー、ワンクリック、パーソナライズされたレコメンド、プライム会員向けの超高速配送、ジャストウォークアウト・ショッピング、気候変動対策に関する誓約、キンドル、アレクサ、マーケットプレイス、インフラとしてのクラウドコンピューティング、キャリア・チョイス、その他多くのものを私たちは先陣を切って開拓してきました。

さて、ベゾスは次にいったい何をするつもりなのだろうか？　ベゾスはどこにエネルギーを集中させるのだろうか？

ジャーナリストのブラッド・ストーンが、ゴミコンテナを漁って偶然見つけた1行のログラインで、ベゾスはそのことを簡潔に説明している。

２００３年、ニューズウィーク誌のジャーナリストだったストーンは、ベゾスが新しく立ち上げた宇宙企業で何を計画しているのかを探るべく、昔ながらのやり方で取材調査を行った。

まずストーンは、ブルー・オペレーションズＬＬＣという、シアトルのアマゾン本社と同じ住所を持つ事業体の登記情報を発見した。この会社について調べていくうちに、情報がほとんど掲載されていないウェブサイトを見つけ、航空宇宙エンジニアを募集していることを知った。

このニュースをいち早くものにしようと決意したストーンは、シアトル南部の工業地帯に車を走らせ、書類に書かれていたもうひとつの住所を訪ねた。するとそこに建っていたのは、５万３０００平方フィート（約４９２４平方メートル）規模の倉庫だった。ドアには「BLUE ORIGIN」と書かれていた。

週末の夜遅い時間である。窓からのぞいても、何も見えなかった。

１時間ほど車の中で待ったが、何も起こらない。ついにストーンは通りを渡ってゴミコンテナまで行き、そこからできるだけたくさんのものを車のトランクに運びこむことにした。

そして、ゴミを精査しているうちに出てきたのだ。ベゾスがブルーオリジンの最初のミッションを文字にした、コーヒーのシミがついた紙が。

To create an enduring human presence in space.

宇宙での人類の永続的なプレゼンスを実現するために。

たとえ世界一素晴らしいアイデアを持っていたとしても、それを明確で簡潔、かつ具体的な1文で表現できなければ、誰からも注目されないのだ。

# 4 心にささるメタファーの生み出し方

地球上でもっとも豊富な品揃えを実現できるよう、地球最大の川にあやかって、アマゾンと名づけました。
——ジェフ・ベゾス（2018年、ワシントン経済クラブ）

ベゾスはCEOとして、9863日間アマゾンを率いたが、いつだって「Ｄａｙ １」の気持ちで出社した。

「Ｄａｙ １」は、創業当時のマインドセットを表すメタファー（暗喩）だ。

アマゾンがオンライン書店をスタートさせた当時、従業員の数は約10人だった。その27年後、ベゾスが同社の経営の第一線から退いた時、その数は160万人にまで増えていた。

たとえそのような規模になっても、スタートアップで働いているかのように考え行動するよう、そして学習、成長、革新、創造の機会を追求するように、つね日頃から従業員をうながすのが、ベゾスの「Ｄａｙ １」なのである。

本書の冒頭でも触れた通り、「Ｄａｙ １」のメタファーが最初に登場したのは１９９７年、上場企業となったアマゾンからの初の株主への手紙であった。

「インターネットにとって、今はＤａｙ １です」(出典1)とベゾスは宣言している。アマゾンはいったいいつ利益を出し始めるのかとやきもきする株主たちに、ｅコマースは急速に成長しているが、オンラインショッピングはまだ黎明期にあるのだと釘を刺している。本当の変化はこれから起こるのだ、と。

ベゾスによって書かれた株主への手紙には、「Ｄａｙ １」が繰り返し登場する。24通の手紙のうち21通で合計22回、この表現が用いられている。

２００９年以降、ベゾスは株主への手紙を「It's still Day 1.（今もまだＤａｙ １です）」という文で締めくくるようになった。２０１６年から２０２０年の手紙では、１語だけ変えた。「It remains Day 1.（つねにＤａｙ １であり続けます）」である。

２０１９年の株主への手紙は、２０２０年4月、新型コロナウイルスの大流行が始まってから1か月後に発表された。ベゾスは、株主と従業員の両方へ宛てて、「Even in these circumstances, it remains Day 1.（このような状況であっても、つねにＤａｙ １であり続けます）」と記している。

特筆に値する一貫性をもって「Ｄａｙ １」に言及することで、ベゾスは、メタファーを修辞学で言うところの比喩表現から、どう考え、どう行動するかを示すブループリント（設計図）へと、その質を変化させたのである。

今日にいたるまで、「Ｄａｙ １」のメタファーはアマゾン全体に浸透しており、積極果敢にリスクを取り、迅速に行動し、好奇心を持って、実験と失敗を通した継続的な学習を重視するマインドセットを説明するためのショートカットキーのような機能を果たしている。

「Ｄａｙ １」のメッセージを見逃すことは難しい。ベゾスは、ＣＥＯオフィスが入っているシアトルのアマゾン社屋を「Day 1 North」と命名した。ロビーでは今でも、「Day 1 North」と書かれたプレートが訪問者を迎えてくれる。そのプレートには、ベゾスのメッセージが刻まれている。「まだ発明されていないものがたくさんある。これから新たに起こることもたくさんある」と。

２０１６年に開催された全社ミーティングの場で、従業員たちは「Ｄａｙ １」に対して「Ｄａｙ ２」はどのような状態を指すのか、ベゾスの口から聞きたいと考えた。

「Ｄａｙ ２は停滞です。停滞の次には、存在意義の喪失が続きます。その後にやってくるのは耐え難い、痛みをともなう衰退です」(出典２)というのがベゾスの答えだった。

「Ｄａｙ １」のメタファーは、アマゾン社外でも広く普及している。ビジネススクールで教えられる、経営哲学のひとつにもなっている。インターネットで「Ｄａｙ １企業とは？」と検索されることも多い。だが、「Ｄａｙ １企業」は実在しない。物理的な存在ではないからだ。

「Ｄａｙ １」はマインドセットなのである。抽象的な概念であり、他の優れたメタファーと同様に、知識を効果的に伝達するためのショートカットとしての役割を持つ。

本章では、メタファーの背後にある認知科学と、なぜメタファーがオーディエンスの説得に重要なのか、その理由を学んでいこう。

説得のためのツールとしてのメタファーの歴史を手短にたどりながら、1980年を分岐点として、それ以来メタファーが単なる比喩表現以上のものとして考えられるようになった経緯を説明したい。

また、ベゾスが意図的かつ慎重にメタファーを選んでいることを明らかにするとともに、抽象的な概念を実行可能なアイデアに変えるために、メタファーを活用しているその他のビジネス・コミュニケーターの例も取り上げていく。

そして最後に、あなたのアイデアに「天使が歌うような明瞭さ」を与える、ぴったりのメタファーを見つけるための簡単なステップを紹介しよう。

## 私たちの日常に欠かせないメタファー

基本から出発しよう。メタファーとは何か？

メタファーとは、2つの無関係なもののあいだの比較である。これがメタファーの標準的な、退屈な定義だ。

私としては、テキサス大学ロースクールの学部長で、古典修辞学に関する3冊の著作を持つウォード・ファーンズワースが提唱する、より刺激的な定義の方が好みである。ファーンズワースによるメタファーの定義は次の通りだ。

メタファーにより、よく知らないものをよく知っているものに、目に見えないものを見えるように、そして複雑なものを理解しやすいものに変えることができる。アリストテレスが述べているように、命のないものに命を吹きこむことができる。ある対象を予期しない仲間に引き合わせることで、楽しみを生み出すことができる。対象の比較として用いられるソースから借りてくることで、感情を生み出すことができる。比較がぴたりとはまった時の美しさで、心をとりこにし、人々の記憶に刻みこむことができる。意外性で、注意を引くことができる。1つのセンテンス、あるいはたった1つの単語から大量のイメージや意味を想起させ、驚くべき経済性でこれらすべてのことを実行できる（出典3）。

メタファーはどこにでも存在する。あなたも意図的に、または無意識のうちに、四六時中メタファーを使っている。

大量の書類の山に押し潰されそう？　もしそうなら、あなたはメタファーの中に埋もれかけている。周囲にダイヤモンドの原石のような人物、きら星のごとく輝く人、器の大きい友人がいる？　もしそうなら、あなたは単にメタファーの世界に片足を突っこもうとしているどころか、すっかり首までつかっている。

毎年2月14日、アメリカ人は何十億ドルもかけて不朽のメタファーを祝う。そう、バラである。花屋はこの日、2億5000万本のバラを売る。一番人気は赤いバラ、愛のシンボルだ。

赤いバラの伝説は、ギリシャ神話に登場する愛の女神アフロディテまでさかのぼる。アフロディテは、赤いバラのように美しいと称えられた。以来、詩人たちは愛の表現としてバラに注目するようになった。

シェイクスピアがジュリエットに「バラと呼んでいる花を別の名前にしてみても、美しい香りはそのままなのに」と言わせる時、ジュリエットはロミオが敵対する一族の出身であるという不都合な事実にもかかわらず、ロミオへの愛情を認めているのである。これに対してロミオは、美しさを放って闇に光を灯すジュリエットは「太陽だ」と叫ぶのだ。実に奥が深い。

多くのポピュラーソングは紙の上に生を受ける。そう考えれば、作詞家がメタファーの波に乗って、スーパースターの座を勝ち取るのはけっして偶然ではない。

ブレット・マイケルズは、『Every Rose Has Its Thorn（どんなバラにもとげがある）』を書いた時、バラのテーマが抗いがたいほど魅力的だと感じた。バラは彼のキャリアの飛躍を意味する一方、とげは彼の成功がガールフレンドとの関係に与えたダメージを表している。

ガース・ブルックスが『The Dance（ザ・ダンス）』を歌う時、それはナッシュビルのホンキートンクで踊るラインダンスのことを指しているのではない。ここでのダンスは、親密な関係にあった人を失うことのメタファーである。その人に会わなければ、確かに痛みは避けられただろう。だが、その人と共有した幸せな時間も失うことになるのだ。

ブルックスが書いてきた曲の中で、手紙をもらうことが特に多いのは『The River（ザ・リバー）』だという。ブルックスが、「川の水がなくなるまで船を走らせる」と歌う時、何もそれはブルックスが船の操縦棹を握っているというわけではない。

彼は、カントリーミュージックで大成功をおさめるという夢を持った売れない歌手だった。その夢は川のようなもので、夢を追いかけるブルックスは、川の流れに身を任せる船そのものなのだ。だからこそ、「岸辺に座っていないで……急流というチャンスを選び、思い切って流れに合わせて踊ろう」と歌うのである。

ジミー・バフェットは、ポップミュージック界でもっとも儲かるメタファーを世に送り出したと言っても過言ではない。初めて『Margaritaville（マルガリータヴィル）』を歌った時、バフェットは「場所」を考えていたわけではなかった。それは、心の状態であり、人生哲学の賛歌なのだ。

ところが、ひとたび歌がヒットすると、マルガリータヴィルは実在の場所になっていった。しかもあちこちに。マルガリータヴィルの名前を冠したバーやレストランがオープンし、商品が開発され、バフェットに5億ドルを超える資産をもたらした。

メタファーだけで、ベゾスやジミー・バフェットのような金持ちにはなれないかもしれないが、言葉を使って聞き手の心の状態、つまり感情を喚起することができれば、人生とキャリアをより豊かなものにすることができる。

私たちは、一日中、メタファーに触れている。私たちは、メタファーを書いて、歌って、メタファーを使って考えさえするのだ。

1980年、ジョージ・レイコフとマーク・ジョンソンによる『レトリックと人生』が出版された時、認知科学分野のメタファー研究が盛り上がりを見せた。それまで大半の人は、メタファーとは詩やスピーチのためだけにある文学的な道具に過ぎないと考えていた。それに対して両者は、メタファーは言語活動の範囲を超えて、「思考や行動にいたるまで、日常の営みのあらゆるところに浸透している」と主張した(出典4)。

レイコフとジョンソンは、「概念的メタファー理論（CMT）」(出典5)を普及させた。私たちの脳は、ある領域を別の領域で「マッピング」することによって世界を理解している、という考えである。

この発見から、メタファーの基本的なルールが生まれた。すなわち、メタファーは、起点領域と目標領域を持たねばならないということだ。目標領域は私たちが伝えようとする抽象的な概念であるのに対し、起点領域は比較対象として用いる具体的なものである。起点領域によって、私たちは抽象的な目標領域を理解し、わずかな数の単語で多くの情報を伝えることができる。

起点領域は通常、動き、物理的な位置、空間的な方向など、いくつかのカテゴリーに分類される。

例を挙げよう。「人生」という概念は非常に抽象的だ。あまりに抽象的で、もっと具体的なものに関連づけて考えなければ、なかなか理解できない。

・動きのメタファー：I'm on the fast track. It'll be smooth sailing from here.（順風満帆。出世街道まっしぐら）
・物理的な位置のメタファー：I'm at a crossroad.（岐路に立っている）
・空間的な方向のメタファー：My life's looking up.（我が人生、右肩上がり）

**コーチング・ドリル**

自分の専門分野や領域以外の比較対象を探してみよう。書籍や記事、スピーチ、プレゼンテーションの中に、メタファーをどれだけ見つけられるだろうか？

ここで課題に挑戦だ。気づいたメタファーを、動き、物理的な位置、空間的な方向に分類してみよう。目や耳から入ってくるメタファーを意識すれば、説得力ある文章を書き、プレゼンテーションを行ううえで役立つはずだ。

適切なメタファーを探し求めることなく、感情や抽象的な原則、あるいは複雑な考えを表現するのはほとんど不可能である。

美術史家のネルソン・グッドマンは、「日常的なものから特別なものまで、メタファーはすべての対話に浸透している……このメタファーのひっきりなしの使用は、文学的な色彩への思慕だけでなく、経済の差し迫った必要性から生じている」（出典6）と述べる。

言い換えれば、メタファーは、膨大な量の情報をひとつの単語やフレーズに凝縮させることで、精神的なショートカットとして機能するのだ。メタファーを使うことで、細部に拘泥して泥沼にはまり込むことなく、聞き手や読み手のために素早くイメージ像を描くことができる。

ここから先は、アマゾンの成長を支えた、メタファーを使った2つのコンセプトを検証していこう。「ピザ2枚分のチーム」と「フライホイール（弾み車）」だ。どちらのケースでも、ベゾスは象徴的な思考とコミュニケーションを活用して、アマゾンのリーダーたちに新たな発想をうながしている。

## ピザ2枚分のチーム

ドットコムバブルの崩壊後（ちなみに「バブル」もよく知られたメタファーである）、ベゾスは休暇を取り、その間、読書と思索に専念した。

ベゾスが頭を悩ませていたのは、シアトルに借りた自宅のガレージで創業したアマゾンのイノベーションのスピードの低迷だった。会社は急成長しているが、エンジニアやプロダクト管理の担当者は、コード変更の複雑なプロセスに苛立ちを覚えていた。製品開発はいくつかの重要な部門にまたがって組織され、意思決定に関わる人数が多すぎた。

1999年3月に開催された米国出版社協会での講演でベゾスは、「階層型の組織では変化に十分に対応できません」と述べている（出典7）。

休暇から復帰したベゾスは、シンプルなアイデアを引っ提げてオフィスに現れた。アマゾンの初期の頃のようにチームを組織すれば、それぞれのグループがプロジェクトのロードマップとソフトウェアのコードに責任を持ち、より迅速に行動できるのではないかと考えたのだ。

創業当時は、ラージサイズのピザ2枚でチーム全員の空腹を満たすことができたことを思い浮かべ、ベゾスはそのアイデアを1枚の紙に書き出した。こうして生まれたのが、「ピザ2枚分のチーム」のコンセプトだった。

ピザ2枚分のチームというメタファーは、多くのことを内包している。たとえばこのメタファーは、分権型の意思決定の重要性を論じている。また、小さなエンジニアリング・チームから成る組織を作り、各ユニットが緩やかに連携しながら、自律的に動くようにする必要性があることを指摘している。そして、社員間の調整が増えすぎると、直線的なスピードと変化に直面した時の敏捷性を低下させるという認識を浮き彫りにしている。

しかもこのメタファーは、数学的な計算式よりも短い。

「コミュニケーションパスの公式」と呼ばれる有名な方程式がある。チームが大きくなるにつれ、チームメンバー間のコミュニケーションパス（経路）の数が爆発的に増えて、情報の共有と仕事の遂行に要する時間が長くなることを示すものだ。

コミュニケーションパスの計算式は次のようになる。

N×（N－1）÷2
N＝プロジェクトに参加するチームメンバーの数（出典8）

この式にしたがえば、5人の小さなプロジェクトチームでは、考えられるコミュニケーションの経路は10である。プロジェクトメンバーの数が2倍になると、経路は45に増加する。それはつまり、チームと情報を共有するために、プロジェクトマネージャーは4・5倍のエネルギーと時間を使わねばならないことを意味する。

ベゾスはこの計算式を、実感をもって理解した。ピザ2枚分のチームは、フレデリック・ブルックスの著作『人月の神話』に触発されて生まれたアイデアだった。ベゾスは後日、アマゾンの上級幹部チームにも同書を推薦している。

IBM出身のコンピュータサイエンティストであり、テクノロジー業界に造詣の深いブルックスは、プロジェクトに多くの人手をかけても結果が早く出るわけではない、と論ずる。それどころか、爆発的に増えたコミュニケーション経路により、プロセスの速度が落ちると主張するのだ。

ブラッド・ストーンの著作『ジェフ・ベゾス 果てなき野望―アマゾンを創った無敵の奇才経営者』によれば、ベゾスは「社内コミュニケーションの制約から解放されることで、相互に緩やかに連携するこれらのチームは、より機敏に動き、より早く顧客に新機能を提供することができるに違いない」（出典9）と期待していたという。

適切に設計されたピザ2枚分のチームには、もうひとつ強力な利点があった。ミスに気づいた時や、迅速な修正が必要な時に、すぐに軌道修正できるのだ。

以上からもわかるように、小規模チームという戦略の背後には、数学者やコンピュータサイエンティストによる綿密な検証が存在する。1冊の本、そして難解な数式が、まるまるこのテーマに捧げられているのだ。だが、このコンセプトの説明にはショートカットが必要であることを、ベゾスは心得ていた。

プロジェクトの完了までに要する時間は、チームの規模に比例する。同様に、アイデアが受け入れられるスピードは、そのシンプルさに比例する。

ピザ2枚分のチームよりもシンプルなメタファーがあるだろうか？　このコンセプトは成功した。ただし、次の壁にぶつかるまでは。

## 2枚のピザから、シングルスレッドへ

ピザ2枚分のチームのコンセプトは当初は有望に思えたものの、万能ではなかった。

元アマゾン幹部のビル・カーとコリン・ブライアーによる共著書『アマゾンの最強の働き方―Working Backwards』に、当時のことが描かれている。

両者ほど、ベゾスをよく知る人はいない。カーとブライアーは2人あわせて27年間アマゾンに在籍し、同社が成長する過程でこのうえなく重要な瞬間にたびたび立ち会ってきた。

ピザ2枚分のチームに関して2人は、製品開発のような分野ではうまく機能したものの、法務や人事部門などでは、スピードや柔軟性の改善につながらなかったと述べている。

ピザ2枚のメタファーは、キャッチーでわかりやすく、特定の職場環境では有益だったが、汎用性に欠けたのだ。

アマゾンのシニアリーダーたちは、チームの成功のもっとも重要な予測要因は、必ずしもチームのサイズではなく、「課された仕事を成し遂げることに専念し、人員を配置し、チームを管理できる適切なスキル、権限、経験を持ったリーダーがいるかどうか」(出典10)であるという結論に達した。

この新モデルが必要としていたのは、新しい名前、つまり新しいメタファーであった。

アマゾンのリーダーには、工学やコンピュータサイエンス分野の出身者が多い。彼らは、新しいコンセプトを、自分たちがよく知っている起点領域の似たようなコンセプトに重ね合わせた。そして、「シングルスレッド」という用語に、求めていたものを見出した。

シングルスレッドは、一度にひとつのコマンドを処理するというプログラムの実行方法で、コンピュータプログラマーにとってはお馴染みの概念だ。JavaScriptをはじめ、多くのプログラミング言語がシングルスレッドである。

この概念をリーダーシップに当てはめると、チームリーダーは、一度にひとつのことに集中することになる。それが新製品であれ、新事業、もしくは事業変革であれ、専任で担当するのだ。

ピザ2枚分のチームとしてスタートしたものが、シングルスレッド・リーダーによって率いられるチームへと進化していった。

ブライアーとカーによれば、シングルスレッド・リーダーシップは、「両立が困難な複数の責任を負わされることのないひとりの人物が、ただひとつの大きなイニシアティブを率いる」ことを可能にし、アマゾンにイノベーションの新たな波を起こしたという。

シングルスレッド・リーダーは、目標を達成するためのリソース、柔軟性と敏捷性を備えたチームを指揮することになる。

この新しいメタファーは、たとえば「フルフィルメント・バイ・アマゾン（ＦＢＡ）」のような技術革新のうねりをもたらした。

アマゾンの倉庫と配送サービスをサードパーティ・セラー（外部出品者）にも提供するというのが、ＦＢＡのアイデアだ。アマゾンに商品を出品する外部事業者のために、アマゾンが商品の保管から、倉庫内のピッキング、梱包、発送までを担い、販売事業者の物流の課題を解決するのである。

小売やオペレーション分野の経営幹部たちは、このアイデアを気に入った。しかし、コンセプトの実現へ向けて、細部にいたるまで専任でプロジェクトを管理できる人材が不在であったため、１年以上も棚上げとなっていた。

その後、ＦＢＡ構築のためのチームの採用と管理に１００％の力を注ぐよう抜擢されたのが、バイスプレジデントだったトム・テイラーである。

ＦＢＡの仕組みは、より迅速な配送を望む顧客と、ビジネス規模の拡大のため、倉庫と物流のより柔軟な選択肢を求める販売事業者の双方にメリットをもたらした。ひとりのシングルスレッド・リーダーが何百万もの事業者が抱えていた問題を解決し、何百万もの顧客を喜ばせたのである。

グーグルで「シングルスレッド・リーダー」と検索すると、500万件以上の検索結果がヒットする。アマゾンで作られたこのコンセプトは、今や広く普及した経営原則になり、ひとつのイニシアティブに専念し、責任を負うリーダーを指す簡潔な表現として定着している。

1語ないしは2語で多くのことを伝え、企業が成長していくうえで従業員の指針になる。これこそがメタファーの力なのだ。

このシングルスレッドのメタファーに飛びついて、成長路線を突き進んだスタートアップがカナダにある。

モバイル専用の旅行アプリを提供するホッパーである。2018年に1億ドルの資金調達を行い、同社はカナダ史上もっとも価値の高いスタートアップの座を獲得した。

ホッパーのCEO兼共同創業者フレデリック・ラロンドは、急成長を遂げているスタートアップは、すべての物事に対して従来とは異なる発想で取り組む必要があると述べる。企業文化から情報伝達、マーケティング、経営管理にいたるまで、すべてである。

ラロンドは貪欲な読書家で、経営本やリーダーシップに関する書籍を熱心に読みこんでいる。読書を通してラロンドは、シングルスレッド・リーダーの手法は、リーダーたちがビジネスのオーナーのように行動することを後押しし、それが「超高速成長」につながることを学んだという。

同社には、プロダクト・チームも、エンジニアリング・チームも、データサイエンス・チームも、デザイン・チームもない。その代わり、顧客体験を向上させるための機能やサービスに取り組む、小さなグループを中心に組織されている。

ラロンドはこれについて、「非常に強力な分野横断的なチームから成る社内スタートアップが、緩やかに連携する連合体のようなもの」と説明する（出典11）。

シングルスレッド・リーダーは、ひとつのことに専念し、そのためにチームを構築して、適材適所の人材を配置する。最初は、1人か2人の技術者から成るチームとしてのスタートになるかもしれない。与えられるのは、何か新しいものを構築し、プロセスを反復し、顧客に届けるのにギリギリのリソースだ。製品や機能が市場に適合すると判断されると、リーダーは、チームを拡大し、アイデアをより大きなビジネスとして実現するための裁量を手に入れる。

新型コロナウイルスが大流行する最中にも会社を倍速で成長させることができたのは、シングルスレッド・リーダーシップによってもたらされる柔軟性とスピードのおかげだと、ラロンドは確信している。2021年初頭、渡航制限規制が徐々に解除され始めると、ホッパーは四半期ごとに最大200人のペースで新規採用を進めていった。

ホッパーは、ピザ2枚分のチームというメタファーも取り入れながら、さらにひねりを加えている。ラロンドは、会社を設立する際にたくさんの本を読み漁っただけでなく、行動科学について学んだ。

その時に、歴史上もっとも拡張性の高い組織、つまり最速で成長した組織がローマ帝国であることを知ったのだ。ローマ帝国の兵士たちは8人単位の小チームに分けられていた。それがひとつのテントにおさまる人数だったからだ。古代ローマ帝国軍は「分散型ネットワーク」を構築して、西洋世界を500年にわたり支配したとラロンドは語る。

こうしてホッパーでは、ピザ2枚分のチームを、「古代ローマのテントひとつ分」に置き換えることにしたのだ。チームは8人から10人以下のグループに編成され、ひとりのリーダーがそのチームの唯一のプロジェクトに責任を持つ。

ピザチームやローマ軍のテントは、覚えやすく、力強いマネジメントのアイデアだが、ある元アマゾン幹部は、もっと食指が動くメタファーを発見したと信じている。それは、ベーグルだ。

## ベーグル1ダース・ルール

元AWS経営幹部のジェフ・ローソンは、トゥイリオを創業した時、ベゾスのブループリントからいくつかのアイデアを取り入れた。

ローソンは2004年、従業員数が5000人を超えるまでに成長したアマゾンに入社した。

彼の採用を決めた人物にローソンは、「従業員が100人だった頃に比べて、会社がどれだけ変化したか」とたずねた。返ってきた答えは、「同じです。アマゾンでは今も、当時と同じ緊張感やスピード感を持って仕事をしています」であった。

ローソンは、自分の会社にこのアマゾンの緊張感やスピード感を持ちこみたいと考えた。そして、小さなチームこそが、それを実現するための秘策だと信じた。

彼はアマゾンのことを、「全体の規模こそ大きくとも、権限を与えられたミッション主導型のリーダーが率いる小さなチームを持ったスタートアップの集合体のような構造であった」と回想している（出典12）。

この小規模チームモデルをトゥイリオに導入するのは簡単だった。なにしろ、創業当時は共同創業者3人以外にチームメンバーはおらず、しかも全員がソフトウェア開発者だったからだ。

顧客からバグの報告があれば、ローソンはそれを5分以内に修正した。3人のあいだでの意思決定も迅速だった。大きなピザ2枚も要らなかった。ベーグル3つで十分だったのだ。

会社を立ち上げてしばらくのあいだ、創業者たちは毎週月曜日の朝にミーティングを行うようにしていた。通勤途中にベーカリーに立ち寄り、ローソンはベーグルを3つ買い求めた。会社が成長するにつれ、6個、12個、36個と、ベーグルの注文数も増えていった。

その頃になるとローソンは、ベゾスが小さなチームの必要性について確信を持つにいたったアマゾンと同じ傾向が、トゥイリオにも見られることに気づき始めた。ベーグルの注文が増えるのに比例して、イノベーションのスピードが落ちていったのだ。いつしか、ＣＥＯであるローソン直属の部下の数が30人になった。社員数が少なかった頃に比べて、会社経営が非効率になっていると自覚した。

そこでローソンは、アマゾン時代のピザ2枚分のチームというメタファーを参考に、グループを3つのチームに分割するという解決策を考え出した。そのうちの1チームが、既存製品のサポートを担当する。ほかの2チームは、新規プロジェクトと社内プラットフォームに集中させることにしたのである。

ピザの代わりに、ローソンは経験則から各チームはベーグル1ダース（12個）で賄える程度に小さくなければならないと考えた。チームの数はいつしか3から150にまで増えていったが、ローソンはつねにこのメタファーを念頭に置いた。ベーグル12個で足りなければ、チームが大きくなりすぎたことを意味するのだ。

今日トゥイリオは、もっとも成功をおさめた「無名の」スタートアップの1社になった、とローソンはおどけて見せる。多くの人は、トゥイリオのサービスだと知らずに、それを利用しているからだ。たとえばウーバーのドライバーから受け取るテキストメッセージや、ネットフリックスへのサインインの際にデバイスに送られてくるコードなど、トゥイリオのソフトウェアは何千ものアプリに埋めこまれている。

消費者が直接目にすることのない会社を大きくしていくうえで、ローソンもやはり、デザインからマーケティングまで構築プロセスのすべてのステップで、従来とは異なる発想のコミュニケーションが求められたと述べている。

アマゾンは時を経て、ピザ2枚分のチームよりも優れたソリューションを編み出した。それでも、ピザのメタファーは、人々の対話と新たなアイデアの創出に火を点けたと言える。

今となっては、アマゾンのピザ2枚分のチームのことを耳にする機会はそれほどないかもしれない。だがピザ2枚が、スタートアップにとっても大企業にとっても同じく有益で、使い勝手のいいメタファーであることに変わりはない。

ピザ2枚でも、シングルスレッドでも、古代ローマのテントでも、ベーグル1ダースでも構わない。メタファーをひとつ選んで使ってみよう。自分の会社の企業文化やミッションに合った新しいメタファーを思いつければ、文句なしだ。

ピザ2枚分のチームならば、あなたの会社のフライホイールをより速く回転させるためのアイデアを思いつくかもしれない。そう、フライホイールだ。アマゾンの成長の原動力となる秘密のソース、かの有名なフライホイールについて語らずに、メタファーの章を終わらせることはできない。フライホイールも、ビジネス史上もっとも説得力あるメタファーのひとつだ。

## フライホイール

2001年10月、ジェフ・ベゾスはアマゾンのリーダーシップチームの会議に、経営思想家で多数のビジネス書を執筆しているジム・コリンズを招いた。コリンズは、経営の必読書となる『ビジョナリー・カンパニー2─飛躍の法則』の刊行を控えていた。

コリンズが研究を通して発見したフライホイールというメタファーに、ベゾスはいち早く着目した。アマゾンはこのコンセプトを取り入れてドットコムバブル崩壊の危機を乗り切り、その後20年続く同社の成長を加速させていった。

フライホイールとは円形の機械部品で、回転によりエネルギーが蓄えられ、エネルギーが集まるほど回転のスピードが加速していく。

コリンズは、フライホイールは最初の一押しが難しいと説明する。それでも「必死になって押すと、フライホイールが何センチか動く。さらに押し続ける、必死になって押し続ける。ようやくフライホイールが1回転する。ここで押すのを止めてはいけない。押し続けるのだ。フライホイールの回転が少しだけ速くなる。2回転……4回転……8回転……勢いが増していく……16……32、さらに速くなる、1000回転……1万回転……10万回転。そしてある時点で、ブレークスルーが起こる！　フライホイールは、今や止めるのが難しいほどの勢いで、飛ぶように回転する」（出典13）

ベゾスはメモを取り、ナプキンに、後に「好循環モデル」と呼ばれるようになるものを描いた。「成長」を中心に、顧客サービス、品揃え、低価格によってフライホイールが回転するのだ。これはクローズドループ・システムであり、インプットのどれかひとつ、あるいは全部が改善されることにより、フライホイールの回転速度が高まっていく。

たとえば、「顧客サービス」は、配送の迅速化、利便性や操作性の向上、品揃えの充実などによって改善させていくことができる。

ブラッド・ストーンの説明を借りれば、「価格を引き下げることで、サイトを訪れる顧客の数が増える。顧客数が増えれば、販売量も増え、アマゾンに手数料を支払うサードパーティ・セラーをより多くサイトに呼びこむことができる。その結果、アマゾンは、フルフィルメントセンターやウェブサイトを運営するためのサーバーなどに必要な固定費から、より多くの利益を生み出すことができるようになった。そして、この効率性の高さが、さらなる低価格化を可能にした。フライホイールのどの部分でもいいから薪をくべれば、ループが加速していくはずだと、彼らは判断した」（出典14）のである。

ベゾスはフライホイールの考えに魅了された。アナリスト向けのプレゼンテーションにこのコンセプトを含めることを、あえて避けるほどであった。というのも、これをアマゾンだけの秘密にしたいと考えたからだ。事実、フライホイールによって、アマゾンの消費者向けビジネスは小売業界の羨望の的となっていった。

アマゾンのリーダーたちは、今なお頻繁にフライホイールに言及する。

アマゾンが小売業の枠を超えて多角化していくのにともない、フライホイールのメタファーは、各事業部門が成長を促進するために使用する標準的なアプローチとして機能するようになった。そして、回りまわって組織のすべての側面において、イノベーションを加速させている。

たとえば、アマゾンのクラウドコンピューティング部門であるＡＷＳは、サードパーティ・セラーからの商品を販売する代わりに、ＩＴプロフェッショナル向けのユニークなソフトウェアを販売している。サードパーティ製ソフトウェアである。

提供されるツールの数が増えるほど、外部の開発者たちからの注目も高まる。ソフトウェアツールの導入により、法人顧客にとっての魅力が高まり、クラウドサービスの利用がさらに進む。規模が拡大するにつれて、ＡＷＳはクラウドサービスの価格を引き下げることが可能になる。より多くの開発者が新たなツールの開発を進めることになり、ますます法人顧客にとっての魅力が高まるのだ。

ＡＷＳは、消費者向けの小売り事業とはまるで違うビジネスのように思えるが、ベゾスは２０１５年の株主への手紙で、その類似点を指摘している。メタファーとは、２つの異なるものが、実はよく似ていることを示す道具であるという点を思い出してほしい。

「両者は一見、これ以上ないほど異なっています。一方は消費者向けであり、他方は法人顧客向けのサービスです……しかし、表面には現れない部分に目を向ければ、この２つはそれほど違わないのです」（出典15）とベゾスは書いている。

ベゾスの言葉は、メタファーの力の背後にある原理を描写している。慎重に選ばれたメタファーは、複雑あるいは抽象的な物事を具体的なイメージへと変換するのに役立つ。フライホイール効果はいかにも理にかなっているように響くが、フライホイールという形ある物体が先に存在してこそ、その可能性が目に見えるようになるのだ。

**コーチング・ドリル**

メタファーは、理解へのショートカットキーのように機能する。あなたのオーディエンスに、複雑な考えや抽象的なアイデアを理解してもらうのに役立つ。メタファーは非常に効果的なので、私たちは日常会話でも絶えずメタファーを使っている。

ただし、ビジネスプレゼンテーションでは、使い古された決まり文句を用いるのは避けたい。誰もが知っているようなメタファーでは、インパクトに欠けるからだ。

## メタファーを使いこなすには

ユニークな経験や出来事を表現するのに、メタファーを使ってみよう。

宇宙飛行士のクリス・ハドフィールドは、国際宇宙ステーションの指揮を執るために、地球を飛び立った。乗りこんだのは、宇宙船ソユーズだ。約３００トンのケロシンと窒素燃料が１００万ポンドの推力を生み出し、ロケットは地球の重力圏を脱して目的地へと飛んでいく。

ハドフィールドは、これまでに国際宇宙ステーションに滞在した２４０人の宇宙飛行士のひとりである。私たちのほとんどは、巨大なロケットに乗って宇宙へ飛び立つような体験をすることはないだろう。優れたサイエンス・エデュケーター〔訳注：一般の人々に複雑な科学をわかりやすく伝える専門家。高いコミュニケーション能力が求められる」でもあるハドフィールドは、ロケットの打ち上げがどのようなものかを、身近なたとえを用いて説明している。ロケットの打ち上げの描写を通して、私たちを一緒に宇宙に連れていってくれるのだ。

発射6秒前、このロケットという名の獣は突然、まるで火を吹くドラゴンのように咆哮を始める。ロケットが激しく揺れ、足元からは、火山が噴火したのではないかというほど、ものすごいパワーが伝わってくる。まるで、嵐の中の小さな落ち葉になった気分だ。これから起こることに比べたら、自分がいかにちっぽけな存在であるかを思い知らされる。カウントダウンがゼロを告げる瞬間、それは固体ロケットに火が点く時だ。ロケットの存在をすぐ横に感じる。まるで大事故に遭ったかのようだ。何かがロケットに衝突したような衝撃があり、すさまじいエネルギーの振動が宇宙船全体を貫通する。巨大な犬の顎の中にいるようだ。くわえられたまま揺さぶられて、情け容赦なく叩きつけられる。無力だ。それでも、集中力は研ぎ澄まされている（出典16）。

唸り声をあげる獣、火吹きドラゴン、噴火、嵐の中の葉っぱ、巨大な犬の顎……どれも未知の体験を描写する、素晴らしいメタファーだ。

難解なトピックに命を吹きこむメタファーを選ぼう。

ビジネスニュースや株式市場を追いかけている人ならば、きっと「economic moat（経済的な堀）」というフレーズを聞いたことがあるのではないだろうか。この言葉を広めたのはウォーレン・

バフェットで、1995年のバークシャー・ハサウェイの会議でのことだった。ある株主が、「利益を得るために使った経済の基本的なルールについて教えてください」と質問したのだ（出典17）。

これに対してバフェットは、「もっとも大切なことは、誠実な城主が統治する、経済的に優れた城が、広く長く続く堀によって守られている事業を見つけることです」と答えた。

城のメタファーは、バフェットとバークシャーのチームが潜在的な投資先を評価するために使用する複雑な指標や基準を色鮮やかに説明する、簡潔なショートカットとしての役割を果たしている。深い堀は、競合他社にとって参入障壁となり、城、つまり企業に独自の優位性を与え、市場シェアを守ることができる。誠実な城主であるCEOが率いる城は、その強さを発揮する。バフェットは、堀が、将来起こり得る城への攻撃に対して、長期的かつ強力な抑止力になると説明しているのだ。

バフェットは2007年、優れた運用成績をあげていた投資先のひとつである保険会社ガイコについて説明するにあたり、再び城のメタファーを用いた。ガイコは低価格の保険商品を提供しており、ヤモリのマスコットなどで知名度が高く、高い利益率を誇っていた。

これは堀のある城を探し、投資するというバフェットの戦略の有効性が証明された例である。ガイコは公開企業ではないが、ある投資サイトでは、バフェットは400億ドルの投資を行い、4万800％のリターンを得たと推定されている。

「ガイコは宝石だ」ともバフェットは言った。この億万長者は、メタファーなしに語ることを止められないのだ。

テレビにしょっちゅう出演する専門家や、度々発言が引用されるアナリストにも注目してみよう。私は15年間、テレビのニュースキャスターを務め、一時期はニューヨークの金融市場も担当していた。秘密を明かそう。優れたコミュニケーション能力を持つ専門家はめったにいない。だからこそ、ごく一握りの人たちが、より頻繁に登場するのだ。

そのひとりに、経済評論家のダイアン・スウォンクがいる。

スウォンクの肩書きは、大手会計事務所グラントソントンのチーフエコノミストである。だが彼女は、自分の主な役割は、複雑なデータを平易な言葉に「翻訳」することだと明言する。スウォンクは、世界でもっとも尊敬されるエコノミストのひとりであり、引っ張りだこだ。世界経済に関するスウォンクの明確な見解を求めるメディアや政府指導者からの問い合わせに答え、インタビュー対応からポッドキャスト出演、スピーチまで日々多忙なスケジュールをこなしている。そのスウォンクのパワースキルが、メタファーなのである。

スウォンクは私に、月に40時間を報告書の作成に充てていると教えてくれた。そして、その時間の大半を、膨大なデータから得られる洞察を伝えるためのメタファーなどの作成に費やしているとも。たとえば、新型コロナウイルスのパンデミックの最中、米国政府は苦境にある個人や企業を救うために数兆ドルの支出を行った。「兆ドル」というのは、人々が感覚として理解することが難しい巨額である。加えて政府は、その資金を分配するために、一連のアルファベットスープ・プログラム［訳注：CCF、MLFといった略称のプログラムが複数並び、金融専門家でも理解できないほど複雑であるとして批判された］を導入した。

スウォンクは、視聴者や読者がこれらの意味を理解できるよう手助けをした。以下に、スウォンクの説明で、頻繁に取り上げられたものを紹介しよう。特に人気の高い引用が、メタファーを用いて説明されているのは、驚くことではない。

・経済は一夜にして氷河期に突入したのです。いわば私たちは極度の低温凍結状態にあります。経済の解凍にかかる時間というのは、凍らせるのにかかった時間よりもはるかに長くなります。
・Covid-19は氷山です。私たちは、救命ボートを手に入れようとしているのです。
・私たちは、コロナウイルス・マラソンの、もっとも苦しい区間に突入しようとしています。
・雇用統計は、ボンネットの中（表面上はともかく中身）が、かなりひどい様子です。
・米連邦準備制度（FED）は、シルクハットから出すウサギを使い果たしつつあるようです。

スウォンクの才能は、経済の難解で複雑な言葉を、人々が理解しやすい平易な言葉に置き換える能力にある。

だが本人は、その「才能」を発揮するには、練習が必要だと言う。スウォンクは同僚から以前、「あなたがやるとなぜかとても簡単に見える」と言われたことがあるという。そして「私がどれほどの時間をかけているか、気づいていないのです」（出典18）と私に打ち明けてくれた。

「私は文章を書くことに努力を惜しみません。コミュニケーションの技術には、特に力を入れてきました。説明できなければ、情報の翻訳の過程で大切なことがすべて失われてしまいますから」

あなたの大切なメッセージが、翻訳を経て失われることのないようにしたい。ぴったりのメタファーを見つけるには、それなりの努力が必要だ。だがその努力は、コミュニケーションスキルの向上という形で必ずや報われる。

**コーチング・ドリル**

単純なメタファーは、「時は金なり」のように「AはBである」の形式になっている。これは、複雑なアイデアを表現するのに適している。自分の専門分野から、ひとつ複雑なアイデアを選んで、「AはBだ」の形を作ってみよう。最後に、比較を使いながら説明を試みてほしい。

複雑なアイデア：＿＿＿＿＿＿（A）

馴染みのあるアイデア：＿＿＿＿＿＿（B）

AはBである形式：＿＿＿＿＿＿は＿＿＿＿＿＿である。

〈例〉

複雑なアイデア：良い投資
馴染みのあるアイデア：堀のある城
ＡはＢである形式：良い投資とは、競合他社の参入を阻む堀が周囲に張りめぐらされた経済的な城である。

アリストテレスは、メタファーを使いこなす能力を天才のしるしだと考えた。本章を通して、アイデアを伝えるために、よく練られたメタファーを使うことの重要性を理解してもらえたら、そして読者の皆さんが内に秘めた才能を解き放つきっかけになったなら嬉しく思う。

影響力のあるリーダーは、オーディエンスを納得させるために、メタファーとアナロジーの両方を駆使している。メタファーとアナロジーは、近縁の親戚のようなものだが、両者には違いがある。目的に応じて、いつどちらを使うべきか、それを熟知しているのがベゾスだ。次章では、アナロジーとメタファーの使い分けを学習していこう。

# 5 アナロジーはコミュニケーターの最強の武器である

理解不能なものとありふれたもののあいだ、それがもっとも多くの知識を生み出すアナロジーである。
——アリストテレス

ビル・カーは鮮明に記憶している。アマゾンの変革の始点となった、そして彼のキャリアで最高にエキサイティングな時期がスタートするきっかけとなったミーティングのことを。ベゾスが全社ミーティングで話したことのすべてを覚えているわけではないが、ひとつのストーリーが心に残っている。そのストーリーこそが、当初は気乗りしなかったイニシアティブを前進させるのに必要な確信をカーに与えたからだ。

それまでの4年間、アマゾンで順調に出世の階段を上り、ワールドワイドメディア担当のバイスプレジデントになっていたカーは上司から、新たに創設されるデジタルメディア事業のトップへの就任を打診された。

ベゾス本人からこの異動に対する祝福の言葉をもらったカーは、ほかに選択肢は残されていないと感じていた。だが、キャリアが軌道に乗りつつあっただけに、ひどく落胆せずにはいられなかった。米国の書籍・音楽・ビデオ部門のディレクターとして、カーはアマゾンの世界全体の売上の77%を占める事業部を率いていた。それなのに、会社の最小規模の取り組みのリーダーに指名されたのだ。

アマゾンはｅコマースの分野で圧勝していたが、たとえば、デジタルメディア事業の所管である電子書籍は書籍カテゴリー全体の1%にも満たなかった。すでに、書籍の中身の検索や閲覧を可能にする「なか見！検索」機能をローンチさせていたものの、デジタル製品やサービスを提供した経験はゼロに近かった。ハードウェア製品を構築したこともなかった。

なぜ変えるのか？　なぜ今なのか？　カーは考えた。そしてその答えを、全社ミーティングで手にしたのだ。「あのミーティングのことは、昨日のことのように覚えています」とカーは言う（出典1）。「多くの社員が疑問や懸念を抱いていました。なぜアマゾンは、未知の分野に投資するのか？　自分たちが得意とする分野に集中せずに、寄り道をする必要がどこにあるのか？　なぜ自社でデバイスを開発しなければならないのか？　アマゾンはデジタルメディア・サービスについて何を知っているというのか？　と」

参加者が表明した意見や懸念を傾聴した後、ベゾスは、古代からの効果的な修辞法のツールであるアナロジー（類推）を用いて、それらに答えた。

「多くの種を蒔く必要があるのです、どの種が大きなオークの木に育つかわかりませんから」というのがベゾスの考えだった（出典2）。

　オークのアナロジーは、秀逸な選択だった。

　オークの樹齢は１０００年にも達する。ベゾスは、長期的思考を大事にする人物だ。オークは枝を広げた姿が美しい大木である。アマゾンは、幅広い種類の商品の提供にこだわっている。オークの木は、レジリエンスがあり堅牢である。これらは、ベゾスがアマゾンのブランドと結びつける価値観だ。オークの木は、一生の間に何百万個ものどんぐりを実らせる。それぞれのどんぐりには種子が入っていて、そのほとんどは動物に食べられる。それでも毎年、数個のどんぐりが地面に落ち、根を張り、大きなオークに成長していく。

「このアナロジーは、ほとんどの人が感覚で理解できるものです。ベゾスがくだした決断を、社員たちが理解するうえでとても効果的でした。種を蒔き、水をやり、育て、成長を見守る。まさに頭の中にイメージを思い浮かべることができます。たくさん蒔いた種のうちのいくつかが立派なオークに成長して、何年か後に、自分たちがその木陰に座っている姿まで、思い描くことができるのです」（出典3）とカーは述べる。

　この当時に蒔かれた種の一部は、強大なビジネスに成長していった。キンドル、アマゾン・ミュージック、アマゾン・スタジオ、アレクサなどの名前が挙げられる。

「ベゾスは、卓越したコミュニケーターです。アナロジーは最強のツールです」（出典4）とカーは私に話してくれた。

メタファーの達人であるベゾスは、アナロジーの王様でもある。

アナロジーは、その近縁の親戚であるメタファーと同様に、2つの無関係なものを比較して、その類似性を強調する比喩表現だ。

コミュニケーションにおけるメタファーの目的は、人から人へ知識を伝達することである。メタファーは、アナロジーに含まれることもある。だが、ひとつの要素で構成されるメタファーに対して、アナロジーはより精巧な説明をともなう。

私たちがアナロジーの形で情報を受け取ることを好むのは、私たちがアナロジーで思考しているからだ。心理学者のダイアン・ハルパーンは、「アナロジーは、人間の思考に広く浸透している。私たちは新しい状況に直面するたびに、身近な状況から類推して、それを理解しようと努めるのだ」と述べている（出典5）。

私たちの脳はいつだって、新しいものや未知のものを見慣れたものと関連づけることで、世界を処理しているのである。新しいアイデアを提示された時、私たちの脳は「それは何だ？」ではなく、「それは何に似ているか？」と問うのだ。

## 遠領域の言葉で、抽象的なものを具体化する

このようなアナロジー思考なくして、創造的なアイデアを生み出すことはほぼ不可能である。科学の大きなブレークスルーのほとんどが、アナロジーに端を発するのだ。たとえば、歴史的に有名な「エウレカ・モーメント」もアナロジー思考の結果だった。

紀元前3世紀、アルキメデスという名の数学者が難問と格闘していた。

金細工師がヒエロン王のために純金の王冠を作ったが、王は理由あって、金細工師が自分を騙して銀を混ぜたに違いないと疑っていたのだ。アルキメデスはそれを証明することができるだろうか？長いあいだあれやこれやと考えたが妙案が浮かばず、苛立ちを覚えたアルキメデスは風呂に浸かり、リラックスすることにした。

浴槽に体を沈めると、風呂から水があふれ出した。アルキメデスは、自分の体によって押し流された水の量が、自分の体の重量と同じであることに気づいた。金は、王冠職人が使ったかもしれない銀などの他の金属よりも重いので、アルキメデスは王冠が金のみでできているか否かを、入浴と同じ実験プロセスで証明することができると考えた。はたして、王冠には銀が混ざっていた。

ひらめきを得た瞬間、アルキメデスは興奮のあまり服もまとわず、「エウレカ！（ひらめいた！）」と叫びながら通りを駆けていったと伝えられている。

認知科学者たちは、アナロジーが人間の思考にいかに重要であるかを証明するために、アルキメデスの伝説を引き合いに出す。私たちの脳は、既知のテーマ（浴槽）という基本構造を、ターゲットとなる未知のテーマ（王冠）に重ね合わせるのだ。

アナロジーは、あるアイデアを新しい視点で見るための共通の枠組みを提供することで、人から人への情報交換を容易たらしめる。アナロジーは、抽象的なものを具体化するのである。

アナロジーにも効果的なものと、そうでないものがある。

ハルパーンは、どのようなアナロジーがもっとも効果的であるかを調べるための実験を行っている(出典6)。17歳から64歳までの193人のボランティアを集め、3種類の科学的な内容の文章を読んでもらった。読み終わるとすぐに内容に関する質問を行う。そして1週間後に、同じ文章について再度質問に答えてもらった。

実験で用いたのは、リンパ系や電流などのトピックを扱った文章だ。

参加者は3つのグループに分けられた。最初のグループにはアナロジーの含まれない文章、続くグループには近領域のアナロジーが含まれた文章、最後のグループは遠領域のアナロジーが使われた文章が与えられた。

近領域のアナロジーでは、同じ科学分野で参加者に馴染みのあるものを用いた。遠領域のアナロジーでは、あるトピックをまったく異なる領域の別のトピックと比較した。

近領域では、リンパ系を静脈を流れる血液の動きになぞらえ、遠領域ではリンパ系をスポンジの隙間を通る水の流れにたとえるといった具合である。

電流に関する文章の場合、近領域では、回路を流れる電気について解説し、遠領域では、水道のホースにたとえた。電圧はホースの中の水を押し出す圧力のようなものであり、電流はホースの直径

（大きければ大きいほど多くの電気が流れる）と見なすことができる。そして、抵抗はホース内の砂のように水の流れを遅くする。

この実験の目的は、読んだ内容を思い出す能力をテストすることにあった。文章を読んだ直後のテストでは、どのグループにも有意な差は見られなかった。ところが、1週間後に全員に再度テストを行ったところ、ハルパーンの目には顕著な差が明らかであった。

遠領域のアナロジーが含まれた文章を読んだ人々は、読んだ内容をより多く思い出すことができ、さらに内容をより深く理解していることがわかったのだ。科学的に言えば、「遠領域のアナロジーのように類似関係が不明瞭な場合、被験者はそれを意味あるものにするために、その根底にある関係を模索することを求められる」からである。

つまりハルパーンは、主題から遠く離れたところにあるアイデアの方が、人々の脳裏により深く刻みこまれることを発見したのだ。

この分野の研究は、ハルパーンの実験だけに限られない。教育関連の研究でも、遠領域のアナロジーを含む技術資料を読んだ学生は、アナロジーを含まない同内容の資料を読んだ学生よりも、理解度を測るテストで高いスコアを出す傾向が示されている。「心臓はバケツとポンプのシステムのようなもの」であるとか、「循環系は鉄道に似ている」といった離れた領域からのアナロジーは、記憶に残りやすく、理解もしやすいのだ。

情報の受け取り手に、自分の考えを理解してもらい、覚えてもらい、長く記憶にとどめてもらいたいのであれば、話のトピックから離れた領域のアナロジーを使おう。

もしあなたが「人生とは、生命体のようなものだ」などと発言しても、誰も関心を持たないだろう。しかし、「人生とはチョコレートの箱のようなもの」と言われれば、その理由を知りたくなる。フォレスト・ガンプは、下手なアナロジーと良いアナロジーの違いを理解していたのだ。

**コーチング・ドリル**

ライティングやコミュニケーションにアナロジーの力を活用するための第一歩は、アナロジーが私たちの日常生活の中にどれだけ浸透しているかを意識することだ。会話、書籍、記事、動画などで、どれだけ多くのアナロジーに遭遇しているか注意してみよう。

特に、複雑なトピックを扱う人気のライターやスピーカーに注目してほしい。彼らは知識の伝達のためにアナロジーを使っている可能性が高い。

## ベゾスによる出色のアナロジー

事業を立ち上げ、成長させ、経営していくには、絶え間ない学習とフィードバックが欠かせない。ジェフ・ベゾスは２０１７年の株主への手紙で、そのように書くこともできた。

だがベゾスが選んだのは、ｅコマースの領域からは想像もつかないほど遠く離れたアナロジーだった。逆立ちの練習を持ち出したのだ。「親しい友人が最近、完璧な逆立ちをマスターしようと決意しました」(出典7)と、ベゾスは書いている。

壁にもたれない。一瞬ではなく、逆立ちの状態を維持する。インスタ映えする逆立ち。彼女は、ヨガスタジオの逆立ちのワークショップに参加するところから逆立ちマスターへの旅を開始することに決めました。その後しばらくのあいだ練習を続けましたが、望むような結果は得られませんでした。そこで、逆立ちのコーチに指導してもらうことにしました。皆さんの反応が思い浮かびます。きっと、そんな職業があるのかと思われたことでしょう、でも実際にいるのです。初回のレッスンで、彼女はコーチから実に素晴らしいアドバイスを受けました。コーチは次のように言ったのです。たいていの人は、集中して練習すれば、逆立ちなど2週間ぐらいで習得できると考えています。けれども実際は、毎日練習しても約半年かかります。2週間でできるようになると思って取り組んでいる人は、途中で諦めることになるのです。

事業経営と逆立ちは、異なる領域の異なるトピックだが、構造的には共通点がある。ビジネスを始めることは、思う以上に難しい。優秀な人材を採用するのは、想像以上に難しい。優れた6ページ文書〔訳注：ベゾスはアマゾンで6ページから成るストーリー形式の資料作成を推進した。詳しくは第6章を参照〕を作成することも、あなたが考えている以上に難しいのだ。

ベゾスは、どのようなスキルであれ、その中でも特にライティングに関しては、一朝一夕には達成できないということを念押しするために、その後も逆立ちのアナロジーを続けた。

「経験からわかったことは次の通りです」(出典8)とベゾスは以下のように述べる。

文書の出来がいまいちだと感じる時というのは、高い基準を認識できない書き手の能力不足というよりも、往々にして、誤った期待値を持って照準を合わせていることに理由があるのです。つまり、6ページの文書など、1日かそこらで、場合によっては数時間もあれば書き上げることができると勘違いしているのです。実際には、1週間あるいはそれ以上の時間が必要だというのに！　それはまるで、たった2週間で逆立ちを完成させようとしているようなものであり、私たちは彼らを正しく指導できていないということです。優れた文書は、書いては直し、書いては直しという推敲のプロセスを繰り返し、同僚に見てもらって改善し、数日置いて、また新鮮な目で読み直し、最後の調整を加えてようやく完成するものなのです。1日や2日でできるものではありません。優れた文書には、おそらく1週間以上の時間がかかるはずです。

## ドットコムバブル崩壊後のアマゾン躍進につながったアナロジー

2003年、TEDトークに登壇したベゾスは、彼の思考を具体化したアナロジーを披露して、聴衆をしびれさせた。

インターネットバブルは多くの投資家を引き寄せ、彼らは採算の取れていない企業に何兆ドルもの資金を注ぎこんだ。テクノロジー関連株の株価指数は2000年3月10日にピークに達し、その後15年間、この水準に戻ることはなかった。
株式市場は80％下落し、投資家やアナリストはこの現象の「比較対象探し」を始めた。

当時広まりつつあった有名なアナロジーには、「カリフォルニアのゴールドラッシュ」があった。ぴったりのストーリーである。なにしろカリフォルニア州のシリコンバレーが、ドットコムブームの中心地であり、爆心地だったのだ。
ベゾスは、このアナロジーは一見しっくりくるし、つい使いたくなると認めたうえで、自分は別のアナロジーが適切だと考えているとして説明を始めた。

「ある出来事を描写するための適切なアナロジーを見つけるのは、容易なことではありません」（出典9）とベゾスは前置きする。「けれども、私たちがその出来事に対してどう反応するか、私たちが今日どのような決断をくだすか、そして未来に何を期待するかは、私たちがその出来事をどう分類するかによって決まると言っても過言ではありません」

ベゾスはまず、人々がなぜ比較対象としてゴールドラッシュに行き着いたのかを明らかにしてみせた。
「ひとつには、どちらも非常にリアルでした。1849年、あのゴールドラッシュの中、カリフォルニアから7億ドル以上のゴールドが持ち出されました。夢物語ではなかったのです。インターネットもまた、非常にリアルでした。インターネットは人間同士がコミュニケーションを取るためのリアルな方法です。大事なことです」

1850年代のゴールドラッシュも、インターネットも、同じような軌跡をたどった。「大きなブーム、ブーム、大きな破裂、破裂です」

ベゾスは、両者の類似点を描写し続けた。「この2つの出来事には、多くの誇大宣伝もついて回りました。新聞記事が『ゴールド！　ゴールド！　ゴールド！』とラッパを吹いていたわけです」

これらのストーリーは、人々の期待をあおった。一攫千金を狙って、少なからぬ人がまっとうな仕事を放り出した。「弁護士や銀行員にいたるまで、どのようなスキルセットの持ち主でさえ、ゴールドを求めて、仕事を投げうったのです」

医者でさえ看板を下ろしたと言い、ベゾスは、新聞に掲載された、ドクター・トーランドという人物が幌馬車に乗ってカリフォルニアに向かうところを写した写真をスクリーンに表示した。「インターネットでも同じことが起こりました」と述べ、にやりとしながら言い足した。「DrKoop.com です

［訳注：ドットコムバブルの最中、1997年に医師クープが中心となり設立したスタートアップ。医療情報サイトを展開したが、バブル崩壊にともない広告に依存したビジネスモデルが破綻をきたした］」

不都合な結果もよく似ていた。それは突然やってきて、悲惨な傷痕を残していった。

ベゾスは、ゴールドラッシュ当時のカナダ・クロンダイクの悪名高いホワイトパス・トレイルの写真を映し出した。アラスカとブリティッシュコロンビアの境にある峠道である。もともとは、ホワイ

トパス・トレイルと呼ばれていたが、その険しい道のりで何千頭もの馬が足を踏み外して命を落としたため、デッドホース・トレイルという名で知られるようになった。

ベゾスは言う。「さて、ここでゴールドラッシュのアナロジーと乖離し始めます。それというのも、私はむしろ、両者は著しく異なると考えているのです」。ベゾスの見解は次の通りだ。「ゴールドラッシュは終わりが来たら、それで終わりです」

そして、ゴールドラッシュの代わりに、より適切な比較対象を述べた。「信じられないほど楽観的になれる、より適切なアナロジーです」として、「電気の登場」と置き換えたのだ。

繰り返しになるが、すべてのアナロジーがそうであるように、ベゾスのアナロジーも説明を必要とした。

第4章で学んだように、メタファーは、「AはBである」と言える。アナロジーの場合は違う。ベゾスが「インターネットは電気だ」と言ったところで誰も理解できない。アナロジーは、ほとんどの場合メタファーとして生を受けるが、命を吹きこんでくれるストーリーテラーを必要とするのだ。

ベゾスは、探鉱者たちは1849年までにカリフォルニアのあらゆる石の下を調べ終えていた、と説明する。ゴールドは、採掘され尽くしていたのだ。

その点、電気は違う。ひとたびインフラが整備されると、企業は電気を使ってありとあらゆる電気機器を作り始めた。イノベーションが終わることはなかった。

ベゾスいわく、電球が最初の「キラーアプリ」だった。その後に登場したのは、扇風機、電気アイロン、掃除機、そして隣人たちから羨望の眼差しを浴びた家電製品である、洗濯機が続いた。

「誰もが、このような電気洗濯機を欲しがりました」（出典10）とベゾスは言い、1908年に製造されたハーレイ洗濯機の写真を紹介した。現在売っているような洗練されたものとは程遠い、まるでセメントミキサーのような外見である。

これらの洗濯機は、危険でもあった。「洗濯機に髪の毛や服が巻きこまれた人たちについての、身の毛もよだつ話も残っています」とベゾスは付け加える。

そして、「今日のインターネットは、1908年のハーレイ製の洗濯機のフェーズにあります」とベゾスは両者を結びつけた。「それが私たちの置かれた状況なのです。さすがに髪の毛を巻きこまれることはありませんが、私たちはそのくらい原始的なレベルにあるのです。1908年の段階にいるのです」と。

ベゾスの考えはこうだ。

人々がインターネットをゴールドラッシュになぞらえている限り、「最後の小さな金塊まで取り尽くしてしまったのですから、今頃、意気消沈していることでしょう」。しかし、「イノベーションに関する良い点は、そもそも最後の金の粒など存在しないことです。何か新しいものが生まれるたびに、2つの新たな疑問と、2つの新たな好機が生まれるのです」

より良いアナロジーを選ぶには、時間をかけて思考をめぐらせる必要がある。

だが、その見返りは大きい。自分自身の考えをはっきりさせるだけでなく、あなたのために働く人々の理解をうながすという点でも、その価値がある。

そして、たとえ他の多くの人がそう思っていないとしても、自分は正しい道を歩んでいるのだと、自信を持つことができる。なぜなら、適切なアナロジーを選ぶことで、ベゾスはプレゼンテーションに電撃的な驚きをもたらしただけでなく、批判に対峙するための確信を手に入れたのである。

ベゾスはスクリーンに、メディアの報道に登場したアマゾンに関する記事の見出しをいくつか示した。

- ALL THE NEGATIVES ADD UP TO MAKING THE ONLINE EXPERIENCE NOT WORTH THE TROUBLE（1996）
  これらのネガティブな要素を総合すると、オンラインは利用に値せず
- AMAZON.TOAST（1998）
  アマゾン命運尽きる
- AMAZON.BOMB（1999）
  アマゾン大失敗

人々が電気を照明以外の用途にも活用してきたように、インターネットも、単にウェブサイトを閲覧したり、注文したりするより多くのことに使われるようになるだろう、とベゾスは主張した。

そして次のように締めくくった。「もし皆さんが本当に、インターネットはとても、とても初期の段階にあるのだと、1908年のハーレイ製の洗濯機の段階なのだと信じるならば、驚くほど楽観的になれるはずです。私はまさにそれが、私たちが置かれた状況だと固く信じています。私たちの前途には、これまでに成し遂げてきたイノベーションよりも、もっと多くのイノベーションが起こると考えています。インターネットは、まだまだこれからなのです」

ベゾスは正しかった。彼のアナロジーも正鵠を射るものであったことが証明された。ベゾスがTEDトークに登壇した日にアマゾンに投資を行い、ベゾスがCEOを退くまでアマゾン株を持ち続けたならば、投資価値は1万5000％上昇した計算になる。

ひとつの出来事を表現するために使うアナロジーは、慎重に検討しよう。アナロジー次第で、大金持ちになれるかもしれないのだから。

オーディエンスの大半にとって馴染みのない、難解なトピックについて話す時は、アナロジーの活用に挑戦してみよう。

ただし変えるのは、あくまでもメッセージの伝え方であって、メッセージそのものではない。アイデアを、誰もが理解できる言葉に翻訳するためのメソッドを取り入れるのだ。

ヴェルナー・フォーゲルスは、アマゾンの伝説的な最高技術責任者（CTO）であり、世界最大のクラウドコンピューティング・プラットフォームであるAWSのチーフアーキテクトのひとりである。フォーゲルスはかつて、CTOの役割とはテクノロジーとビジネスの橋渡しをすることであり、明確でシンプルな説明が求められるポジションだと述べた。何だかんだ言ったところで、使い方がわからなければ、クラウドなど無用の長物だというのがフォーゲルスの意見だ。

フォーゲルスと彼が率いるＡＷＳチームは２００６年、顧客がウェブ経由で簡単にデータを保存・取得できる「シンプル・ストレージ・サービス（Ｓ３）」の提供開始を発表した。

同サービスはクラウド革命の先駆けとなったが、あまりにも時代を先取りしており、Ｓ３の当初のプレスリリースには「クラウドコンピューティング」という言葉すら登場していない。

インターネット上にデータを保存することを容易にしたＳ３だが、その構築は容易でなかったと、フォーゲルスは語る。

アマゾンの開発者たちは、拡張性と信頼性が高く、手頃な価格のサービスを構築するために、「オブジェクト」「バケット」「キー」を使ったまったく新しいシステムにたどり着いた。だが、あなたがコンピュータプログラマーでない限り、これらの用語を聞いても、いったい何が言いたいのかさっぱりわからないことだろう。

そこでフォーゲルスは、このシステムがどのように機能するのかを説明するために、身近なコンセプトを選び出した。図書館である。「Ｓ３チームのために組み立てたアナロジーのひとつは、古典的なライブラリー、つまり図書館です」（出典11）とフォーゲルスは述べた。

Ｓ３ライブラリーでは、本がオブジェクトにあたります。オブジェクトは、写真、音楽、文書、コールセンターでのやり取りなど、あらゆる形式のデータのことです。これらのオブジェクトは、バケットに格納されます。図書館のアナロジーに当てはめれば、バケットは美術史のコーナーであるとか、地質学のセクションに相当します。中に入っているすべてのオブジェクトを分類して、整理するのがバケットなのです。バケットには、ひとつのオブジェクトが含まれることもあれば、何百万ものオブジェクトやトピックを保存することもできます。キーは、昔の図書館のカード目録のようなものだと考えてください。キーには、バケット内の各オブジェクトに関する固有の情報が少しだけ含まれています。バケット内のすべてのオブジェクトは、完全に対応するひとつのキーを持っています。キーを使うことで、正しいバケットに向かい、正しいオブジェクトを見つけることができるのです。

アナロジーは、データ需要が指数関数的に増加していく中で、ストレージシステムが拡張性をもって作られていることを説明するのにも役立った。サービス開始から15周年の節目となる年、フォーゲルスはS3に100兆個のオブジェクトが保管されていることを明らかにした。そして次のように言い添えた。「この数字を聞いてもピンとこないかもしれません。100兆個というのは、人間の脳のシナプス、あるいは人体の細胞の数にほぼ等しいのです」

フォーゲルスは、テクノロジーとビジネス言語のあいだの橋渡しをするために、絶えずアナロジーを探している。

アナロジーは古くから使われてきたコミュニケーションツールだ。世界中で情報の量と複雑さが増していく一方の現代において、情報を伝えるアナロジーの力が、これまで以上に求められている。注意深く選んだアナロジーで言葉を強化しよう。そうすれば、オーディエンスに驚きと感動を与えられるようになる。

アナロジーとメタファーはストーリーを構成するブロックだ。卓越したストーリーテラーが、身近なものと未知のもののあいだにつながりを持たせるためにこれらの比喩表現を駆使していることは何ら不思議ではない。

第Ⅱ部では、人々に情報を伝え、説得し、モチベーションを与え、勇気づけるためのストーリー作りの技に取り組んでいこう。

優れたストーリーテラーは、世界トップクラスの大学への入学を許可される。希望の仕事に就ける。創業したスタートアップに投資家の注目を集める。そして優れたストーリーテラーは、不可能に挑戦するよう周囲の人々を鼓舞するのだ。

# 第II部

# ストーリーの構築

# 6　3幕構成でストーリーを語れ

ジェフ・ベゾスは、あらゆる物事に驚嘆する少年のような気持ちをいつになっても失わない……ベゾスがナラティブやストーリーテリングに強い関心を持つのは、アマゾンが書籍販売ビジネスにルーツを持つからというだけではない。個人的な情熱でもあるのだ。

——ウォルター・アイザックソン

ジェフ・ベゾスの生涯を描いた映画の冒頭シーンを想像してみよう。その脚本は、彼の人生を終わらせかねなかった恐ろしい出来事から始まるかもしれない。

オープニング

外部シーン。テキサス州南西部の山あい——10:00 a.m.

テキサス州南西部にあるカテドラルマウンテン、険しく起伏の多い地形。観客の耳に聞こえるのは、ヘリコプターのローターブレードの回転音のみ。

〈場面転換〉

ヘリが離陸する。5人乗り、ルビー色のガゼル。突然の強風にあおられ、ヘリコプターが大きく傾く。

〈場面転換〉

パイロットがなんとかバランスを保とうと試みる。乗客たちの顔に浮かぶパニックの表情を画面いっぱいにクローズアップ。乗客は、億万長者のジェフ・ベゾス、弁護士、ガイド役のカウボーイ、そして「ペテン師」のあだ名で知られるパイロット。

左右から迫る木々のあいだをくぐり抜けようと、ペテン師は必死の形相で操縦桿を握る。ヘリは、ロデオの荒馬のように激しく跳ね上がる。小山にぶつかって止まったものの、ヘリは横倒しになる。ローターブレードは折損、その破片があわやキャビンをかすめる。機体が小川の方向へ転がり、逆さまの状態で着水。浸水が始まる。

〈つなぎ画像挿入〉

墜落現場付近に「カラミティ川［訳注：カラミティには厄災の意味がある］」の看板。

静寂。

〈場面転換〉

墜落現場、機内への浸水が続く。カウボーイは、自分の命を守ってくれたシートベルトを外すのに手こずり、慌てるあまり水を飲みこんでしまう。弁護士は、水中で身動きが取れずにいる。彼女を助け出そうと、皆が慌てふためく。水の上に頭が出たところで、苦しそうにむせる。背中に激痛が走るが、命は助かる。

4人はヘリから脱出し、小川の土手に這い上がった。全身に切り傷や打撲の痕があり、痛みも感じる。横倒しになったヘリを見つめ、生きていることが幸運であったと身に染みて思う。

ベゾスがカウボーイの方を向いて一言つぶやく。
「君の言うことを聞いて、馬を使うべきだったな」

〈フェードアウト〉

死をまぬがれた億万長者は、渓谷に響きわたるような大音量の笑い声をあげる。

これは、実話に基づいている。

墜落事故は、2003年3月6日、午前10時に起こった。テキサス州南西部の高地では、毎年この時期、予測不可能な突風が吹くことが知られている。

ベゾスはその日、顧問弁護士のエリザベス・コレルと、カウボーイのタイ・ホランドとともにヘリに乗りこんだ。ホランドは地元で牧場を営み、土地のことを誰よりもよく知っていた。長年の経験から、地域の風のパターンを熟知しているホランドの心配はつのるばかりであった。彼はヘリの代わりに目的地まで馬で行くことを提案していた。

パイロットのチャールズ・ベラのことを、地元の人々は「チーター（ペテン師）」と呼ぶ。脱獄事件に関わったのが、事の始まりだった。エルパソ・タイムズ紙によると、1997年7月11日、ベラはサンタフェ近くのニューメキシコ刑務所に収監されていた3人の受刑者の脱獄の企てに一役買ったという。脱獄囚を空輸するのがベラの役割だったが、計画は失敗に終わった。本人は、「銃で脅され、仕方なくやった」と弁明している（出典1）。ちなみに、ベラが飛ばしたヘリコプターは、シルベスター・スタローン主演の『ランボー3』に出演した時に操縦したのと同じものだ。

創作せずとも、ストーリーが完成してしまうこともある。

ベゾスがなぜ人里離れた山地を視察していたのか、その理由がわかったのは後になってからだ。宇宙開発会社ブルーオリジンのための土地を探していたのである。

この事故から2年後、同社は初のテスト飛行を行うことになる。そして2021年7月には初の有人宇宙飛行を実施、ジェフ・ベゾスと弟のマークが搭乗した。

ベゾスは公に発表することなく同社を設立して事業を進めていたが、ストーリーテリングに対する彼の熱意は、会社設立に関連する書類からも見て取ることができる。

たとえば、ゼフラム有限責任会社という奇妙な響きの法人の名前で土地を購入した。これは、映画『スタートレック』の登場人物で、人類が光よりも速いワープスピードで移動できる技術を開発したゼフラム・コクレーンにちなんだ社名だ。

ベゾスはまた、友人でSF作家のニール・スティーヴンスンに新会社のプリンシパル・アドバイザーへの就任を依頼している。

伝記作家ウォルター・アイザックソンは、「ベゾスがナラティブやストーリーテリングに強い関心を持つのは、アマゾンが書籍販売ビジネスにルーツを持つからというだけではない。個人的な情熱でもあるのだ」（出典2）と述べている。

「子どものころ、ベゾスは毎年夏休みになると地元の図書館で何十冊ものSF小説を夢中になって読み、今では毎年、作家や映画制作者を招いてリトリート・イベント［訳注：普段の生活を離れ、非日常的な空間に身を置くことで、心身の癒しやリフレッシュ、新しいアイデアの創出につなげる試み］を主催している……ベゾスは、この人文科学への強い思いとテクノロジーへの熱意を、ビジネスの才能に結びつけている」

アイザックソンのこの見解は、強い影響力を持つリーダーたちの多くに当てはまる。彼らは皆、ストーリーテリングへの情熱を共有しているのだ。

億万長者の投資家で、アマゾンの元取締役でもあるジョン・ドーアによれば、真の変革を実現する起業家とは、人々の頭と心の両方に働きかけるリーダーであるという。

心への最短の道は、ストーリーである。さらに言えば、それはただのストーリーではなく、物語の横糸、つまり聞き手を惹きつける構造を持っていなければならない、とドーアは語る。

本章では、時の試練を経て実証されてきたブループリントを明らかにしていく。優れたストーリーが何千年もの間、国や文化の違いを超えて守ってきた設計図だ。

ハリウッドの大ヒット作や、聞き手を魅了するビジネスプレゼンテーションに使われているのと同じストーリーテリングの構造を応用する方法を学んでいこう。ベゾスをはじめ、ビジネス界のストーリーテラーたちが、このテンプレートにしたがってスピーチやパブリックプレゼンテーションを作成していることがわかるはずだ。このモデルの簡単なステップを理解して、自分自身のスピーチやプレゼンテーションに適用すれば、オーディエンスに感銘を与えることができるようになる。

まずは、3幕構成というシンプルなストーリーテリングの構造を探っていこう。

## 3幕構成

今から2000年以上も前のこと、説得の父と呼ばれるアリストテレスが、物語には3つのパートがあることに気づいた。「物語には、序盤、中盤、終盤がなければならない」と彼は述べている。アリストテレスの見解には、誰もがうなずけるに違いない。それは、生まれ、生き、死ぬという、私たちの人生の旅路をも反映しているからだ。

ここまでは問題ないだろう。しかし、各パートに当てはまるコンテンツの正確な作成方法を学ばない限り、これを理解したところでたいして役に立たない。

もしかすると、疑問に感じている人もいるかもしれない。ほとんどの物語が同じように3つのパートから成るのならば、なぜすべての物語が似たり寄ったりにならないのかと。

その答えは、コンテンツにある。物語が3幕から構成されているとしても、それぞれのパートに何が含まれるかによって大きな違いが生まれる。重要なのは、その構造の中でどれだけ楽しめるか、なのである。

3幕構成は創造性を閉じこめるのではなく、創造性を解き放つのだ。

シド・フィールドは脚本のゴッドファーザーだ。ハリウッドリポーター誌によれば、彼は世界でもっとも人気のあるシナリオ講師である。フィールド自身が、評判の高い映画のほとんどが踏襲している3幕構成を発明したわけではない。だが、3幕構成があらゆる優れたストーリーの基礎となることを明確にした。

次に示すのが、3幕構成の詳細だ。

### 第1幕：セットアップ（設定）

その名が示す通り、脚本の第1幕では、物語の設定が行われる。登場人物を紹介し、それぞれの人物像を描き出す。物語の中心となる前提を打ち出し、登場人物の暮らす世界を描写し、その世界での主人公と周囲の人々との関係を浮き上がらせる。

第1幕の最初の数分間は極めて重要だ。これは、映画だけでなく、ビジネスプレゼンテーションにも当てはまる。冒頭のシーンで観客を惹きつけ、物語の続きに関心を持ってもらわねばならない。

### 第2幕：挑戦

物語の中盤で、主人公は試練に直面する。悪役、障害物や対立が、夢の実現に向けて進もうとする主人公の行く手を阻む。これらのハードルを乗り越えることで物語が前進する。そして同時に、観客の心を惹きつけ、夢中にさせるのだ。

脚本家のアーロン・ソーキンは、『意図と障害』という祭壇を崇拝している」と述べている。意味するところは、「誰かが何かを望み、誰かがそれを邪魔する」という構図のことだ。

シド・フィールドは、このことを実にうまく言い表している。「葛藤がなければアクションもない。アクションがなければキャラクターもない。キャラクターがなければストーリーもない。そしてスト

ーリーがなければ脚本もないのだ」（出典3）

## 第3幕：問題の解決

主人公が問題を解決し、夢を実現し、そして重要な点として、自分自身や世界をより良い方向に変えていく。主人公は宝物――たいていそれは新たな知恵という形の宝である――を手にして冒険から帰還する。

3幕構成と範式とを混同しないようにしよう。3幕構成とは、映画、小説、ビジネスプレゼンテーションなど、どのような形であれ、良いストーリーの構造を明らかにするモデルである。それに対して範式とは、アウトプットが毎回型通りで同じであることを意味する。範式はコンテンツから創造性を奪い、3幕構成は創造性を解き放つのだ。

3幕構成の説明には、成功した映画ならばほとんどどれを選んでもよいのだが、ここでは、多くの人が知っている映画シリーズを取り上げよう。1977年に公開されたジョージ・ルーカス監督による『スター・ウォーズ エピソード4／新たなる希望』は、3幕構成の典型例だ。

## 第1幕

農場で育った青年ルーク・スカイウォーカーの紹介。観客は、冒険が始まる前に、彼がどこに住み、どのような生活をしているのかを知ることになる。ルーク・スカイウォーカーの希望、夢、そして苛立ちを理解することで、そのキャラクターに感情移入していく。たとえ遠く離れた銀河系の住人だとしても、その人柄や置かれた状況に共感を覚える。

また、レイア姫、オビ＝ワン・ケノービ、R２‐D２、C‐３PO、ダース・ベイダーといった、ルークと一緒に冒険の旅をしたり、それを邪魔したりする、主要登場人物のほとんどが第１幕で顔を見せる。なお、ハン・ソロとチューイは第２幕の冒頭で紹介される。

ストーリーの前提は、第１幕の最初の10分で明らかになる。銀河系に平和をもたらすために、反乱軍は邪悪な帝国を倒さなければならない。ダース・ベイダーがレイア姫を捕らえる。だがレイア姫は、デス・スターの破壊に必要となる設計図をR２‐D２のメモリーバンクに巧妙に隠す。

**第２幕**

レイア姫を救出し、設計図を味方に届けるという目的に向かって進むルーク・スカイウォーカーは道中、恐ろしい障害や悪役に遭遇する。彼の前に立ちはだかるのは、ダース・ベイダー、銀河帝国軍の機動歩兵ストームトルーパー、そして間一髪のところで逃れることができたゴミ処理場に住む恐ろしい生き物だ。

**第３幕**

主人公ルーク・スカイウォーカーと敵役ダース・ベイダーの最後の決闘。ルークはデス・スターを破壊し、銀河系の平和を回復した。ルークと仲間たちは、反乱同盟軍への協力と功績に対してメダルを授与される。そして、末永く幸せに暮らすのだ――次のエピソードまでは。

注意して観てみよう。ネットフリックス、ユーチューブ、アマゾン・プライム・ビデオ、ディズニープラス、その他お気に入りのストリーミングサービスなど、何でもいいのだが、これらのプラットフォームで提供されている映画やドラマは、ほとんどすべてが3幕構成を厳守していることに気づくはずだ。

時々このモデルから外れることを好むジェームズ・キャメロン監督でさえ（たとえば『ターミネーター』はエピローグ付きの5幕構成である）、3幕構成を念頭に置いて脚本を書き始めるという。監督は、ルールを破る前にルールを学んでおいた方がいい、とも述べている。

下の図6は、旅の起点から終点までのストーリーを創るのに3幕構成が役立つことを視覚的に示したものである。

［図6］3幕構成

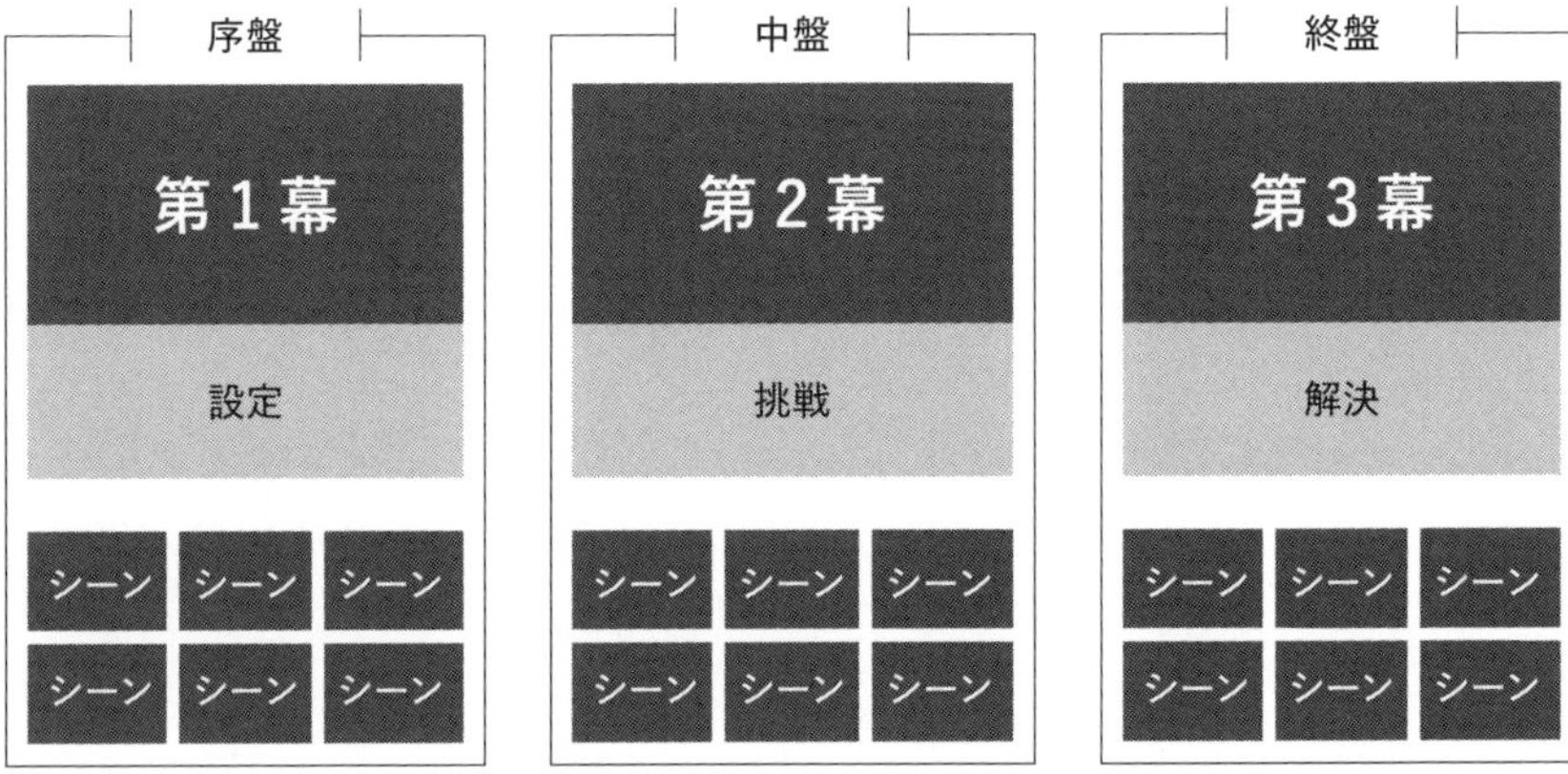

## 秀逸なストーリーに不可欠なビート

優れたストーリーのほとんどは3幕構成を守っているが、3幕構成を守ったすべてのストーリーが優れているとは限らない。単なるストーリーと優れたストーリーの違いは、重要なシーン、つまり「ビート（展開）」にある。ビートは物語を動かす原動力となる出来事であり、観客が愛するスリル、緊張感、そして興奮を生み出す。

以下の4つのビートをピッチやプレゼンテーションに組みこむことで、オーディエンスはあなたの一語一句に釘づけになるだろう。

### カタリスト（Catalyst）

カタリストとは、現状を打破し、冒険を開始し、物語を前に進める出来事である。脚本の世界では、「インサイティング・インシデント（きっかけ）」と呼ばれることもある。

ラブコメディの脚本家は、このようなシーンを生み出すエキスパートだ。たとえば、『ノッティングヒルの恋人』では、アンナ（演：ジュリア・ロバーツ）とウィリアム（演：ヒュー・グラント）が街角でぶつかる。ウィリアムはアンナの服にオレンジジュースをかけてしまうが、好都合なことに、彼のアパートが近くにあった。火花が散り、冒険が始まる。

プレゼンテーションを作成する時は、つねにカタリストを考慮しよう。そのアイデアに情熱を燃やすことになった火種は何だったのだろうか？　それは、経験した出来事、遭遇した問題、メンターからもらった刺激、読んだ本、旅行などかもしれない。

ハワード・シュルツは、ミラノのカフェを訪れたことがきっかけで、スターバックスの着想を得た。何がきっかけで、そのように考えるようになったのだろうか？　カタリストを、プレゼンテーションの聞き手とシェアしよう。

## ディベート（Debate）

英雄だって迷うものである。彼らは、旅に出るという選択をする前に、自分の内面を見つめ直したり、他の登場人物と対話を重ねたりする。変化は不安をともなう。私たちの多くは、その不安をよく知っているので、現状維持を望む人物に共感することができる。その一方で私たちは、夢を追いかけ、波乱に満ちた人生を送る勇気を持つ、勇者の姿に夢中になるのである。

このビートの典型的な例は、先ほども例に挙げた『スター・ウォーズ』の開始後35分のあいだに見られる。レイア姫が助けを求めるホログラムを目にした後でも、ルーク・スカイウォーカーはオビ＝ワン・ケノービと一緒に冒険に出るつもりなどなかった。しかし、銀河帝国の絶対的な悪を目の当たりにし、ルークは考えを改める。フォースを学び、父のようなジェダイになりたいと願うようになる。もう後戻りはできない。


冒険の旅への出発を決断する前、あなたに迷いはなかっただろうか？　目標を追い求めるための自信を与えてくれたのは何だっただろうか？　また、批判や「そんなことは無理だ」「やめておけ」という周囲からの否定的な意見に、どのように打ち克ってきたのだろうか？

ネットフリックスの共同創業者マーク・ランドルフは、自分のアイデアを人に話した時によく見られた反応は、「そんなの絶対にうまくいかない」だったと教えてくれた。そのような反応ばかりを耳にするうちに、彼自身、もしかしたらその通りなのかもしれないと思うようになっていった。だが、問題解決に対する情熱が、モチベーションの低下を許さなかった。現実の問題に立ち向かい、解決策を試していくことが喜びなのだという。

あなたも同じような状況に置かれたことがないだろうか？「そんなものうまくいくわけがない」と誰かに言われた経験があるのではないか？自分の内に湧き上がる疑念や、他人からの批判をどのように克服したのか、これはストーリーに盛りこむべき重要なシーンである。

## 息抜きと楽しみ（Fun and Games）

脚本やビジネスプレゼンテーションにおける、心の休まる部分である。これらのビートは、緊張を解きほぐすのに不可欠であり、すぐに見分けることができる。私たちは、主人公が苦悩する姿だけを見続けたいとは思わない。明るく輝くような瞬間も必要だ。このようなシーンは、ひねりや意外性があり、いわば楽しい逃避行のようなものである。

『ハリー・ポッター』シリーズでは、どの作品にもそのような場面が挿入されている。例を挙げれば、ホグワーツに到着して、グリフィンドール寮に振り分けられたハリーが城を探検したり、寮のクィディッチ・チームのメンバーとして試合に挑んだりするシーンがこれにあたる。

ビジネスプレゼンテーションで多くの聴衆がすぐに飽きてしまうのは、エンターテインメント性に欠けるからである。楽しみの要素を見つけよう。

サラ・ブレイクリーは、状況に応じてぴったりのユーモアを見つけ出す能力が、彼女が創業した補正下着ブランドのスタートアップ、スパンクスのピッチの成功に役立ったと考えている。ファッション業界での経験もなく、ビジネススクール出身でもなく、貯金たった5000ドルという状況で、彼女は、自分の将来について必ずしも楽観的ではなかった。そんなある日、パーティに着ていく服に合う下着が見つからず、パンティストッキングの足の部分を切り取ってみたところ、これがぴったりフィットした。

ブレイクリーのプレゼンテーションでは、この創業秘話をはじめ、資金調達や会社設立にまつわる、たくさんのおもしろいエピソードが披露される。ちなみに、ブレイクリーはスパンクスのコアバリューのひとつにユーモアを掲げている。さもありなん、である。

## 最大の危機（All Is Lost）

私が映画でも、もちろんビジネスプレゼンテーションでも、一番好きなシーンだ。

映画なら、悲運の恋人同士が希望を失うシーンや、『スター・ウォーズ』の主人公たちがすんでのところでゴミ圧縮機に押しつぶされそうになる場面がこれにあたる。

主人公たちは、夢の実現から遠ざかっていく。少なくともそう見える。だが、「魂の暗夜」を経験し、どん底から抜け出そうと格闘する様子が、物語に人々の心を動かす力を与えるのだ。

ジェームズ・ダイソンは、彼を億万長者の座に押し上げたプロダクト、紙パックなしのサイクロン式掃除機を完成させるまでに、5126回も失敗したというエピソードをよく紹介する。ダイソンに勝算はなかった。時間もなければ、資金も足りなかった。それでも、失敗のたびにダイソンは何かを学び、少しずつゴールに近づいていったのだ。失敗を恐れるのではなく歓迎すること。それこそが、ダイソンが学んだ教訓だ。

**コーチング・ドリル**

プレゼンテーションの構成をできれば3幕で考えてみよう。また、物語に組みこむことのできる重要なシーン、つまりビートを特定してほしい。これらにより、休むことなくストーリーが展開され、聴衆に飽きる暇を与えない。あなたの人生やビジネスで、これらのカテゴリーに該当する出来事を探してみよう。

カタリスト：＿＿＿＿＿＿＿＿

ディベート：＿＿＿＿＿＿＿＿

息抜きと楽しみ：＿＿＿＿＿＿＿＿

最大の危機：＿＿＿＿＿＿＿＿

## ベゾスの圧巻のスピーチ

3幕構成について、そしてそこそこの物語を素晴らしい物語に変えるためのビートについて説明してきた。ここからは、ジェフ・ベゾスがアマゾンのストーリーにこの構成をどのように適用しているか検証してみよう。

新型コロナウイルスのパンデミックにより、ジェフ・ベゾスは2020年7月29日に議会で行われた反トラスト法に関する公聴会［訳注：米テックジャイアントの市場支配をめぐる懸念から、独占禁止法への抵触を調査する目的で開催された。アマゾンの他、グーグル、フェイスブック（現メタ）、アップルのCEOが召喚され、証言を行った］に直接足を運ぶことができず、2700マイル（約4345キロ）離れたシアトルのオフィスからリモートで証言を行うことになった。

にもかかわらず、ウォール・ストリート・ジャーナル紙が「感動的で、力強く、説得力に満ちた」と評したスピーチで、ベゾスは会場の空気を支配し、聴衆の心をさらった。

同紙は、ベゾスの証言から350語を直接引用するという異例の対応を取った。ベゾスのスピーチには、アマゾンに関する数字や指標への言及が多数あったが、新聞にはベゾスがストーリーを語った部分だけが抜粋されている。記事には「立ち上がって歓声を送らずにはいられない」とある。証言を聞き終えたCNBCのキャスターは、「なんて感動的なんだ。なんて素晴らしいストーリーだろう」とコメントした。

聞き手が、あなたのプレゼンテーションのすべてを思い出すことはないし、伝えた情報やデータをすべて覚えることもないだろう。しかし、あなたが語るストーリーは記憶に残るのだ。

米下院でのベゾスの証言は、3幕構成の好例だ。以下の文章はすべてひとつのスピーチからの引用であり、ベゾスがいかにストーリーテリングの構成に忠実であるかを示している。

**ログライン**

私はジェフ・ベゾスです。26年前に、「地球上でもっともお客様を大切にする企業」という長期的な使命を掲げ、アマゾンを創業しました（出典4）。

**第1幕**

私の母ジャッキーは、ニューメキシコ州アルバカーキの高校生、17歳の時に私を身ごもりました。1964年当時のアルバカーキで、高校生の妊娠は歓迎されることではありませんでした。母にとって、それは困難なことでした。学校から追い出されそうになりましたが、私の祖父が彼女のために立ち上がりました。交渉の末、校長が折れ、「よろしい、学校に残って卒業することは認める。ただし、課外活動は禁止、ロッカーを持つことも認めない」と言いました。祖父はその条件を受け入れ、母は高校を卒業しました。しかし、クラスメートと一緒に壇上へ上がり、卒業証書を受け取ることは許されませんでした。

勉強を続けたいと決意した母は、夜間大学に入学し、乳児連れで授業を受けさせてくれる教授の講義を選択しました。教室には、2つのスポーツバッグを持っていったそうです。一方には教科書、もう一方にはおむつや哺乳瓶、それから私の興味を引くもの、数分のあいだでも私が静かになるようなものが入っていました。

私の父の名前はミゲルです。4歳の時、私は彼の養子になりました。カストロが政権を取った直後、ピーター・パン作戦〔訳注：キューバ革命後に実行された、子どもたちの集団脱出計画。約1万4000人の子どもが米国に亡命したとされている〕の一環としてキューバからアメリカに来た時、父は16歳でした。

父は、ひとりでアメリカにやってきました。両親は、アメリカの方が安全に暮らせるに違いないと考えたようです。祖母は、アメリカは寒いだろうと想像し、唯一手元にあった古切れを縫い合わせて、父のために上着を作りました。その上着は今でも残っていて、両親の家のダイニングルームに飾ってあります。父はフロリダの難民センター、キャンプ・マテカンベで2週間過ごした後、デラウェア州ウィルミントンのカトリック系の教会へ送られました。教会へ移れたことは幸運でしたが、英語も話せず、けっして楽な道ではありませんでした。しかし、父には強い決意と物事を最後までやり抜く力がありました。奨学金を受けてアルバカーキのカレッジで学ぶ機会を得て、そこで母と出会いました。人生にはさまざまな贈り物がありますが、私にとっての素晴らしい贈り物のひとつは、母と父です。2人は、私、そして私の弟妹にとって生涯を通じてこのうえないお手本となる存在です。

両親とは異なることを教えてくれる存在が祖父母です。私は4歳から16歳まで、テキサス州にある祖父母の牧場で夏を過ごしました。祖父は公務員でしたが、牧場も営んでいました。1950年代から60年代にかけて、原子力委員会で宇宙技術やミサイル防衛システム関連の仕事に就いていた祖父は、何でも自分で解決してしまう、機知に富んだ人でした。人里離れた場所に暮らしていると、何かが壊れたからといって、電話をかけて誰かに来てもらうことなどしません。自分で直すわけです。子どものころ私は、解決不可能に見えるたくさんの問題を祖父が自力で解決していく姿を目撃しました。壊れたキャタピラー・ブルドーザも修理しましたし、獣医のような仕事も自分でやっていました。祖父は私に、難しい問題にも挑戦できるのだということを教えてくれました。失敗しても、立ち上がって、もう一度挑戦すればいいのだということ。そして、創意工夫によって、より良い状況へ向かうことができるということを。

**〈ディベート〉**

アマゾンを創業する前、私はニューヨークの投資会社で働いていました。上司に退職を告げると、セントラルパークでの長い散歩に連れていかれました。私の話をじっくり聞いた後、上司は最後にこう言いました。「そうだな、ジェフ、それはいいアイデアだと思う。だが、君はすでにいい仕事に就いているじゃないか。そのアイデアは、君ほど重要な仕事に就いていない、他の誰かに任せたらどうかな」。彼は、最終的な決断をくだす前に、2日間よく考えるようにと私を説得しました。それは、頭ではなく、心の声にしたがった決断でした。私は、80歳になって人生を振り返った時にすることになる後悔の数を、できるだけ減らしたいのです。そして、後悔というのはたいがい、挑戦しなかったこと、進まなかった道、つまり、積極的な行動を取らなかったことで生じるのです。

**〈息抜きと楽しみ〉**

ティーンエイジャーになると、私は祖父の教えを心に刻み、自宅のガレージで発明に取り組むようになりました。セメントを詰めたタイヤを使った自動閉門機や、傘とアルミホイルでできたソーラー調理器を発明したり、オーブン用の焼き型でアラームを作って、弟と妹を罠にかけたりしたこともあります。

**第2幕**

アマゾンの創業資金は、主に私の両親からのものでした。自分たちが理解できないものに、長年の貯金の大部分を投資してくれたのです。両親は、アマゾン、あるいはオンライン書店というコンセプトに賭けたわけではありません。2人は、自分たちの息子に賭けてくれたのです。70％の確率で投資資金を失う可能性があることを伝えましたが、それでも両親の考えは変わりませんでした。投資家から100万ドルの資金を調達するために、50回以上のミーティングを行いましたが、その時にもっとも頻繁に聞かれた質問は、「インターネットって何?」でした。

世界の多くの国々とは異なり、私たちの住むこの偉大な国は、起業家精神を持ってリスクを取ることを奨励します。白い目で見たりしません。私は、うまくいかないかもしれないことを十分に理解したうえで、会社を立ち上げるために、安定した仕事を離れてシアトルのガレージに飛びこみました。いつかフォークリフトが買えるようになるかもしれないと夢想しながら、自分で車を運転して郵便局まで荷物を運んでいたのが、つい昨日のことのように感じられます。

アマゾンの成功は、約束されていたわけではありません。初期のアマゾンへの出資は、非常にリスクの高い投資でした。創業から2001年末までの累積損失は30億ドル近くに上り、その年の第4四半期まで、黒字を出せた四半期はなかったのです（出典5）。

**〈最大の危機〉**

優秀なアナリストたちは、米書店大手バーンズ&ノーブル社がアマゾンをひねり潰すだろうと予想し、私たちに「AMAZON.TOAST（アマゾン命運尽きる）」という汚名を授けてくれました。創業から約5年が経った1999年には、金融専門誌バロンズが、「AMAZON.BOMB（アマゾン大失敗）」という大見出しとともに当社の消滅が迫っているという内容のカバーストーリーを掲載しました。毎年書いている株主への手紙ですが、２０００年の書き出しは、「Ouch」の1語でした。インターネットバブルの頂点で、当社の株価は１１６ドルをつけましたが、バブル崩壊後には6ドルまで下落しました。専門家や評論家は、私たちが倒産すると考えていました。アマゾンが生き残り、最終的に成功できたのは、私と一緒にリスクを取る意思を持ち、そしてともに信念を貫き通した、たくさんの賢明な人たちの存在があったからです。

## 第3幕

幸いなことに、私たちのアプローチはうまくいっています。独立系の主要世論調査で、アメリカ人の80％がアマゾンに対して総じて好意的な印象を持っていることが示されています。アメリカ人が、アマゾンよりも「正しいことをする」と信頼しているものがあるでしょうか？　２０２０年1月に発表されたモーニング・コンサルトの調査に基づけば、信頼度で私たちを上回るのは、かかりつけ医と軍隊だけです。フォーチュン誌の『世界でもっとも称賛される企業』の２０２０年のランキングでは、アマゾンは2位となりました（首位はアップルでした）。お客様を思っての私たちの懸命な努力に、お客様が気づいてくださり、信頼という形でそれに応えてくださることをとてもありがたく思っています。お客様からの信頼を得て、その信頼を裏切らないこと、それがアマゾンの「Ｄａｙ １」文化の唯一かつ最大の原動力になっています。

ほとんどの人にとってアマゾンとは、オンラインで注文した商品をスマイルのロゴのついた茶色の箱で送ってくれる会社です。私たちはそこからスタートしました。小売り事業は今でも総売上の80％以上を占め、間違いなく最大のビジネスです。お客様はアマゾンで買い物をすることで、地域コミュニティの雇用創出に貢献しています。その結果、アマゾンは100万人の従業員を直接雇用しており、その大半は、時給制で働く非熟練労働者です。私たちは、シアトルやシリコンバレーで高学歴のコンピュータサイエンティストやビジネススクール出身者ばかりを雇用しているわけではありません。ウエストバージニア、テネシー、カンザス、アイダホなど、全米の州で何十万人もの人々を雇用し、職業訓練の機会を提供しているのです。これらの従業員は、梱包や荷積み、機械の整備、工場の管理などの仕事を担当しています。これらの人々の多くにとって、初めての仕事です。アマゾンでの仕事を足掛かりに、次のキャリアを見つけていく人もいますし、彼らを支援できることを私たちは誇りに思っています。

アマゾンでは7億ドル以上を投じて、10万人以上の従業員がヘルスケア、運輸、機械学習、クラウドコンピューティングなどの分野のトレーニングプログラムに参加できるようにしています。このプログラムは「キャリア・チョイス」と呼ばれ、アマゾンでのキャリアに関連するかどうかは問わず、高い需要があり、より高い給与が望める分野での資格や学位の取得を目指す従業員のために、会社が授業料の95％を負担しています。

スピーチの締めくくりの場面で、ベゾスはアマゾンの創業ストーリーをアメリカの起業家精神のメタファーとして使っている。「アマゾンがこの国で誕生したのは偶然ではありません。地球上でこの国ほど、新興企業が事業をスタートさせ、成長し、繁栄していくことのできる場所はありません」と彼は述べた。

「私たちの国は、工夫を凝らして問題を解決する者、自らを助くる者、ゼロから何かを生み出していく者を積極的に受け入れます。そして、今日のような、自分の無力さを思い知らされるような困難に直面してもなお、私は、我々の未来についてこれほど楽観的だったことはありません」

このスピーチには、設定、挑戦、解決が含まれている。ベゾスは冒険が始まる前に、彼が暮らしていた日常の世界を設定した。日常の世界で彼は、苦難や試練、障害、課題に直面することになる第2幕で戦うための武器となる価値観を学んでいったのだ。そして第3幕では、これらの困難を乗り越え、世界を変革していくのである。

アマゾンのストーリーを語る時、ベゾスは息抜きと楽しみの場面を盛りこむのが大好きだ。聞き手に応じて使い分けることのできる、逸話の引き出しを持っているのだ。その例を2つ紹介しよう。

アマゾンの構想を思いついたのは、1994年です。ウェブの利用が年率2300%で伸びているという衝撃的な統計を目にしたのです。私は、この急成長するウェブというコンテキストにぴったりはまるようなビジネスプランを考えてみようと決意しました。そして、オンラインでの販売に最適な最初の商品として書籍を選びました。友人に電話をしたところ、知り合いの弁護士を紹介してくれました。その弁護士に、

「会社設立の書類に記載したいので、どのような社名にしようと考えているのか教えてほしい」と言われたので、私は、電話越しだったのですが、「カタブラ、アブラカタブラのカタブラ」と答えました。すると彼は、「カダヴァ（死体）？」と聞き返してくるのです。ああ、これはダメだ、と思いました。そこで、「とりあえずカタブラにしておいてください、後で変更します」と伝えました。その3か月後、地球最大の品揃えを実現するために、地球最大の川にちなんで、アマゾンに変更したのです（出典6）。

最初のひと月、私は硬いセメントの床の上に手と膝をついて箱詰めをしていました。隣でも、スタッフが膝立ちになって作業をしていました。私は、「ああ、今一番何が欲しいって聞かれたら、膝当てだな。膝が痛くてたまらない」とぼやきました。すると隣で梱包作業をしているスタッフがこう言うんです。「梱包用の作業台の方がいいと思いますけど」と。「いまだかつてこんな素晴らしいアイデアは聞いたことがない」と思いましたね。翌日、梱包用のテーブルを買いに行きました。おかげで、私たちの生産性は倍増しました（出典7）。

ユーモアは、敵意を取り除き、心を和ませる。人間同士のつながりや信頼感を築く。つい笑みがもれるようなエピソードを探してみよう。あなたのオーディエンスもきっと顔をほころばすに違いない。

## ストーリーテリングの12の要素

ベゾスが卓越したビジネス・コミュニケーターなのは、ストーリーテリングを研究しているからである。他の有名な起業家たちと同様にベゾスも、たとえ優れたテクノロジーや堅実なビジネスモデルがあったとしても、それを売るためのストーリーがなければほとんど意味がないと確信している。そしてベゾスによれば、優れたストーリーは一目瞭然なのだという。

２０１７年のある日、アマゾン・スタジオの方向性に関する緊迫した会議が行われていた。ベゾスは、同部門が発表しようとしているオリジナル番組の質について不満を露わにした。「崇拝の的となるような番組には基本的な共通点がある」と彼は言った（出典8）。

同会議に出席した人々が語るこの発言の後のことは、ベゾスが壮大な物語を構成する要素を深く理解していることの証左にほかならない。

ベゾスは、メモや資料を参照することなく、ストーリーテリングの要素を次のように列挙したという。すべて頭に入っていたのである。

・成長と変化を経験する英雄的な主人公
・魅力的な敵役
・願望の実現（主人公がスーパーパワーや魔力など、秘めた能力に目覚める）
・モラルの葛藤

・多様な世界観（異なる地理的風景）
・次のエピソード、話の続きが気になる終わり方（クリフハンガー）
・文明の危機（エイリアンの襲来や壊滅的なパンデミックのような、人類に対するグローバル規模での脅威）
・ユーモア
・裏切り
・ポジティブな感情（愛、喜び、希望）
・ネガティブな感情（喪失、悲しみ）
・暴力

会議の後、ベゾスはアマゾン・スタジオの幹部に対して、開発中のプロジェクトの進捗情報を定期的に報告するよう指示した。報告には「それぞれの作品がどのようなストーリーテリングの要素を持つかを明記したスプレッドシートが含まれ、特定の要素が欠けている場合は、その理由を説明しなければならない」（出典9）としたのだ。

これにより、アマゾンのオリジナル番組のストーリーテリングの質は向上していき、アマゾン・スタジオは、ジョン・クラシンスキー主演のスパイアクション『トム・クランシー／ＣＩＡ分析官 ジャック・ライアン』など、世界的なヒット作を送り出した。ベゾスが望んだ、世界的な大成功をおさめたのである。

同作品は、アマゾン・プライム・ビデオがサービスを展開する２００か国以上で視聴できる。『ジャック・ライアン』をはじめアマゾン・スタジオが制作する作品では、世界中の視聴者が楽しめるよう、ストーリーテリングの要素が慎重に計算されている。どのエピソードにも、ベゾスが列挙した12の要素を見出すことができる。

ジャック・ライアンは名もなきヒーローである。自分を機械の歯車のようだと感じている、トラウマを抱えた分析官だ。番組制作者は、主人公をあえて超人的な人物ではなく、身近な存在にすることで、人々が共感しやすいキャラクターを作り上げた。

その一方で、ライアンが遭遇する悪役には、工夫が凝らされている。「どのような物語でも、対峙する敵役に恵まれてこそのヒーローです。私たちは複雑で多面的な敵役を作るために、多くの時間とエネルギーを注ぎました」(出典10)

効果的なストーリー構成がいかに私たちの心を引き寄せるかを知りたいなら、『ジャック・ライアン』の第1話『パイロット』を観るといい。1時間のテレビドラマは通常5つのパートで構成されているが、3幕構成におさまっている。『パイロット』は、ティーザー、つまり衝撃的なシーンや意外性のあるシーンで始まり、視聴者の心をつかんで離さない。私も、本章の冒頭で創作したベゾスの人生を描く脚本のティーザーでそのことを意識してヘリコプターの墜落場面を選んだ。

ティーザーに続いて、視聴者は番組の主要人物に出会う。シーズン1の残りの8話で活躍する主要登場人物のほとんどが姿を現すのだ。ライアンの新しいボスが会議室に入ってきて、「ひとりずつ順番に自己紹介をして、担当を教えてくれ」という場面まで用意されている。

また、第1幕では主人公の価値観についても知ることができる。あるシーンでライアンは、お金よりも自分の信条を大事にして、インサイダー取引のスキームに協力することを拒否している。第2幕では、激しい口論から、予期せぬ攻撃、身のすくむような攻防まで、数々の対立シーンが繰り広げられる。第3幕では、ライアンがこれらの対立（上司との関係、テロリストによる拘束といった最大の危機）を解決していく。

そして、すべて丸くおさまったと思った瞬間に、エピソードがクリフハンガーで終わるのである。続きが気になって仕方がない。

壮大な物語はどれも3幕構成を守っているが、その構成に基づいて構築されたストーリーは、過去に生き、未来に生きる人間の数と同じだけ多様である。誰もが物語を持っている。あなたにも物語があるはずだし、その物語は聞いてもらう価値がある。

次章では、4組の起業家を紹介する。皆、アイデアひとつで創業したが、彼らの会社の評価額は、現在合わせて3200億ドルに達している。それぞれが、3幕構成にしたがったオリジン・ストーリーを構築する方法を学んでいる。

すべての起業家とリーダーは、説得力ある、人の心をつかんで離さないストーリーを他者と共有する術を学ぶべきである。オーディエンスは、物語を求めている。渇望しているのだ。想像力をかきたてるようなストーリーを、あなたが語るのを待っている。

# 7
# 著名な起業家たちのオリジン・ストーリー

効果的な物語を語るのは簡単なことではない。しかし、それに成功したならば、サピエンスは計り知れないほど大きな力を手にできる。なぜなら、物語によって、何百万人もの見知らぬ人が、ひとつの共通の目的のために協力して取り組むことが可能になるからだ。

――ユヴァル・ノア・ハラリ

ストーリーテリングは、私たちの種の発展に重要な役割を果たした信頼構築のためのスキルだ。『サピエンス全史―文明の構造と人類の幸福』でユヴァル・ノア・ハラリは、「信頼なくして交易は成り立たない。それなのに、他人を信頼するのは非常に難しい」と述べている（出典1）。「ストーリーは、家族や集団を結びつける接着剤である……それはサピエンスに、大勢で柔軟に協力するという唯一無二の能力を与えた……それこそが、サピエンスが世界を支配している理由なのだ」

人類学者は、私たちの祖先は狩猟や採集を終えて長い1日の最後に火を囲む時、その時間の80％を、物語を共有することに費やしていたと考えている。物語を語る能力に長けた男女は、部族のあいだで広く尊敬され、グループのリーダーとみなされることが多かった。ストーリーテラーたちは、このスキルを使って、信頼を獲得し、行動に影響を与え、協力をうながし、共通の価値に基づいた強固な文化を築いていった。

驚くことに、メソポタミア古代文明のギルガメシュ叙事詩から、世界で高い称賛を受けるブランドの創業物語まで、ほとんどすべての壮大な物語は、神話学者ジョーゼフ・キャンベルが『The Hero's Journey』（未邦訳）で概略を示した段階を踏んでいる。

キャンベルは、時代や文化を超えて、英雄物語はどれも似たようなサイクルをたどることを発見した。彼はこの共通の旅を、英雄物語の標準的なテンプレートという意味で、モノミス（単一神話）と呼んだ。

古代の文献に登場する英雄たちは、現代作品の英雄――ジャック・ライアンからハリー・ポッター、カットニス・エヴァディーン〔訳注：『ハンガー・ゲーム』の主人公〕からルーク・スカイウォーカーまで――と同様に、皆この旅路をたどっているのである。

キャンベルは、神話からそのことを読み取り、特定したのだった。

英雄の旅は、多くの起業家のサクセスストーリーと完全に重なり合う。それは次のようなものだ。

ヒーローやヒロインは、平凡な世界に住んでいて、冒険（問題、挑戦、アイデア）への天啓を受ける。彼らは、否定的な意見や懐疑的な人々に直面する。彼らはまた、未知の世界に立ち向かうための準備をうながすメンター（賢者）と出会う。
ついに旅に出る決意をしたヒーローは境界線を越える一歩を踏み出し、荷馬車の車輪が回り始める。それまでの快適で安全な故郷を離れ、冒険がスタートする。旅の途中では、試練や苦難、敵に阻まれるが、仲間にも出会う。しかし修羅場が待ち受ける。九死に一生を得るような危機に直面し、奈落の底に突き落とされ、どん底を経験する。

しかしながら、キャンベルが言うように、ヒーローは挫折を経験してはじめて、本当の宝、つまり夢を実現するための鍵を見つけることができるのだ。危機を脱したヒーローは、その体験によって変貌を遂げ、成功をおさめるのである。
何より重要なことは、彼らは冒険から「霊薬」、すなわち、人々のためになる教訓や宝を持ち帰る。

ジェフ・ベゾスをはじめ、優れたコミュニケーターのスピーチやプレゼンテーションにじっくり耳を傾けると、英雄の旅のほぼすべてのステップが含まれていることに気づくだろう。

ベゾスは、ニューメキシコ州アルバカーキというごく普通の世界で、まだ高校生の若い母親のもとに生まれた。その後、祖父というメンターに出会い、野心的な少年が冒険の旅で成功するために必要な価値観を学んでいった。
インターネットが年率２３００％の勢いで成長していることを知ったベゾスは、冒険への啓示を受ける。ところが、夢を諦めるよう諭す、上司という名の懐疑派に対峙する。ベゾスは、妻マッケンジーとともに車に乗りこみ、シアトルへ向かう旅へ出発することで、文字通り、後戻りのできない境を越える。ドットコムバブルが弾けてアマゾンの企業価値が急落、万事休すの状況に陥ったが、これを切り抜けた。

その過酷な試練をくぐり抜けるあいだに、会社の成長の可能性を解き放つアイデア（クラウドサービスの提供や、サードパーティ・セラーへのプラットフォームの開放）を思いつく。

「霊薬」も忘れない。第6章で紹介した議会公聴会でのスピーチの締めくくりの部分で、ベゾスは、次のように述べているのだ。「世界には、私たちがこのアメリカで享受している霊薬のほんの一滴分でもあやかれたらと切望している人たちが大勢いるのです。私の父のような移民は、この国が宝であることを理解しています」

ストーリーテリングに長けた起業家は、英雄の旅をよくわかっている。それでも、英雄の旅の各ステージすべてに上がる必要があるとは感じていない。

キャンベルは、先に示した英雄の旅を17のステージに分類した。その後1990年代に入って、ディズニーの脚本家であるクリストファー・ボグラーがキャンベルの分類を12のステージ［訳注：①日常の世界、②冒険への誘い、③冒険の拒絶、④賢者との出会い、⑤最初の戸口の通過、⑥試練・仲間・敵、⑦もっとも危険な場所への接近、⑧最大の試練、⑨報酬、⑩帰路、⑪復活、⑫宝を持っての帰還］にまとめる形で、ハリウッドの映画制作用に使いやすいテンプレートを考案している。

英雄の旅は、脚本作りからビデオゲーム制作まで、あらゆるものにインスピレーションを与えているが、ストーリーテラーは誰でも神話の構成を自分のニーズに合わせて変更することができる。ステージを省略してもいいし、並べ替えてもいい。

ただし、ビジネス向けのストーリーテリングが目的ならば、英雄の旅のステージにこだわりすぎず、3幕で構成することを優先しよう。英雄の旅とて、複雑なキャラクターアーク（登場人物の内面の変化、人間的成長）を3幕構成に重ね合わせている。

何よりも重要な点は、オーディエンスは物語を渇望しており、3幕構成は彼らが好むテンプレートだということだ。

本章の残りの部分では、成功した起業家が公の場で語っている英雄の旅の例を紹介していく。彼らはストーリーを通して、顧客に自社のことを理解してもらい、資金を調達し、アイデアを売りこみ、信頼を構築し、聴衆の心をつかむのだ。ストーリーの内容は違っても、その構成は同じであることがわかるだろう。

## 小よく大を制す――ネットフリックス

### 第1幕

マーク・ランドルフとリード・ヘイスティングスは相乗りで通勤していた。連続起業家であるマークは、通勤中いつものように、さまざまなアイデアを提案した。カスタマイズされたドッグフード、カスタマイズされたシャンプー、パーソナライズされたサーフボード。リードはそれらをすべて却下した。ただし、ひとつを除いて。

1997年1月、『アポロ13』のVHSビデオの延滞料金として、ブロックバスターから40ドルの請求を受けたリードは不機嫌だった。「もし延滞料金などなかったら?」彼は疑問を口にした(出典2)。

この問いかけから、ネットフリックスの構想が生まれた。しかし、2人の起業家が冒険の旅に出るやいなや、大きな壁が次から次へと立ちはだかるのであった。

## 第2幕

マークとリードは、VHSビデオテープの映画を郵送するとあまりに高くつくという事実にすぐに気づいた。だが幸いなことに、DVDという新たに発明された技術によって送料をずっと安く抑えることができた。1998年5月、2人は、世界初のオンラインDVDレンタルショップであるネットフリックスを立ち上げた。

その2年後、危機が訪れた。契約者が30万人にとどまる中、ネットフリックスは赤字を垂れ流していた。2000年だけでも、5700万ドルの赤字であった。ドットコムバブル崩壊の余波で、ベンチャーキャピタル業界全体で資金が枯渇しており、追加的な出資を受けることは望み薄であった。彼らはプライドを捨て、ブロックバスターに面会を申しこんだ。

「ブロックバスターの事業規模は、ネットフリックスの1000倍だぞ」。ブロックバスターのCE

Oジョン・アンティコとのミーティングが予定されていただだっ広い会議室に足を踏み入れた時、リードはマークに念を押した。

ピッチを行ったのは、リードだ。ブロックバスターが5000万ドルでネットフリックスを買収し、合併後、ネットフリックスがオンライン部門を運営するという提案である。

アンティコが笑いをこらえるのに必死だったことを、マークは見て取った。ミーティングは不調に終わった。不機嫌さと動揺を隠せないまま、マークとリードは、飛行機でカリフォルニアに戻った。別れ際、リードに向き直り、マークは言った。「ブロックバスターはネットフリックスを欲しがっていない。この後何をすべきかは明白だ。ブロックバスターを打ち負かしてやる」

## 第3幕

自己満足に陥り、傲慢になっていたブロックバスターに、ネットフリックスは勝利する。ブロックバスターの企業文化はイノベーションを重視していなかったため、エンターテインメントの新しい消費形態であるストリーミングに適応できなかったのだ。

一方、ネットフリックスは、郵送によるDVDのレンタル事業から、インターネット・ストリーミングサービスに軸足を移し、190か国で2億人の加入者を獲得するにいたった。それだけにとどまらず、ドラマや映画の制作会社としても世界を牽引するようになっている。

上記の3幕から成るネットフリックスの物語は、3分程度で語りきることができる。

だが、これがすべてではない。むしろ、語られていないことの方が多いぐらいだ。花咲くことのなかった起業アイデアの精査にマーク・ランドルフが費やした時間が、この物語には含まれていない。サービス開始に先立つ、何か月にもわたる分析、何百時間にもおよぶ議論、そしてマラソンのように続く数々の会議もカバーされていない。

「全体像は、もっと複雑で、もっと煩雑です。でも一部始終を何から何まで話そうものなら、人々は目が点になってしまうでしょう」（出典3）。カリフォルニア州サンタクルーズにマーク・ランドルフを訪ねた時、彼は私にこう言った。

「シリコンバレーはオリジン・ストーリーが大好きなんですよ。投資家も、経営陣も、レポーターも、一般の人も、オリジン・ストーリーを聞きたがります。このような感動的な実話を持つことは、大きなアドバンテージになります。巨大企業を倒そうという時に、創業ストーリーを３００ページの本にまとめても役に立ちません。短いパラグラフ３つか４つ程度におさめなければならないのです。リードが繰り返し語るオリジン・ストーリーは、ブランディングの最たるものなのです」

ネットフリックスのオリジン・ストーリーは、シンプルで明快、印象的である。同社のビジョン、革新性、そして危機を乗り越える力の本質をとらえている。これこそが、マーク・ランドルフとリード・ヘイスティングスが、顧客、投資家、パートナーを説得し、自分たちのビジョンを裏づけるために、何年にもわたって使い続けた英雄の旅の物語なのだ。

## 100回以上の拒絶を乗り越えて——キャンバ

### 第1幕

オーストラリアのパースの大学生だったメラニー・パーキンスは、お小遣い稼ぎでアドビ・フォトショップを教えていた。学生たちは、フォトショップの基本を学ぶのに苦労していた。このソフトウエアは高価なうえに、複雑だったのだ。

2007年、メラニーは、名案を思いついた。誰でもびっくりするぐらい簡単にデザインができる、ウェブベースのサービスを提供できないかと考えたのだ。デザインツール、キャンバのアイデアが生まれた瞬間だった。

### 第2幕

キャンバの拠点は、シリコンバレーから何千マイルも離れた場所にある。投資家にコンタクトを取るのは容易でなく、なかなか興味を持ってもらえなかった。メラニーは100人の投資家にアイデアを売りこみ、100回断られた。だが、何度「ノー」を突きつけられても、彼女は引き下がらなかった。

ある忘れられないイベントをきっかけに、メラニーはカイトサーフィンの練習を始めた。カイトサーフィンが趣味の投資家たちに会う機会をものにするためだ。

2013年5月、メラニーは、イギリス領ヴァージン諸島のプライベートアイランドで開かれた、ヴァージングループの創業者、リチャード・ブランソン主催のコンペティションでピッチを行う機会を手にした。

ブランソンをはじめ、何人もの投資家がカイトサーフィンを楽しんでいた。メラニーもその日、一緒にカイトサーフィンに出たが、コースを外れ、30フィート（約9メートル）の凧が落ち、身動きが取れなくなってしまった。珊瑚礁にぶつけた足の痛みを我慢しながら何時間も救助を待っているあいだ、自分に言い聞かせ続けた。このリスクにはそれだけの価値がある、出資を受けることさえできれば、6年前に立ち上げた会社の成長を加速させることができるのだと。

メラニー・パーキンスがしばしば披露するカイトサーフィンのストーリーは、彼女の核となる価値観であるグリット（やり抜く力）や粘り強さを反映している。これが、物語の英雄である彼女を駆り立てるのだ。物語の途中では「息抜きと楽しみ」も提供される。

## 第3幕

メラニーは、それまで彼女の前に立ちはだかっていた障壁を乗り越える解決策を見つけ出す。投資家が出資を渋るのは、キャンバの存在意義が理解されていなかったからだとわかったのだ。

メラニーのピッチは100回以上却下されてきた。それは彼女が、「なぜこのアイデアを思いついたのか」を物語る代わりに、「キャンバがどのように機能するか」を説明することに、あまりにも多くの時間を費やしていたせいだったのだ。つまり、冒険に出るきっかけとなった「第1幕」が欠けていたのである。

アイデアの原点、すなわち既存のデザインツールに対するクリエイターの不満を伝えるようにしたとたん、何もかもが一変したとパーキンスは私に話してくれた。

「多くの人が、フォトショップや、その他のデザインツールの難しさに圧倒された経験に共感してくれます。ストーリーのその部分を伝えることが、とても重要だったのです。特に投資家にとっては。いったい何が課題なのかがわからなければ、なぜ顧客が私たちのソリューションを必要としているのかが理解できませんから。このストーリーが大きな変化をもたらしたのです」（出典4）

デザインをすべての人にというミッションと、作り直したプレゼンテーション資料を武器に、パーキンスは投資家たちを説得し、キャンバのアイデアへの支持を取りつけることに成功した。

おまけに元アップルのエバンジェリストであるガイ・カワサキに加え、俳優のウディ・ハレルソンやオーウェン・ウィルソンが熱烈なサポーターとなった。

2019年には8500万ドルの出資を受け、キャンバの評価額は32億ドルまで高まった。だがそれは、ほんの始まりに過ぎなかった。2021年の2億ドルの巨額投資により、キャンバは400億ドル企業になったのである。

現在、パーキンスは、女性が立ち上げ、女性が経営するスタートアップのうち、世界でもっとも高い評価額の会社を所有している。そして、190か国に5000万人以上のアクティブユーザーを持つにいたっている。パーキンスは、世界を舞台に「デザインの民主化」という使命を果たしているのだ。

## 旅に変革を――エアビーアンドビー

### 第1幕

デザインスクールに通うブライアン・チェスキーとジョー・ゲビアは、べらぼうに高いサンフランシスコの家賃に悩まされていた。

2007年、2人はあるチャンスに気がついた。国際的なデザイン会議がサンフランシスコで開催されることになり、ホテルはどこも満室だった。そこで2人は即席のウェブサイトを立ち上げた。宿泊先を探している会議参加者に、自分たちのアパートメントのエアベッドを貸し出そうとしたのだ。

ブライアンとジョーが、自分たちがやろうとしていることを話すと、誰もが2人のアイデアを馬鹿げていると一蹴し、「見ず知らずの人たちが、互いの家に泊まるなんてあり得ない」と言い切った。

ところが、その週末に、誰ひとり予想していなかったことが起こった。3人のデザイナーがその申し出に飛びついた。ブライアンとジョーは、ゲストを旧友のようにもてなし、地元住民でなければ知らないようなサンフランシスコを紹介した。市外から訪れたゲストたちは、すっかり地元に溶けこんだように感じて、それぞれ帰途に就いた。

その体験は、ブライアンとジョーにも特別な感情を残した。こうして、エアビーアンドビーのアイデアが生まれた。

## 第2幕

冒険の旅に出ようとするブライアンとジョーに、ソフトウェアエンジニアのネイサン・ブレチャージクが加わり、3人はプラットフォームの構築に着手した。

しかし、創業者たちは、より大きなデザインの問題に直面した。見知らぬ人同士が安心して泊まれるようにするにはどうしたらいいか、というそもそもの問題である。


その鍵は、信頼にあった。彼らが設計したソリューションは、テクノロジープラットフォームのうえに、ホストとゲストのプロフィール、メッセージツール、双方向レビュー、そして安全な決済機能を組み合わせて統合することであった。これによって、エアビーアンドビーに対する信頼、ゲストとホストのあいだの信頼という、信頼の力を高めていったのである。

彼らのアイデアはやがて、その当時は想像さえしていなかったような、世界規模でのホスティングの実現につながっていった。

## 第3幕

今では、ハウスシェアやルームシェアのアイデアは、まったく馬鹿げてなどいないことが証明されている。現在、400万人を超えるホストが、自宅の一室から瀟洒な別荘まで、そして1泊から数か月まで、多様な宿泊の機会を提供している。世界220以上の国と地域で、エアビーアンドビーのホストは8億2500万人以上のゲストの到着を歓迎し、累計1100億ドルの収益を得ているのである。

エアビーアンドビーは、世界規模でのハウスシェアリングを可能にし、新しい旅のカテゴリーを創り出した。観光客として旅行し、よそ者のように感じる代わりに、エアビーアンドビーのゲストは、世界約10万都市で、一般の人々が暮らすエリアに滞在し、本物の体験をし、その土地の住民のように生活し、地元の人々と一緒に時間を過ごすことができる。

エアビーアンドビーは、ホストとゲストの世界を変え、創業者たちの人生も変えた。今では、ブライアン、ジョー、ネイサンの3人の資産はあわせて300億ドルに上る。

エアビーアンドビーのCEOを務めるブライアン・チェスキーは、巧みなストーリーテラーである。今でもよく覚えている。サンフランシスコの北部にある高級リゾートで開催されたベンチャーキャピタルのイベントに、講演者として招かれた時のことだ。チェスキーも登壇者のひとりだった。チェスキーは英雄の旅を語り、同時にエアビーアンドビーが、人々が自分自身のストーリーを紡ぐための体験をうながしていることを強調した。

ベンチャーキャピタル、アンドリーセン・ホロウィッツでパートナーを務めるジェフ・ジョーダンは、初めてエアビーアンドビーについて聞いた時、「これまで耳にした中でもっとも愚かなアイデア」だと思ったと告白する。しかしそれは、チェスキーに出会うまでのことであった。

エアビーアンドビーの創業物語と印象深いアナロジーで、チェスキーはジョーダンの心をつかんでしまったのである。「イーベイが物のマーケットプレイスであるように、エアビーアンドビーは空間のマーケットプレイスなのです」

「29分のあいだに私は、完全な懐疑論者から、完全な信奉者に変わってしまいました」と彼は続ける。「偉大な創業者は皆、本当に素晴らしいストーリーを語ることができるのです」。ジョーダンは、チェスキーのピッチに、「心底圧倒された」という。

チェスキーは、3幕で構成され、ドラマチックな紆余曲折をたどるスタートアップの創業ストーリーを紡ぎ出す能力を持っていた。彼の物語には、山があり谷がある。緊張と安心がある。そして、説得力あるビジョンが、すべてをひとつに結びつけるのだ。

チェスキーが描いたストーリーは、2020年12月にエアビーアンドビーが上場した時に、実を結んだ。純資産が約150億ドルに達した今、チェスキーが毎月の家賃の支払いに悩むことはもうない。

## たった100語のオリジン・ストーリー――ワービー・パーカー

オリジン・ストーリーは3幕構成を採用すべきだが、長いものである必要はない。

ワービー・パーカーは、伝統的なメガネ業界を破壊するというビジョンを持った起業家たちによって2010年に設立された。

同社でメガネを注文すると、ケースにメガネ拭き用のクロスが入っている。そのクロスには、会社のロゴではなく、ストーリーが印刷されている。ストーリーが小さなクロスにおさまるのも、英文にして100語以下で書かれているからだ。

昔々、ある若者が飛行機にメガネを忘れてしまいました。彼は新しいメガネを買うことにしました。ところが、新しいメガネときたら、とても高いのです。「なぜ大枚をはたかずに、おしゃれなメガネを手に入れることがこんなにも難しいのだろう?」不思議に思った彼は、学校でこの話をしました。「素敵なメガネを驚くほど安く提供する会社を始めよう」ひとりが提案しました。「メガネを選ぶのが楽しくなるようにしたい」もうひとりが続けました。「メガネがひとつ売れるごとに、途上国でメガネを必要としている人たちにひとつ寄付すべきじゃないかな」3人目が言いました。ひらめいた! こうして、ワービー・パーカーが生まれました(出典5)。

第1幕は設定だ。主人公は、機内にメガネを忘れてくる。

第2幕は対立、問題の発生である。主人公は、新しいメガネが高価であるという事実に直面する。そこで彼は、問題を解決するための冒険の旅に出かけ、仲間を見つける。

第3幕は解決だ。主人公とその仲間は、メガネを安く提供する会社を立ち上げ、メガネを買うことをワクワクするものにして、世界をより良い場所にするのだ。

ワービー・パーカーの全歴史は、「お皿を1枚洗うよりも、メガネの汚れを拭き取るよりも、ベビーキャロットを6つ喉に詰まらせない速度で噛んで食べるよりも短い時間で」（出典6）読み終えることができる。

ワービー・パーカーのウェブサイトには、創業ストーリーの詳細版も掲載されている。たとえば、メガネを失くした創業者のニール・ブルメンタールは、大学院での最初のセメスターをメガネなしで過ごす羽目になり、「目を細めながら、しょっちゅう文句を言っていた」そうだ。他の共同創業者たちも同じように、お金をかけずにスタイリッシュなメガネを見つけることがいかに難しいか、驚いた経験をしている。

詳細版のストーリーには、メガネ業界のからくりと、メガネが高価な理由も説明されている。また、必要としている人々にメガネを無料で届ける途上国支援プログラムに関する情報も含まれている。

これらの詳細情報は、興味深いが、すべてのオーディエンスに必要なものではない。ブランドへの信頼を築くという目的には、ほとんどの場合、１００語のストーリーがあれば十分なのだ。

## コーチング・ドリル

自分のオリジン・ストーリーを作ろう。

どのようなスタートアップにもオリジン・ストーリーがある。どのような会社にもある。あなたのオリジン・ストーリーはどのようなものだろうか？　あなたのビッグアイデアに火を点けたのは、どんな人、どんなもの、どんな出来事だっただろうか？


ストーリーは3幕構成で伝えよう。

第1幕では、冒険に出発する前の人生について話してほしい。あなたのアイデアのきっかけとなった問題や出来事を説明しよう。

第2幕は挑戦だ。乗り越えなければならなかった対立について話そう。宝を探す旅の行く手を阻んだ障壁はどのようなものだっただろうか？　あわや挫折しそうになった経験を率直に話し、ストーリーに緊張感を与えよう。

第3幕では、解決策を明らかにする。ハードルをどのように乗り越え、逆境を成功に変えたのだろうか？　あなたはそこからどのような学びを得て、その経験はあなたに、会社に、そして世界に、どのように前向きな変化をもたらしただろうか？

オーディエンスは、うまくまとめられたオリジン・ストーリーを求めている。あなたの物語を、彼らと共有しよう。


あなたには伝えるべきストーリーがある。あなただけの物語、あなたの価値観を反映した物語がある。何度でも繰り返し、ストーリーを共有しよう。

顧客、投資家、従業員、パートナーが、あなたの会社のストーリーをすでによく理解しているなどと期待してはいけない。あなたはもう語り飽きたかもしれないが、皆はそれを聞きたがっている。

アマゾンの企業文化には、ストーリーテリングが深く浸透している。次章では、ベゾスがナラティブを活用して、いかにアマゾンの競争力を高め、会社の歴史の中でもっともイノベーティブな時代を形成していったのか、一緒に追っていこう。

# 8　イノベーションの源泉、ナラティブ

これは、あなたがこれまで遭遇した中で、もっとも奇妙な会議カルチャーです。
――ジェフ・ベゾス

2004年6月9日水曜日、当時アマゾンで働いていたシニアリーダーは、午後6時2分に受信箱に飛びこんできたメールのことをいつまでも忘れないだろう。

多くのアマゾン従業員が、平年より暖かい夏の日を楽しんでいた。気温は24度、この日は「山も出て」いた。レーニア山の雄大な頂がくっきりと見える時、シアトルの人々はこう表現する。シアトルの夏は短い。皆、午後9時まで日が沈まない、明るい夏を待ち焦がれていた。そんなタイミングで届いたメールである。

メールのメッセージは「シンプル、直球、そして衝撃的」だったと、経営幹部のひとりであり、ボスであるベゾスに代わってメッセージを送信したコリン・ブライアーは言う。

件名は次の通りだ。

Sチームでは今後、パワーポイントのプレゼンテーションは行わない

Sチームとは、アマゾンの上級幹部グループのことである。翌週火曜日に開催が予定されていた会議に向けて、何週間もかけてパワーポイントのスライドを準備あるいは完成させていた幹部たちのあいだを突然寒波が襲った。気持ちの良い夏の夜はすっかり台無しである。ブライアーは、鳴り響く電話と、押し寄せるメールの対応に追われた。

「冗談だよな？」と幹部たちはたずねた。だが、ベゾスは本気だった。ベゾスは、アマゾンの上級幹部会議でのパワーポイントの使用を禁止したのだ。

次の会議でアイデアを発表することになっていたSチームのメンバーの発表は、予定通り行われる。変更はただひとつ。パワーポイントのスライドを、数ページのA4文書に置き換えることだった。

ブライアーは当時、「ジェフの影」を務めていた。17年後にアマゾンのCEOとなるアンディ・ジャシーの後を引き継ぐ形で、このポジションに就いた。

「ジェフの影」とは、正式にはテクニカル・アドバイザーで、ホワイトハウスでいうところの大統領首席補佐官のような役割である。

ドラマ『ザ・ホワイトハウス』を観たことがある人ならば、首席補佐官を通さずに大統領と直接コンタクトを取ることはできないのを知っているだろう。同様に、ベゾスとの面会を希望するチームは、

まずブライアーと打ち合わせをし、ボスとのミーティングに向けた準備を行うことになっていた。

ブライアーは、ベゾスからテクニカル・アドバイザーのポジションを打診された時、「週末いっぱい考えさせてほしい」と答えを保留した。頭の中に、次のような迷いが渦巻いていたのだ。

自分の時間はなくなるだろう。毎日、5～7チームとのミーティングをこなす必要があるだろう。1日10時間、ボスと一緒に時間を過ごすことになる。ジェフからは、即戦力としてアイデアを出して貢献することを期待されている……。

要求されるものも大きいが、得られるメリットも大きい。ベゾスはブライアーに、彼が想像もつかないほど多くのことを学ぶ機会を与えたのだ。

歴史上もっとも先見の明のあるビジネスリーダーのひとりに、もっとも近い席を提供される。提案を受ければ、平凡なビジネスパーソンがそのキャリアを通して行う決断を足しても届かないほど重大な決断を、ベゾスが1日のあいだにくだしていくのを、間近で目撃できる。

ブライアーはベゾスの提案を受け入れ、その後2年にわたり「ジェフの影」を務めることになった。

ブライアーの在任期間中に、アマゾン・プライム、アマゾン・ウェブ・サービス（AWS）、キンドル、（アマゾンが商品の保管や在庫管理、配送などの業務を代行する）フルフィルメント・バイ・アマゾン、それから私たちが日々の生活で利用しているその他の多くの機能、製品、サービスが誕生した。

そして、これらが実現したのは、ナラティブ形式の文書の存在があったからこそであった［訳注：ナラティブは「物語」「語り」などを意味する言葉だが、ビジネスコミュニケーションの文脈では組織のパーパス（存在意義）を起点に、顧客や消費者、ユーザーの視点、彼らとの対話が重視される］。

アマゾンにとってのナラティブは、たとえるならば、フェラーリにとってのエンジンである。フェラーリは、もちろん外見を一瞥しただけでも見分けられるが、フェラーリを特別なものにしているのは、ボンネットの中にある。ナラティブが、アマゾンの成功の唯一の要因だとは言わないが、ナラティブこそが、イノベーションのエンジンにパワーを供給しているのである。

## パワーポイントの落とし穴

ベゾスはなぜ、組織の隅々にまで浸透していたパワーポイントというコミュニケーションツールの廃止を急がねばならないと考えたのだろうか？

その問いの鍵を握るのは、ベゾスが出張中に読もうと機内に持ちこんだ30ページの論文であった。ベゾスの隣の席で、ブライアーも同じ論文を読んだ。2人は、上級幹部会議での意思決定のあり方を改善する方法を探していたのだ。

その答えは、E．T．の作品中にあった。映画に登場するE．T．ではなく、イェール大学のE．T．、エドワード・タフティ教授だが、こちらも異次元の主張を展開していた。

データビジュアライゼーション分野のパイオニアとして知られるタフティ教授は、『The Cognitive Style of PowerPoint（パワーポイントの認知スタイル）』と題する論文で、箇条書き方式のスライドで情報を伝える従来のスタイルは、「たいていの場合において言語的および空間的推論を弱め、必ずと言ってよいほど統計分析を台無しにする」と説明している（出典1）。

教授は論文の最初の段落でこの批判を提起し、その主張は論文全体を通して、より辛辣になっていく。

彼は次のように述べている。

「日常的な業務において、パワーポイントのテンプレートは、未熟で混乱を極めたタイプのスピーカーが話を整理できるという観点から、全プレゼンテーションのうち10％ないしは20％に改善をもたらす可能性がある。ただし、その代償として、残りの80％には明白な知的損失をおよぼすのである。統計データに関して述べれば、そのダメージのレベルは認知症に匹敵する」

タフティによれば、「パワーポイントのおかげで、話し手は真に価値ある話をしているようなふりをし、聴衆は聴衆で理解していると思いこむことが許される」のだという。

タフティは読者に挑む。美しくなれると謳った、高価だが広く普及している薬を想像してみよと。「その薬は、一般的な薬の副作用とは異なり、私たちを愚鈍にし、私たちのコミュニケーションの質と信頼性を低下させ、私たちを退屈な人間に変え、同僚の時間を浪費させる。これらの副作用と、その結果生じるとても満足できかねる費用対効果の比率をかんがみれば、世界的な製品回収につながっ

ても おかしくない」

タフティは、このようにパワーポイントを心底嫌っている。どうしてだろうか？

私は、ベゾスとブライアーが2004年に機上で読んだのと同じ論文を丹念に精査した。アマゾン、そして同社のナラティブ戦略を採用した他の多くの企業に、大変革を起こすきっかけを作った論文である。多くのアマゾン出身者が、6ページから成るアマゾンのナラティブ文書を模倣して、自分が立ち上げたスタートアップに導入したことを認めているのである。

パワーポイントに関するタフティの分析を検証し、彼がどこにパワーポイントの限界を見出したのかを探ることには意義があるはずだ。


タフティの批判の矛先は、文章や段落から構成される議論を単語の羅列や箇条書きで置き換えた、パワーポイントを用いた典型的なプレゼンテーションに向けられている。

タフティは次のように論じる。「箇条書きにより、行間、つまり各ポイントのあいだに存在するはずの思考や意図が省かれてしまうことで、因果関係の前提や、論理的思考の分析構造を無視、あるいは隠してしまうのである」

箇条書きのリストは、言葉を簡潔なフレーズに圧縮する、話し手の側の手法である。箇条書きであらましを説明することは、「時々は役に立つかもしれないが、通常は主語と動詞のある文章の方が良い」とタフティは述べている。

タフティは、箇条書きの使い方を間違えると、文字通り人を殺すことになりかねないと確信している。彼はその主張の裏づけとして、2003年に起きたスペースシャトル・コロンビア号の事故に関する最終報告書を取り上げている。

コロンビア号は音速の18倍のスピードで大気圏に再突入する際に空中分解し、7名の宇宙飛行士は全員死亡した。その2週間前、コロンビア号が発射した時に外部燃料タンクを断熱するために使われていた発泡材の一部が割れ、破片が左翼の前縁に当たっていた。この時にできた翼の穴に気づかなかったため、シャトルは再突入時に発生する高温に耐えられなくなってしまったのだ。

NASAの職員は、コロンビア号が発射されてから82秒後に小さな発泡材の破片が剥落するのを映像で確認していた。彼らは、シャトルを設計・製造したボーイング社の技術者たちに、その損傷の評価を依頼した。同社のエンジニアたちは速やかに、パワーポイントを使って合計28枚のスライドから成る3つの報告書を作成した。

タフティはそのうちの1枚を、「官僚主義的超合理主義のパワーポイント祭」と揶揄し、内容を分析している。右の図7がそれを表したものだ。そのスライドには、6つのレベルの階層から成る箇条書きがあり、それぞれの箇条書きに短い陳述がぶら下がるように連なっている。

［図7］タフティが揶揄したパワーポイントのスライド構成

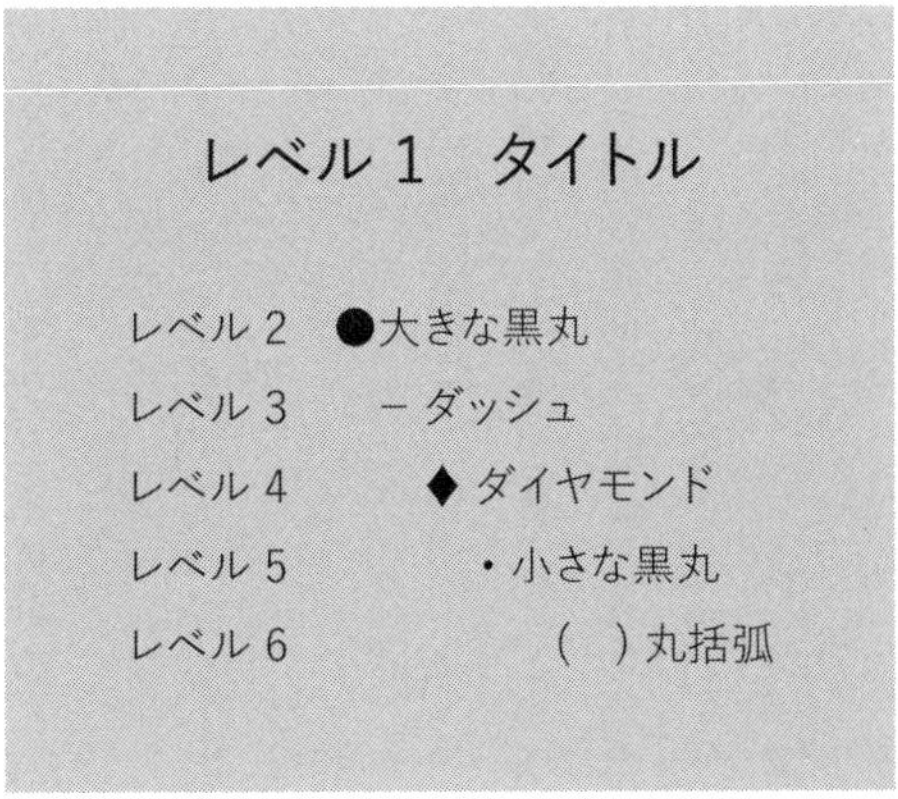

NASAの職員は、このスライドに基づいて取るべき行動を決定しなければならなかった。だがシャトルの実際の損傷についての記述は、小さなフォントで書かれた、箇条書きの下の方の階層に埋もれていた。

エンジニアたちは、事の重大さに応じて情報を整理する代わりに、短い文の断片が並べられた箇条書きスタイルという、スライドの定型フォームに合わせる形で情報を入れこんでしまったのである。

このように、完全な文章とは異なり、箇条書きは情報が断片化するため、情報の真の意味が曖昧になってしまう。

その結果、「コロンビア号が危険な状態にないことを示すレポートに満足し、NASAの職員たちは、脅威をそれ以上検証しようとしなかった」とタフティは書いている。

もちろんボーイング社のエンジニアたちは、コロンビア号に何が起こったのかを説明しようとした。しかし、パワーポイントはストーリーテリングのためのツールではないのだ。

コロンビア号の事故調査委員会がまとめた最終報告書は、次のような結論に達している。

「パワーポイントの常用は、テクニカル・コミュニケーションとして問題含みの方法であることが明らかになった……情報が、組織の階層に沿って伝達されていくにつれ、重要な説明や裏づけとなる情報は徐々に漏れ、こぼれ落ちていくのである。この文脈において、本パワーポイントのスライドを読んだ上級管理職が、その内容が生命に関わる事態に言及していることに気づかないだろうことが、容易に理解できる」

この事故調査の結論からタフティは、テンプレートに合わせるために情報を断片的に分割することになる箇条書きは、意思決定に実害をおよぼすという確信にいたった。

そのうえで、「パワーポイントでは、重大な内容のプレゼンテーションには対応できない。真面目な問題に取り組むには、相応に真面目なツールが必要なのである」と述べている。

ベゾスは、タフティの論文の一言一句を咀嚼した。そして、探し求めていた新たなアイデアの共有方法をタフティが発見したのだと気づいた。

それは完全な文章と段落でアイデアを表現するという、5000年の歴史を持つ手法であった。「パワーポイントのスライドを、文章、数字、データ、グラフィック、そしてイメージをまとめた紙の資料に置き換えること」、これがタフティの助言であった。

ベゾスは、新たな手法を導入する根拠について、次のように説明している。

「4ページの優れた文書を書くことは、20ページのパワーポイントを作成するよりも難しいのです。なぜなら、深く考えず、重要度の差や物事の関連性をよく理解せずに、ナラティブ構造の優れた資料を作成することはできないからです。パワーポイント形式のプレゼンテーションでは、どういうわけか、アイデアをもっともらしく言いつくろい、存在するはずの相対的な重要度の違いを平らに均し、アイデア間の相互の関連性を無視することが許されてしまうのです」(出典2)

## 資料は6ページ以内におさめよ

アマゾンの辞書に載っている簡潔なジェフイズム（ジェフ・ベゾスの名言）のひとつに、「善意ではけっしてうまくいかない。何かを実現するには、優れた仕組みが必要だ」がある。

今でもアマゾンでよく引き合いに出されるこの名言は、2008年2月に開催された全社ミーティングでのベゾスのもう少し長い説明を、短くまとめたものである。

「繰り返される問題や、何度も何度も起こる事象を発見した時、私たちは往々にして、チームを集めて、もっと頑張るように、もっとうまくやるようにと要求します——本質的に、人々の善意を求めるわけです。これがうまくいくことはめったにありません」（出典3）とベゾスは言う。

「善意を求めたところで、変化は起こりません。なぜなら、人々はそれ以前から善意を持っていたのですから。では、善意が機能しないならば、どうすればいいのか。必要なのは仕組みです」

仕組みとは、反復可能なプロセスであり、行動と意思決定をアマゾンのリーダーシップ原則に一致させるためのツールである。正しく機能させるためには、仕組みを採用し、適応させ、設計通りに確実に機能するよう「監査」することが必要だ。

たとえば、先に紹介した「ピザ2枚分のチーム」や「シングルスレッド・リーダー」などが、仕組みの好例だ。

アマゾンにはもうひとつ重要な仕組みがある。フラストレーションから生まれたものだが、今では、これこそがアマゾンの偉大なイノベーションの源泉だと考えられている。その仕組みとは、先述したナラティブである。

ナラティブは、思考の明快さが強く求められる文章である。

ナラティブにはさまざまな形式があるが、ベゾスがアマゾンに導入した2つの主要な形式が、「6ページ文書」と「未来のプレスリリース」だ。前者については本章で、後者は次章で学んでいくが、どちらの形式も、コミュニケーションの質を高める目的で、誰もが取り入れることができる。

ナラティブを書くプロセスによって、私たちは自分の考えを精緻なものにし、明確にし、はっきりと表現できるようになる。特に優れている点は、誰にでもできるということだ。

アマゾンで最初に試みられたナラティブ資料の作成は、「笑えるほどお粗末なものだった」とブライアーは振り返る。

当初は4ページからのスタートだったが、そんなわずかな枚数では、とても自分の考えを説明しきれないと考えた幹部は、ガイドラインを無視して40ページもの作文を提出した。ページ数の制限を守るように厳命されると、行間を詰めたり、余白を狭めたり、フォントサイズを小さくしたりと、ルールを迂回するための巧妙な方法を見つけ出してきた。利口な手口だが、効果的とは言えなかった。ベゾスが見逃すわけがないのだ。

ベゾスと幹部たちは最終的に、最大6ページの文書が自分たちのニーズに合っているという結論に達した。補足としてバックアップ資料を添付することは許されるが、本文の長さは6ページを超えてはならない。

これは、重要なポイントを提起している。ストーリー仕立ての文書は、アイデアを表現するのに十分な長さであるべきで、不要に長くすべきではない。もし2ページで足りるのであれば、2ページでまとめるのだ。

2ページだろうと6ページだろうと、目的は変わらない。プレゼンターに自分の考えを明確にするよう強いる、これに尽きる。タイトル、小見出し、名詞や動詞、目的語を含む文章、段落などから構成されるナラティブ形式の資料を執筆するという行為は、箇条書きでスライドを埋めるよりも難しい。

ブライアーは、「書き手は、パワーポイント資料を作成する時よりも深く、そして俯瞰的に考えることを求められます。紙に書かれたアイデアは、とりわけ、執筆者のチーム全員が内容を精査し、フィードバックを行うことで、よりよく練られたものになります。関連するすべての事実と重要な論点を、一貫性のある理解しやすい文書にまとめるのは、大変な作業です。ですが、そうであらねばなりません」（出典4）と述べている。

ベゾスをうならせるようなナラティブを書くための正式なテンプレートはないが、印象的なナラティブを作成するための実証済みの戦略は存在する。

以下の戦略を取り入れて、適応させていこう。忘れないでほしい。2004年以降のアマゾンの主要なイノベーション、つまりアマゾンの成長に燃料をくべた、そしてベゾスを世界でもっとも裕福な人物のひとりに押し上げたあらゆる成功の背景には、このナラティブのプロセスがあることを。ベゾスにとってはうまく作用した。それは、あなたの人生にも役立つはずだ。

## ナラティブを成功させるための5つの戦略

### 1．とにかく簡潔にする

アマゾンの6ページ文書の仕組みを採用し、その恩恵を受けるための鍵は、焦点を当てるべき場所に当てることだ。それはもちろん「6ページ」ではなく、「ナラティブ」である。

ストーリー性のある文書には、「箇条書きだけではなく、トピックセンテンス〔訳注：段落の主張を簡潔にまとめた1文。段落の冒頭に来ることが多い〕、動詞、名詞が必要です」とベゾスは説明している。

アマゾンでも、ナラティブ文書は必ず6ページぴったりでなければならないという決まりがあるわけではない。メールであれ、社内資料であれ、文章によるコミュニケーションは必要以上に長くすべきではない。多くの場合、1ページの文書で十分なのだ。

プロクター・アンド・ギャンブル（P&G）の例を見てみよう。リチャード・デュプリーという名前は知らなくても、テレビ番組『ソープオペラ』なら聞いたことがあるという人は多いのではないだろうか。

１９３０年代、世界恐慌を背景にマーケティングを縮小するよう求める声が高まる中、P＆GのCEOであったデュプリーは、これを無視した。

それどころか、新しい媒体を使ったマーケティングを強化した。ラジオである。電球の発明により、ろうそくの売上が落ちこみを見せ始めていたため、もうひとつの人気商品である石鹸の売上アップに的を絞ろうとしたのだ。

デュプリーは、昼間の連続ドラマのスポンサーとなり、仕事を失った何百万人ものアメリカ人に、気晴らしとなるエンターテインメントを提供した。P＆Gはこのプラットフォームを利用してアイボリーソープの販売を促進し、ここに『ソープオペラ』が誕生したのである。

デュプリーは、P＆Gのリーダーシップチームに「1ページ文書」を導入したことでも知られる。経営コンサルタントのトム・ピーターズによると、「デュプリーは、タイプライターでタイプされた文書が1枚を超えると、それがどんなものであれ強く嫌った」という。

長い資料は、「私が理解できる程度に煮詰めてくれ」と言って、しばしば突き返した。複数の要素が重なり合った込み入った文書については、「私には複雑な問題はわからない。シンプルなことしか理解できないのだ」とたびたびコメントした。

あるインタビューでこのことについて質問された時、デュプリーは次のように答えている。「私の仕事のひとつは、複雑な問いを一連の単純な事柄に分解するように、人々を訓練することです。そうすれば、私たちは皆、賢く行動できるようになりますから」（出典5）

そして、それは真実なのだ。第1章で触れた通り、物事をシンプルにする能力は、物事を変革するパワーを持っているのである。

では、P&Gはどのようにして、ボスの求める厳しい基準を満たすよう、社員を訓練したのだろうか。同社は、1ページの文書を書くプロセスを社内標準化し、5つの要素を含むように定義した。次ページの表8にそのフォーマットと、各要素の簡単な説明を示そう。

1ページ文書は、P&Gの文化にすっかり定着しており、今でもEメールや社内資料、営業やマーケティング用プレゼンテーションのブループリントとして、さらには同社のテレビコマーシャルの規範として守られ、使われている。

## 2. 箇条書きに逃げない

エドワード・タフティ教授の論文に戻ろう。教授は、「科学者やエンジニアは——さらに言えばその他の人々も——複雑な事柄について、何世紀ものあいだ階層的な箇条書きを用いることなくコミュニケーションを取ってきた」と指摘する。

タフティは、著名な物理学者のリチャード・ファインマンを引き合いに出す。ノーベル賞の受賞者でもあるファインマンは、熱力学や量子力学といった複雑なテーマを扱った600ページの本を書いているが、それを見出しと小見出しという、2つの階層だけで成し遂げた。

［表8］P&Gの1ページ文書の構成要素（出典6）

| 要素 | 説明 | 参考 |
|---|---|---|
| アイデアの要約 | 何を提案しているのかを1文でまとめる。主な考えを1文で表現するためのヒントは、第3章で学んだログラインである。 | 「P&G Good Everydayは、皆様に信頼いただいているP&Gブランドを活用した、消費者向けの新たなリワードプログラムであり、日々の行動を、自分自身や家族、地域、世界にプラスをもたらす行動につなげることを支援します」 |
| 全体像 | 事実、傾向、問題点を示す、全体的な状況のまとめ。 | 「P&Gは、180年以上にわたって、社会に前向きなインパクトを与えるために活動してきました。私たちの家庭向けのブランド・ファミリーは長年、地域社会に良い影響を与え、男女平等を後押しして、多様性と包摂性を推進し、世界の環境持続可能性を促進するなど、正しいことに積極的に取り組んできました」 |
| 仕組み | 提案の詳細を説明。誰が、何を、いつ、どこで、どのように? | 「P&G Good Everydayは、社会にインパクトを与えたい人のためのリワードプログラムです」 |
| 重要な利点 | デュプリーは、提案者たちに、アイデアの利点を3つ述べるよう求めた。理想は、これらの利点が会社の戦略と収益に価値をもたらすと証明できることだ。なお、強力なコミュニケーション戦略である「3の法則」については、第15章で取り上げる。 | 「P&G Good Everydayリワードプログラムに参加し、ウェブサイトから簡単なアクションを起こすと、あなたが選んだ目標に対してP&Gが寄付をします。つまり、自らの行動で変化を起こすことができるのです。クイズやアンケート、レシートのスキャンなどを通じてプログラムに参加し、リワードを貯めると、無料で、あなたが関心を寄せる活動に対してP&Gが自動的に寄付を行います」 |
| 次のステップ | いつまでに、誰が、どのようなアクションを起こす必要があるのか? | 「私たちは一緒に行動を起こすことで、より多くのことを達成できます。P&G Good Everydayを通して、良いことをしたいというあなたの気持ちと、世界中の課題の解決に向けたP&Gの継続的な取り組みをひとつにすることができます。参加登録は、P&GのGood Everydayのウェブサイトから受け付けています」 |

以下は、ビル・ゲイツの言葉である。「リチャード・ファインマンは素晴らしい科学者でしたが、それ以上に重要なのは、彼が素晴らしい教師であったことです。物事をおもしろく、誰もが楽しめるように説明することができました。量子物理学をわかりやすく説明することに、真に成功したのは彼だけです。大半の人にとって幾分不可解ともいえるテーマを取り上げ、非常にシンプルな概念でその仕組みを説明するのは、まさに彼の真骨頂です」(出典7)

ファインマンは、1986年に爆発事故を起こしたスペースシャトル、チャレンジャー号の事故調査委員を務めた。その際、自ら箇条書きの問題に対峙した経験を持つ。

「そして私たちは、箇条書きについて学びました。物事の要約だとされているフレーズの前についている、小さな黒丸のことです」と彼は書き残している。「ブリーフィング資料やスライドに、この小さな忌まわしい黒丸が、次から次へと出てきたのです」(出典8)

彼は、チャレンジャー号爆発事故の原因について、今でも語り継がれているデモンストレーションを行った。説得力のある議論を展開するのに、スライドや箇条書き機能を必要としなかった。1杯の氷水が、大差をつけて箇条書きを負かしたのである。

ファインマンは、氷水を使って、打ち上げ当日の低温が固体ロケットブースターのゴム製Oリングシールの弾性を低下させたという自説を立証してみせた。これこそが、シャトルが発射から73秒後に爆発した原因であった。

マスコミが詰めかけた公聴会で、彼は手にしたゴム製のOリングのサンプルを氷水の入ったカップの中に落とした。するとゴムは硬直し、低温では適切に密閉できないことが証明された。打ち上げ当日の朝、Oリングが弾性を失い、うまく密閉されなかったように。

ファインマンは、公聴会での証言前夜、デモを実行することに迷いがあったことを認めている。「さすがに不作法だろうか」（出典9）と悩んだのだ。しかし同時に、尊敬する「勇敢さとユーモアのセンス」を持つ物理学者たちのことを思い出していた。彼のヒーローたちは、他の誰もが情報を複雑にしようとする中で、シンプルに情報を伝えていた。

チャレンジャー号の事故について説明するために招かれた他の証言者たちは、図表やスライド、そして小さな箇条書き入りの資料をとじたバインダーの束を持ちこんでいた。この時の新聞記事の見出しによると、ファインマンのシンプルな実証実験に「委員会はあっけにとられた」という。

ファインマンは、アインシュタイン、ガリレオ、ニュートンと並び称される天才科学者であった。複雑なテーマをわかりやすく、平易な言葉に置き換えることに長け、「偉大な説明者」という評判を得た。

彼は、新しいことを学ぶためのテクニックも世の中に広めている。学んだ概念を、自分の言葉で、つまり他の人にそのテーマを説明する時に使う言葉で、紙の上に書き出すのだ。ただし、箇条書きではなく、名詞と動詞を使った完全な文章で説明するのである。

ファインマンはかつて、「真実はその美しさとシンプルさによって見分けることができる」と述べている。

## 3. 十分に時間をかける

アナロジーをテーマにした第5章で、ベゾスがライティングを逆立ちの習得にたとえたことを覚えているだろうか？　簡単そうに見えても、数週間、時には数か月の練習が必要なのだ。同じことが、ナラティブ形式の文書にも当てはまる。良い文書を書くには時間がかかる。一晩で達人の域に達するなどとゆめゆめ考えず、許す限りたっぷり時間をかけて、文書に磨きをかけていこう。ナラティブを突貫工事で仕上げることはできない。なぜなら、明確な文書とは、明確な思考を反映したものだからだ。

未熟な書き手が犯す最大の過ちは、執筆プロセスに十分な時間を割かないことだ。ベゾスの言葉を借りるならば、文書を洗練されたものにするために時間をかければ、あなたのアイデアはよく考えられた秀逸なものとなり、「天使が歌うような明瞭さ」を持つようになるのだ。これ以上の褒め言葉があるだろうか。

## 4. チームで協力する

アマゾンでは、6ページの文書を無記名で提出することが伝統になっている。これは、良い文書とはチームワークの賜物であり、ひとりの書き手が単独で資料作成の責任を負うことはないという意思表示にほかならない。

「優れた文書と平凡なそれの違いは、確固としたものではありません。良質な文書を構成する要件を細かく書き出すのは、きわめて困難でしょう。それでもたいていの場合、出来の良い資料を読んだ読み手は似たような反応を示します。よく練られた文書は、見ればすぐにわかるのです。たとえ簡単には説明できないとしても、そこには基準があり、それは本物なのです」（出典10）とベゾスは、2017年の株主への手紙に書いている。

優れた文書とは何かを描写するのは難しいとしても、チームワークが間違いなく文書の質を高めるというのがベゾスの意見だ。

世界水準の文書を書くのに、ライターとしての高い素養が必要だろうか？「私の考えでは、それほどの文才は求められません」とベゾスは言う。ただし、文書の作成にチームとして取り組む限りは、と付け加えている。

「サッカーのコーチはボールが投げられなくても務まりますし、映画監督も演技ができる必要はありません。ただし、両者とも、それぞれの専門分野で求められる高い基準を認識して、その基準に達するために求められる現実的な期待値を説明できなければなりません。6ページの文書の執筆も同様で、求められるのはチームワークなのです。チームの誰かが、そのスキルを持っていなければなりませんが、必ずしも全員がそのスキルに秀でている必要はありません」

もしあなたが、チーム内でもっとも優れた文書の書き手ならば、引っ張りだこの人材になれることは言うまでもないだろう。

アマゾンに13年間勤めたブラッド・ポーターは、「エビデンスに基づいた良質な6ページ文書を書くのは大変な作業です」（出典11）と話す。

一握りの「超優秀エンジニア」のひとりであったポーターの仕事は、注文からわずか1時間で商品を届ける高速配送サービス、プライム・ナウのような野心的なプロジェクトの開発を加速させることであった。

「精度が重要です」とポーターは言う。

「複雑なビジネスを6ページで要約するのは簡単なことではないので、チームはレビューに向けて、何時間もかけて資料を準備します。この準備には、2つの側面があります。第1に、文書を作成するチームの側は、自分たちの取り組みの範囲を非常に深く理解し、データを集め、運営上の基本原則を理解し、それを明確に伝えることができるようになります。第2に、秀逸な文書のおかげで、情報の受け手である上級幹部が30分もそれを読むうちに、それまで未知であった新しい世界を取りこみ、自分のものにできるようになるのです」

## 5．文書を読みこむ

アマゾンでは、会議の参加メンバーは皆、会議室に入ってはじめて印刷された文書を受け取る。それより前に文書を目にすることはない。そして、まず全員でその資料を黙々と読むのである。

リモートで参加する出席者がいる場合は、パソコン上で資料を読むことも許されるが、同じ部屋で一斉に印刷された資料に目を通すことが理想である。

ベゾスはこの黙読の時間を「スタディ・ホール（自習時間）」と呼んでいる。

ちなみにマイクロソフトでは、文書をシェアポイントなどのコラボレーション・プラットフォームにアップロードし、関係者がリアルタイムでコメントを入力していく。

この方法では、全員がお互いのコメントを見ることができる。賛同する意見には、賛成を意味する「＋1」を加えていく。

同社が、ナラティブを導入した経緯については、後でもう一度触れたい。

紙に印刷された資料であれ、オンライン上の文書であれ、その形式を問わず、作成に関与していない人々が事前にその内容に目を通すことは認められない。何年ものあいだ、アマゾンの新入社員は、会議冒頭に取られる20分間の「不気味な沈黙」に驚かされてきた。

挨拶が交わされた後、会議出席者が揃って用意された資料を読むあいだ、部屋は静寂に包まれる。1ページに平均3分かかるとして、6ページの文書を全員が読み終えるには、18～20分を要する計算である。典型的な1時間の会議を想定したならば、討議に残された時間は40分だ。

なおアマゾンでは、予定される会議の種類に応じて、資料の長さや議論の時間を調整する。

たとえば、30分の会議に出席するとしよう。同僚との挨拶や近況報告に数分を費やした後、席に着いて、2ページの資料を黙読する。6分ほど経過したところで、読み終えた資料から全員が顔を上げ、残りの20分で、アイデアについて議論し、根拠に異議をとなえ、戦術に疑問を投げかけ、フィードバックを行い、質問をし、次のステップを決定するのだ。

興味深いことに、ベゾスが参加する会議では、文書を最後に読み終わるのがベゾスである可能性が高いという。

ベゾスは、その場にいる誰もが予想だにしなかった洞察に到達する不思議な能力を持っている。ブライアーに言わせると、「ベゾスは、正しいことが証明されるまで、書かれている一つひとつの文章には誤りが含まれているという前提で読む」(出典12)のだという。ただしそれは、「文章の内容に疑問を呈しているのであって、書き手の動機に疑義を持っているわけではありません」。

ストレスフルだと感じるだろうか？　実際、ストレスは大きいと、アマゾンのナラティブ戦略を経験したことのある人々は口を揃えて言う。

同社に5年間在籍した開発者のジェシー・フリーマンは、ナラティブ文書の作成が仕事の中で、何にも増して困難で強烈な部分だったと語っている。

「修士論文を書いているような気分でした」(出典13)とフリーマンは当時を振り返る。にもかかわらずフリーマンは、同社を離れた後もこの方法を使い続けているのだ。ナラティブの作成はひとえに、「他者と共有するために、自分の考えを整理するうえでもっとも強力な方法のひとつなのです」。

**コーチング・ドリル**

社内会議での使用は禁止されているが、アマゾン幹部も、顧客やパートナー、一般聴衆向けのプレゼンテーションではパワーポイントを活用している。

それでもやはり、パワーポイントのスライドでは、ストーリーを語れない。スライドは、あくまでもストーリーを補完するものなのだ。

ナラティブの構造には、テーマ、タイトルとサブタイトル、名詞・動詞・目的語を含む完全な形の文章が不可欠だ。

スライドを作り始める前にナラティブに挑戦し、伝えたいストーリーを書いてみよう。

## 有名企業が実践するナラティブ戦略

ホールフーズの共同創業者兼ＣＥＯであるジョン・マッキーは、アマゾンの６ページ文書について、「実りある対話の始まり」だと表現する。

アマゾンは２０１７年、自然食品スーパーマーケットチェーンであるホールフーズを１３０億ドルで買収した。マッキーは、アマゾンで初めて６ページ文書を知った時、これを「進んで」受け入れ、ホールフーズにも展開したと私に話してくれた。

「6ページ文書は、買収後の統合がこれほどまでにうまくいった理由の一部です」（出典14）とマッキーは言う。

「ホールフーズでは物事を直感で判断しがちでしたが、アマゾンはデータで判断する傾向があります。このプロセスの厳密さから、私たちは本当に恩恵を受けてきたと考えています。アマゾンが、ホールフーズに異なる文化を押し付けたわけではありません。むしろ、高品質の自然食品を提供するという私たちのビジネスをさらに良いものにするために、アマゾンのプロセスの一部を利用することで、私たちは利益を得ているのです。そういう意味で、アマゾンによる買収は、素晴らしい結婚でした」

このような意見を述べるのは、マッキーだけではない。アマゾン出身者、そしてアマゾンとパートナーシップを結んでいる会社のリーダーたちも、このナラティブのプロセスを取り入れているのだ。

「私がアマゾンから、明らかに借用したもののひとつは、ナラティブです」（出典15）と述べたアダム・セリプスキーのことは、すでに紹介した。

セリプスキーは2005年にアマゾンに入社し、その後11年にわたり、Sチームのミーティングのための6ページ文書の作成に携わった。そのうちのひとつが、アマゾンのクラウド部門であるAWSの立ち上げにつながっている。

アマゾンを退社してから5年後の2021年、AWSの経営にあたるため、セリプスキーは古巣に戻った。AWSは年間500億ドルを稼ぎ出し、クラウド市場の47%を占めている。

セリプスキーは、このナラティブ・ツールが最初は「奇妙」に感じられたと告白しながらも、そのメリットは無視できないほど大きいと認めている。

アマゾンの元ディレクター、ロニー・コハヴィを知っているだろうか？　コハヴィの名前を聞いてもピンとこないかもしれない。だが、彼の仕事の方は、あなたのことをよく知っている。コハヴィが、アマゾン、マイクロソフト、エアビーアンドビーのために開発したツールは、もしかしたらあなた自身よりも、あなたの習慣や嗜好を熟知しているかもしれない。

コハヴィは、人工知能と機械学習の分野でもっとも影響力ある学者のひとりだ。また、マイクロソフトの14万人の社員のうち40人しかいない、テクニカルフェローのひとりでもある。テクニカルフェローは通称、マイクロソフトの「ビッグ・ブレイン」と呼ばれている。

マイクロソフトに移る前、彼はアマゾンでデータマイニングとパーソナライゼーションの開発プロジェクトを率いていた。彼の数々のアイデアは、年間数億ドルの収益に値する機能に姿を変えた。コハヴィは私に、データマイニングを「機械学習のようなツールを使って、データの中から新しいパターンを発見するプロセス」と説明してくれた。「データをマイニングすることで、私たちは、企業がより精度の高い予測を立て、お客様一人ひとりの体験をパーソナライズすることを支援しています」（出典16）

アマゾンのホームページを訪れると、ユーザー自身の名前とともに、何を買って、何を見るべきか、あるいは何をすべきか、おすすめが表示される。

ピザが食べたくなって、グーグルやビングに現在地を入力すると、近くにあるピザ屋の情報を返してくれる。ネットフリックスのアカウントにログインしたら、おすすめの映画が表示される。これがパーソナライゼーションだ。

あなたの友人や家族が、それぞれのプロフィールにアクセスしたとしよう。その場合、ネットフリックスは、彼らが過去に何を見たか、何を検索したか、番組をどのくらい見たか、その他多くの個別指標に基づいて、あなたの場合とは異なるおすすめを提供する。

この会社は自分のことをよくわかっていると感じるとしたら、それは本当にそうだからだ。この分野が「One-to-One パーソナライゼーション」と呼ばれるようになった理由はここにある。

考えてみてほしい。実店舗に足を踏み入れた時、通路があなたの好みや買い物の履歴に基づいて自動的に配置されることはない。ところが、オンラインショップのデジタルドアをくぐると、瞬時に通路の配置が変わるのだ。ウェブサイトやモバイルアプリは、あなたが探しているものを予測し、時には今まで考えもしなかったような選択肢に出会えるよう、手招きするのである。

このようにパーソナライズされたデジタル体験を裏で支えているのが、コハヴィのような専門家なのである。彼はその中でも、ベストに数えられる人物だ。

コハヴィのワシントン州の車のナンバープレートには、他のコンピュータサイエンティストに向けられた、秘密の暗号が隠されている。

ナンバープレートの番号は、「ＤＭ Ｐ１３Ｎ」。ヌメロニム（数略語）が用いられている。ＤＭは「Data Mining」の頭文字を取ったもの。数字の13は、ＰとＮのあいだの文字数で、「personalization」を意味している。

Sチームの会議でパワーポイントの使用を禁止することを宣言した2004年のメールの宛先には、コハヴィのメールアドレスも含まれていた。機械学習の博士号を持つコハヴィは、この時初めてナラティブのプロセスを知ることになる。

書き手が自分の考えを明確に表現できるようにする「強制機能」としてのナラティブの価値を理解するのに、長くはかからなかった。単にナラティブの作成が気に入っただけにとどまらず、コハヴィは、アイデアの伝道者となり、転職先であるマイクロソフトのチームにもナラティブの導入をうながしたのである。

「とにかくやってみること、これが私からのメッセージです」とコハヴィは言う。「私がマイクロソフトで働きはじめた時、ナラティブ形式の文書は取り入れられていませんでした。私はまず自分のチームで試しました。私たちのチームのミーティングに参加した他のグループの面々は、皆が文書を読んでいるあいだの沈黙に驚いていましたが、そのわけを説明すると、プロセスに参加するだけでなく、それぞれのグループに持ち帰っていったのです」

アイデアの新たな提案方法を導入することは、組織に「A／Bテスト」を導入することとよく似ていると、コハヴィは語る。

マイクロソフトでコハヴィは、110人のデータサイエンティストと開発者から構成されるチームを率いていた。彼のチームは、制御された実験と言えるA／Bテストを始動させたことで知られる。コハヴィたちの研究は、マイクロソフトがパッケージ・ソフトウェアを販売する会社から、クラウド企業へと変貌を遂げるのに一役買った（出典17）。

A／Bテストとは、アイデアの可能性を迅速に検証できるデータ駆動型の手法である。今日では、アマゾン、ウォルマート、マイクロソフト、リンクトインなどの企業が、収益を生み出す機能の特定や、顧客満足度の向上、ひいては、企業の成功にとって重要な指標である「顧客生涯価値」の最大化のために、このテストを活用している。

２０１３年の株主への手紙で、ベゾスもこのような実験の価値を絶賛している。「私たちは、ウェブラボという独自の社内実験プラットフォームを持ち、アマゾンのウェブサイトや製品の改善を評価するために利用しています。２０１３年には、ウェブラボを使って世界中で１９７６件のテストを行いました。２０１１年の５４６件から大きな増加です」（出典18）と書いている。

「最近の成功例のひとつは、『カスタマーQ＆A』という新機能です……商品のページから、お客様はその商品にまつわるあらゆる質問ができます。『この製品は私のテレビ／ステレオ／PCと互換性がありますか？』『組み立ては簡単ですか？』『バッテリーはどのくらいもちますか？』といった質問を、アマゾンのサイトを経由して、すでに商品を購入したユーザーにたずねられます。カスタマーレビューのケースと同じように、お客様は自分の知識を喜んで共有して、他のお客様を直接助けてくれるのです」

コハヴィによれば、ほんの些細な変更でも、数千万ドルの収益増につながることがあるという。

彼がマイクロソフトで行ったあるテストでは、ウェブサイトの読みこみ速度を１００ミリ秒改善することで、1800万ドルの収益増をもたらし得るという結果が示された。

「アマゾンでの実験の例を挙げれば、クレジットカードの案内をトップページからショッピングカートのページに移動させることで、年間数千万ドル分の利益を押し上げる効果が得られることが明らかになりました。小さな投資が大きなリターンを生むことは明白です」

ほとんどの企業が、A／Bテストを実際に導入するまで、その真価を認識できていなかったとコハヴィは言う。

「A／Bテストという科学的な手法に触れたチームは、それを気に入り、他の仕事にも応用するようになります。私がマイクロソフトに移った当時、A／Bテストは一切行われていませんでした。それが、私が同社を退社した時には、私のチームが構築したプラットフォームで、毎日新規の実験が100件追加されるような状況になっていました。マイクロソフトは、ゼロからスタートして、年に2万件の実験を行うようになったのです。感染して、拡大していったというわけです」

一度その真価が認識されたならば、A／Bテストと同じように、あなたのチームでもナラティブの活用が広まっていくだろう。

以下は、コハヴィからのアドバイスだ。あらゆる職種のビジネスパーソンに当てはまるが、特に技術分野に従事する人々に向けられている。

「ストーリーテリングはあなたの仕事の一部です。ライティングとプレゼンテーションのスキルは非常に重要です。数学を学ぶことも大切です。ですが、現実の世界での仕事とは、どんな組織であれ、データの中に発見したパターンに基づいて、行動を起こすよう他の人を説得することに尽きるのだという事実を多くの人が見落としています。技術的な気づきを、技術に詳しくない人にも理解できるような説得力のあるストーリーに変換する能力は、このうえなく重要なスキルなのです」

コハヴィは、ベゾスのことを「突出した翻訳家」だと描写する。

「彼は、技術的な知識も豊富ですが、一歩離れた位置から、驚くほど思慮深い文章を書くことができます。ひとつのアイデアを取り上げて、それを人々の記憶に残るものに仕上げる能力は、ジェフが飛びぬけて秀でていることのひとつです」

超一流のエンジニアとして知られ、アマゾンに13年間在籍したブラッド・ポーターは、ナラティブは同社の成功に不可欠な要素であると分析する。

「アマゾンの経営がうまくいき、良質な意思決定がなされ、順調に成長を続けているのも、ナラティブというこの特別なイノベーションのおかげであることは間違いありません。次のような会議に臨むのだと、想像してみてください。参加者全員が、協議される予定のテーマについて熟知している会議です。机を囲む全員が、あなたのビジネスにとって重要な意味を持つデータに精通しています。その場にいる全員が、あなたのビジネスの核となる考え方を理解し、それをどのように意思決定に活かしているかを認識しているのです。アマゾンでの会議というのは、いつもこんな感じなのです。もはや魔法のようです」（出典19）

**コーチング・ドリル**

ジェフ・ベゾスは、24年にわたりアマゾンの株主へ宛てて手紙を書いた。その多くは、よく練られたナラティブの形式が取られている。それぞれの手紙にはテーマがあり、明確な順序に沿って論旨が展開され、裏づけとなるストーリーやデータが含まれている。

アマゾンのウェブサイトのAbout Amazonから、ぜひ「Letter to Shareholders（株主への手紙）」を検索してみてほしい。中でも、１９９７年、２００６年、２０１３年、２０１４年、２０１７年、２０２０年の手紙から読んでみることを勧めたい。これらの手紙は特に構成がしっかりしているし、包括的かつ明快なテーマが取り上げられている。おまけに、複雑な考えを説明するためにメタファーが活用されている。

さて、魔法は6ページでは終わらない。ナラティブ形式の文書は、アマゾンのリーダーたちが重要な意思決定をするために使用しているナラティブ戦略のひとつのタイプに過ぎない。

次章では、あなたのアイデアの提案方法を変え、組織内での影響力を高めるもうひとつのツールについて学んでいく。逆算しながらの前進だ。心の用意はいいだろうか？

# 9 未来から逆算する

私たちはすべてのプロセスにおいてお客様を起点にして、そこからさかのぼって仕事をします。

――ジェフ・ベゾス

ビル・カーは、ビジネススクール時代から磨きをかけてきたツールで武装してジェフ・ベゾスとのミーティングに臨んだ。カーは、スプレッドシートの戦士だ。パワーポイントとエクセルが、彼がこの日のために選んだ武器だった。

第5章でも触れた通り、カーはアマゾンの米国の書籍・音楽・ビデオ部門のディレクターを務めていたが、突如デジタルメディア事業の責任者に就任することになった。初めはボスの決断に納得できなかった彼も、その人事案にベゾスが直々に賛意を示したことを知ると心が動いた。ベゾスは、カーがそれまで出会った中でも、もっとも非凡な人物であり、先見の明を持った起業家だったからだ。べゾスが狙いを定めた目的地へと続く旅路を伴走したいと考えた。

カーは、バイスプレジデントという肩書をもらい、新しい役割を担うことになったが、ビジネスケースを構築するために長く慣れ親しんだツールを手放さなかった。強み（Strength）、弱み（Weakness）、機会（Opportunity）、脅威（Threat）を分析するSWOT、財務予測、そして営業利益率や市場規模を計算する詳細なスプレッドシートである。

「それが、ビジネススクール出身である私が得意としていたことだったのです」（出典1）とカーは私に話してくれた。

ベゾスは、机の上に並べられたカーの予測を丹念に読みこんだ。しかし、納得しているようには見えなかった。ついに顔を上げたかと思うと、ベゾスは言った。「モックアップはどこだ？」と。

モックアップとは、デザインやイメージを検証するために作られるサンプルのことである。アマゾンでは、ウェブサイトの見栄えから、顧客がサイト内をどのように移動し、操作するかといったことまで、ウェブサイト上でのカスタマージャーニーの全体像を把握するためにモックアップを作る。

モックアップの作成には、時間と資金が必要である。カーはこの時モックアップを準備していなかった。ただ、デジタルメディア・チームを編成するための予算を確保したかっただけなのだ。

ベゾスは、カーの予算要求を認めず、最初からやり直すよう命じた。数週間後、ベゾスが求めたモックアップを手に、カーは再度ベゾスとのミーティングに挑んだ。
するとベゾスは、次のような厳しい質問を投げかけた。

・アマゾンの音楽サービスと、(アップルの) iTunesとの違いはどこにあるのか?
・電子書籍の価格帯はどのように想定しているのか?
・読者は、電子書籍を読むのにタブレット、スマートフォン、PC、どのデバイスを好むか?
・アマゾンのデジタルコンテンツは、現在市場で入手可能なコンテンツと比べて、顧客にとって具体的にどのようなメリットがあるのか? 何が良くなるのか?

ベゾスはカーの回答に満足しなかった。「ジェフにとって、中途半端なモックアップは、中途半端な思考の表れだったのです」とカーは説明する。

まったく進展がなく、苛立ちだけがつのる会議を何度か重ねた後、ベゾスは別のアプローチを提案した。「スプレッドシートやスライドは忘れろ」と言ったかと思うと、10人の幹部全員に対して、次の会議までに、デジタルメディア事業に関する最高のアイデアを説明する、ナラティブ文書を書いてくるよう指示した。

はたして次の会議では、はるかに生産的で、創造的なアイデアが次々と生み出された。ある幹部は、新しいディスプレイ技術を使った電子書籍リーダーの案を披露した。MP3プレーヤーの新バージョンを提案する者もいた。

ベゾス自身も、カウンターの上に置けるサイズの、音声に反応するデバイス「アマゾン・パック」のアイデアを出した。その10年後にアマゾンは、アイスホッケーのパックのような形をしたスマートスピーカー「エコー・ドット」を発表している。

いわば、アイデアを文章化することで、「エクセルが求める定量的な考えや、視覚に頼りがちなパワーポイントの誘惑から、経営幹部たちを解放した」(出典2)のである。

こうして、ナラティブを活用したプロセスの成功を目の当たりにしたベゾスは、さらに一歩踏みこんだ。「最初にプレスリリースを書いてみよう」と。

製品やサービスを発売する時、企業は通常プレスリリースを通して発表を行う。ほとんどの企業では、プレスリリースの作成は、マーケティングや広報部門に任せられている。

ところがベゾスは、そのようなお決まりのパターンをひっくり返して、顧客の視点から逆算し、なぜその製品やサービスがお客様に喜ばれるのかを考えるようにと幹部たちに問うたのだ。

プレスリリースを出発地点としてアイデアを提案することで、チームの意識は、顧客が本当に喜ぶであろう機能やサービスの開発に集中するようになる。第3章で触れた「So what?」という問いへの答えを先に出すことができる。新製品やサービスについて初めて耳にした消費者は、「だから何？自分にとってどういう意味があるの？」と考えるものだからだ。

アマゾンは、「未来のプレスリリース」システム――これもアマゾンの「仕組み」のひとつだ――

を活用し始めた。だがほどなくして、開発過程で生じる社内の問題や技術的な課題に対処するために、もうひとつのナラティブ・プロセスが必要であることがわかってきた。

その解決策となったのが、未来のプレスリリースに、数ページにわたる「よくある質問（ＦＡＱ）」を追加することだった。この仮想ＦＡＱのおかげで、開発者や意思決定者の目に、アイデアを実現するために乗り越えなければならないハードルがはっきりと見えるようになったのだ。

この仮想ＦＡＱ付きの未来のプレスリリースは、逆算して仕事をするという意味である「ワーキング・バックワーズ（Working Backwards）」ドキュメントとして知られるようになった。

ＦＡＱの添付はアマゾンでも必須ではないため、本章の残りの部分では未来のプレスリリースに焦点を当てたい。プレスリリースは、アイデアの提案や評価のためだけでなく、新製品やサービス、新規ビジネスのための共通のビジョンに向かってチームの認識を一致させるという効果も持つ。

顧客を起点に考え、そこからさかのぼって仕事をするワーキング・バックワーズ手法は、アマゾンのモデルのまさに中核を成すものであり、そのことは、カーが、同じくアマゾン出身のコリン・ブライアーとの共著『アマゾンの最強の働き方―Working Backwards』のタイトルに選んだことからも読み取れる。

同書では、２人あわせて27年におよぶアマゾンでの経験から得られた洞察、リーダーシップ、経営戦略など、あらゆるレベルのビジネスパーソンに役立つ内容が網羅されている。

カーとブライアーとの対話を通して私は、未来のプレスリリースは、会社の立ち上げ、あるいは新製品やサービスの開発を始動させる際に導入できる極めて強力なライティングテクニックのひとつであると確信するにいたった。これにより、あなたもチームも、いやおうなしにお客様を会話の中心に据えざるを得なくなるからだ。

未来のプレスリリースのおかげで、いくつものアイデアが製品、サービス、会社の実現につながった。その一部は、たとえアマゾンで商品を購入していないとしても、あなたの日々の生活に影響を与えている。

未来のプレスリリースから始まったアイデアには次のようなものがある。

- アマゾン・プライム
- アマゾン・プライム・ビデオ
- アマゾン・スタジオ
- アマゾン・ミュージック
- アマゾン・スマイル
- アマゾン・マーケットプレイス
- アマゾン・エコー、アレクサ
- フルフィルメント・バイ・アマゾン

これらはあくまでもアマゾンにおける代表例である。さまざまな事業分野のスタートアップや企業が、アマゾンが開発した未来のプレスリリースシステムを取り入れている。

また、新たなアイデアの構想づくりや新規プロジェクトの提案に、未来のプレスリリースの仕組みを用いるよう指導あるいは助言された経験を持つスタートアップ創業者やビジネスパーソンに、私はこれまで数多く会ってきた。

そのうちの何人かは、背後にベゾスの存在があることさえ知らずにこのシステムを活用していた。彼らが知っているのは、一度試したら、「もっと早く知りたかった」と思わずにはいられないということだけなのだ。ワーキング・バックワーズ、つまり未来から逆算することが、未来を創る最良の方法である証と言えよう。

## 未来のプレスリリースから生まれたキンドル

ＦＡＱ付きの未来のプレスリリースは、フラストレーションの産物であった。デジタルメディア部門を新設したというのに、顧客が渇望するような製品を特定できずに、アマゾンのリーダーシップチームが悪戦苦闘する過程で生まれたのだ。

その未来のプレスリリースから開発の旅がスタートした製品のひとつが、出版業界に革命を起こし、何百万人もの人々の読書習慣を変えることになった。その製品は、キンドルと呼ばれることになる。

アマゾンが電子書籍リーダー、キンドルの販売を開始したのは、2007年11月19日だ。初回出荷分は6時間で完売した。その翌年、テレビ司会者オプラ・ウィンフリーが、人気番組『オプラ・ウィンフリー・ショー』のブッククラブコーナーでキンドルにお墨つきを与えたことで、売上は爆発的に伸びた。

「間違いなく、私の新しいお気に入り。世界で一番気に入ってる。基本的にガジェット好きなタイプじゃないんだけど、この小さなベイビーにはすっかり心を奪われたわ」(出典3)とオプラがキンドルについて熱く語ったのだ。

もし、キンドルの開発がプレスリリースから始まっていなかったら、オプラが絶賛するキンドルの機能はずっと少なかったかもしれない。

たとえばオプラは、キンドルの優位性につながる重要な特徴のひとつ、頭に浮かんだ本を60秒で手に入れることができる機能をべた褒めしている。

FAQ付きの未来のプレスリリースからさかのぼって仕事をスタートさせたことで、キンドルの開発者たちは、書籍リーダーをケーブルでPCにつなげたり、別途データ通信プランを申しこんだりせずに、どこでも書籍をダウンロードできたら、顧客が心から喜ぶだろうと考えることができたのだ。

「私みたいにコンピュータはちょっと苦手という人でも、キンドルなら大丈夫。怖がらないで。なんてったって、コンピュータがなくても使えるんだから。優れものよ」とオプラは付け加えている。

アマゾンの未来のプレスリリースの進化を語るうえで、オプラを脇役扱いしてはならない。彼女は最重要人物なのだ。

アマゾンの従業員は、オプラを意識して未来のプレスリリースを書くように訓練されている。トークショーで、オプラの向かいのソファに自分が座っていると想像してほしい。彼女に、そして知識量がバラバラの無数の視聴者に、どのように製品を説明するべきだろうか？

社内での同僚との会話ならば、オタク用語で構わない。だが、オプラとの対話で求められるのは、一般の人々にとってわかりやすい平易な言葉なのだ。


未来のプレスリリースは、一度書いたものを議論して、書き直して、また議論する、このプロセスが繰り返される文書であることを覚えておいてほしい。最初の原稿は、まとまりがなく、不完全なものだ。上記のプロセスを経るうちに、共通のビジョンに向かってチームをひとつにまとめる力を持つ、明快な未来のプレスリリースが完成するのだ。

ちなみに、キンドルの実際のプレスリリースは、チームのビジョンが盛りこまれ、開発の原点となった未来のプレスリリースの内容とほぼ同じであった。

そこで以下では、キンドル発表時の正式プレスリリースをサンプルとして、アマゾンのプレスリリースに含まれる要素を説明していこう。

## アマゾンのプレスリリースの6項目

アマゾンのプレスリリースの定型は、6つの要素から構成されている。

### 1．タイトル

アマゾン・キンドルの発表（出典4）

タイトルは、製品の登場を告げるラッパの合図のようなものである。1行か2行で、誰が何を発表するのかを明確にする。

見出しには、それが適切な場合は、商品名を記載する。「それが適切な場合は」としたのは、プレスリリースは商品発表に限られるものではないからだ。

2021年2月2日、アマゾンの広報部門は次のような見出しのプレスリリースを発表した。

アマゾン、CEOの交代を発表

このケースでも、誰が何を発表するのか、その答えがはっきりと示されている。

## 2. リード文

革新的な携帯型の書籍リーダーにより、お客様は書籍をワイヤレスで1分以内にダウンロードし、新聞や雑誌、ブログを自動的に受信することができるようになります。PCは不要で、Wi-Fiのホットスポットを探し回る必要もありません。

リード文は、タイトルのすぐ下に来る最初の文章だ。顧客にとって魅力的な利点や差別化要因を説明する。リード文では、「これは続きを読む必要がある」と読み手に思わせるきっかけを提供する。簡潔かつ平易な言葉で、顧客が喜ぶであろう、目を引くメリットを強調する必要がある。

リード文は極めて重要だ。第3章で学んだログラインの役割を果たす。ハリウッドのピッチミーティングでは、ログラインが必須条件であることを思い出してほしい。「どのような内容の映画か？」という基本的な問いに答えるものだ。

英語において、理想的なログラインは30語を超えない。ちなみに、キンドルのプレスリリースのリード文は29語であった。

## 3. 要約（サマリー・パラグラフ）

２００７年11月19日、シアトル――アマゾンは本日、アマゾン・キンドルを発表しました。アマゾン・キンドルは、書籍やブログ、雑誌、新聞をワイヤレスでダウンロードし、明るい太陽光の下でも実際の紙面を読む感覚で読める、鮮明で高解像度の電子ペーパー・ディスプレイを備えた革命的な携帯型書籍リーダーです。キンドル・ストアでは現在9万冊を超える書籍をご利用いただけ、その中には、ニューヨークタイムズ紙のベストセラーや新刊112冊のうち101冊が含まれています。別途記載のない限り、書籍は1冊9・99ドルです。キンドルは本日より399ドルで提供されています。

プレスリリースの導入部にあたる最初の段落は、サマリー・パラグラフと呼ばれる。これは、日付と場所から書き始める必要がある。未来のプレスリリースであっても、日付を記載することが大切だ。それによって、プロジェクトの実現可能性に関する議論がうながされるためである。

導入部では、製品の概要とその利点を簡潔に説明する。タイトル、リード文、サマリー・パラグラフに創作意欲の80％を注ぎこもう。読者の80％はこの段階で読むのをやめてしまうからだ。

## 4. 課題（プロブレム・パラグラフ）

「私たちは3年以上にわたって、キンドルの開発に取り組んできました。キンドルのデザインに関して第一に考えたことは、手の中に自然におさまること、つまり読書を楽しむうえで邪魔にならないことでした」。アマゾン創業者兼CEOであるジェフ・ベゾスは、このように述べています。「また、紙の書籍を超えるものにしたいとも思っていました。キンドルはワイヤレスで利用できるので、ベッドに横になっていても、電車に乗っていても、欲しい本が頭に浮かんだら60秒以内にそれを手に入れることができます。パソコンは必要ありません。端末から直接購入できるのです。私たちは今日、キンドルを発表できることにとても興奮しています」

プロブレム・パラグラフでは、製品やサービスが解決しようとする問題や課題について説明する。ここでは、必ずしも発言を引用する必要はないが、キンドルのプレスリリースでは、ベゾスに語らせるという創意ある判断が行われた。

この段落で忘れてはならない重要な点は、その製品によって解決される問題を提起することだ。さもなければ、製品の存在意義がなくなってしまう。

### 5．解決策（ソリューション・パラグラフ）

#### ワイヤレスでコンテンツをダウンロードでき、ＰＣは不要、Wi-Fiホットスポットを探す手間もなし

キンドルのワイヤレス配信システム「アマゾン・ウィスパーネット」は、先進的な携帯電話で使われているのと同じ全国規模の高速データネットワーク（ＥＶＤＯ）を使用しています。キンドルのユーザーは、キンドル・ストアでのショッピングや新しいコンテンツのダウンロードまたは受信をワイヤレスで行うことができ、ＰＣもWi-Fi

ホットスポットも不要、コンピュータに同期させる必要もありません。

ソリューション・パラグラフは通常1〜4段落で構成され、製品、サービス、アイデアをより深く、詳細に掘り下げていく。顧客の抱えていた問題がここで、シンプルかつ鮮やかに解決されるのである。製品やサービスがどのように機能するか、そしてそれがユーザーにとっていかに簡単であるかを説明する。各段落は、3〜4文以内で短くまとめよう。

キンドルのプレスリリースでは、太字のリード文で製品の利点を強調している。その下に、短い詳細説明が続く。プレスリリースに挙げられた、そのほかの利点は次の通りである。

・通信プランの加入契約や毎月の通信料の支払いは不要
・紙の書籍のように読める
・書籍だけでなく、ブログ、雑誌、新聞なども読める
・292グラムの重さで、何百冊もの本を保存できる
・辞書機能とウィキペディアも搭載
・長いバッテリー寿命

強調したい利点を厳選して、全体が1ページにおさまるようにしよう。1ページ半のプレスリリースは長すぎる。

### 6．パートナーシップの強調／経営幹部の声明／お客様の声

キンドルをご利用のお客様は、ニューヨークタイムズ、ウォール・ストリート・ジャーナル、ワシントンポスト、アトランティック・マンスリー、タイム、フォーチュンといった、米国の主要紙や人気の雑誌、ジャーナルの記事をお読みいただけます。キンドル・ストアでは、ル・モンド、フランクフルター・アルゲマイネ、アイリッシュ・タイムズなど、フランス、ドイツ、アイルランドの国際的な一流紙へもアクセスできます。

6項目から成る理想的なプレスリリースを完成させる最後の要素は、広報担当者の発言や、パートナーまたは顧客からの好意的な声である。

キンドルのプレスリリースではベゾスの発言が先に引用されていることもあり、この段落では、パートナーシップにハイライトを当てている。

たとえ、商品そのものが十分な輝きを放っていると感じられる場合でも、未来のプレスリリースを書く時には、仮想顧客の喜びの声を盛りこんだり、理想的なパートナー企業の社名を強調したりするプロセスをたどるべきだ。そのアイデアが顧客に支持されるだろう理由を、明確化する機会になるからである。

「コードを書き始める前に、私たちはプレスリリースを準備します」とアマゾンの現CEO、アンデ

ィ・ジャシーも明言している。「プレスリリースは、その製品の利点をすべて洗い出し、それによって、本当にお客様の問題を解決できるかを確認する目的で書かれるのです」（出典5）

## 行動に移る前に、プレスリリースをよく練る

2004年、ビル・カーが率いるチームがキンドルの開発に奮闘しているあいだ、アンディ・ジャシーもプレスリリースの手法を試していた。コンピューティング・ストレージ事業のアイデアを提案するためであり、この時のアイデアから生まれたのが、アマゾン・ウェブ・サービス（AWS）である。

「他の企業の製品開発の進め方や考え方とは対照的に、アンディとAWSのチームは、最初の18か月を、ジェフ・ベゾスと一緒にFAQ付きプレスリリースの作成と書き直しに費やしていました」（出典6）とカーは当時を振り返る。

AWSチームのエンジニアたちは、ベゾスのテクニカル・アドバイザーを務めるカーに不満をぶつけてきた。「我々がコードを書くために雇われたエンジニアであることを、ジェフは知らないのか？ワードの文章を書くためにここにいるわけじゃないんだ」と。

それでも、ベゾスとアンディは、このプロセスに全力で取り組んだ。コーディングを開始するまでに、なんと1年半もの時間をナラティブとプレスリリースを書くことに費やしたのだ。

ＡＷＳは、史上最速で１００億ドルの売上を達成したアマゾンの一部門である。ＡＷＳの成功の秘密は、行動に移る前に、自分たちがすべきことを計画して、それを文字にして、文書として完成させることに、これだけの時間をかけた点にある。

「もし私がビジネススクールの学長だったら、説得力のあるビジネス文書を書くための正式なトレーニングの必要性を強く主張します」とカーは言い足した（出典7）。

２０２１年の第１四半期、アマゾンは四半期ベースで過去最高となる、１０８０億ドルの売上を計上した。アマゾン・プライムやその他のサブスクリプション収入が36％増加したおかげで、売上が押し上げられたのだ。

ベゾスは、アマゾンのプライム会員が全世界で2億人を突破したことを明らかにした。現在、アメリカの60％近くの世帯が有料のプライム会員となり、送料無料やエクスプレス配送などの特典を享受し、年間平均３０００ドルをアマゾンで消費している。

また、会員向けに開催される、48時間限定の人気イベントであるプライム・デーの売上高は、過去アメリカの小売業界で年間を通して最大のショッピングイベントであった、ブラックフライデー［訳注：感謝祭翌日の金曜日に全米で実施されるクリスマス・年末商戦］の全小売業者の売上合計を上回るようになった。

アマゾン・プライムは今や、もっとも成功したオンライン会員プログラムであり、アマゾンの経常利益を押し上げる強力なエンジンとなっているのである。

同社がアマゾン・プライムの開始を発表したのは、２００５年2月のことだ。アマゾンの顧客は、新しいプログラムについて知らせるベゾスの署名入りの通知を受け取った。これは次のように始まっている。

「お客様各位、このたび、アマゾン・プライムを発表できることを大変嬉しく思います。アマゾン・プライムは、『定額食べ放題』のエクスプレス配送サービスを提供する、アマゾン初の会員制プログラムです」(出典8)

ベゾスは、200語余りで、新たなサービスとその利点を明快に、わかりやすく描写した。「とてもシンプルです」とベゾスは告げる。「定額の年会費で、アマゾンの倉庫から100万点以上の商品を2日以内に送料無料でお届けします」

このアイデアは成功をおさめ、アマゾンから直接購入できる商品の数は爆発的に増加し、今日では1200万点（サードパーティ・セラーを通して販売される数億に上る商品は含まない）を超えている。

「アマゾン・プライムで、注文時の手間を省くことができます。最低購入金額もなく、注文をまとめる必要もありません」とベゾスは続ける。「2日以内の配送は、不定期に行われるキャンペーンではなく、日常的な体験となるのです」

メールの残りの部分では、料金に関する説明と、顧客が魅力的に感じるだろう利点がいくつか挙げられている。

そしてベゾスはこのメールを、顧客の行動をうながす呼びかけで締めくくるのだ。サインアップ――「1クリック」で簡単にプライム会員になれる――を誘導するリンクである。

ベゾスがその数か月前、プライムの開発プロセスの早期の段階で、このメールの草案を作成し終えていたという事実を顧客は知らない。草案は、サービスの開始を知らせる正式な通知とほぼ変わらない内容だった。

「アマゾン・プライム」という名称はベゾスの発案であった。一方、「食べ放題」のアナロジーは共同作業の結晶だという。このアナロジーは、アマゾンのシニアリーダーのあいだで、満場一致で支持された。ベゾスは後に、冗談半分で次のように語っている。

「食べ放題のビュッフェを無料で提供したら何が起こると思いますか？　最初に飛びつくのは誰でしょうか？　大食家です！　恐怖と背中あわせでした。『ああ、私は本当に、好きなだけエビを食べていいよ、なんて言ってしまったのだろうか？』と、そんな感じでしたね。実際にそうなりました。でも、長期的な傾向が見えていましたし、どのようなお客様層を惹きつけているかが理解できました」（出典9）

「プレスリリースであれ、製品紹介、スピーチ原稿、株主への手紙であれ、顧客にとってわかりにくい部分、肯定的な印象を与えない部分があれば、ベゾスはすべて赤ペンで消しまくる」（出典10）と、ブラッド・ストーンは『ジェフ・ベゾス 果てなき野望―アマゾンを創った無敵の奇才経営者』で書いている。

「ベゾスは、ある機能や製品について、それがどのように世の中に伝わり、神聖なる顧客がそれをどう評価するかを正確に知ることなしに、正しい判断を行うことは誰にもできないと固く信じていた」

ナラティブ作成のプロセスにベゾスが求める基準は高い。

ストーンによると、見出しにはもっとパンチを効かせるべきだと提案したり、文章を数行読んだだけで「もう飽きた」とコメントしたりすることも珍しくないようである。「彼は、社員が深く考えること、時間をかけて自分の考えを説得力ある文章として表現することを望んでいた」のだ。

ストーン自身、そこからヒントを得ている。前掲した書籍の執筆にあたってベゾス本人の協力を求めた際、ナラティブ形式の依頼書を作成したという。その内容はもちろん、本が実際に出版される時を想定した、未来のプレスリリースである。

## 顧客を起点にさかのぼる

未来のプレスリリースの作成は困難をともなう。スライドの箇条書きに比べて、自分の考えをより正確にはっきりと形にすることを強いられるからだ。以下のような質問に対して、明確な説明ができなければならない。

- 顧客はその製品をどのように使うか？
- 既存の製品と何が異なるのか？
- 顧客がもっとも魅力的だと感じる機能は何か？

・顧客がその製品あるいはサービスを気に入る理由は何か？

２０１５年、新しいアイデアに対する社内の支持をとりつけるために未来のプレスリリースを準備するうえで、ジェニファー・キャストが心に留めていたのが、まさにこれらの問いであった。アマゾンがオンラインで成功をおさめてきた企業であることを前提にしたなら、そのアイデアは初めて耳にした者にとって直感的に理解しにくいものだったろう。アマゾンは実店舗への進出を検討しており、キャストはその責任者に指名されていたのだ。

キャストは、アマゾン・ブックス担当バイスプレジデントとして、消費者に好きな本を探すためのチャンネルをもうひとつ提供できることにワクワクしていた。アマゾンの25番目の社員であるキャストは、「お客様へのこだわり」の体現者であり実践者であった。だからこそ彼女は既存のリアル書店をもうひとつ増やすことに関心はなかった。目指すゴールは顧客に、これまでとはまったく違う体験を提供することだったのである。

事前調査によって、次のことが明らかになった。それは、世界最大の書店をオープンしたアマゾンが、実店舗での顧客体験のあり方を見直そうとするならば、従来の書店よりも規模を小さくする必要があるということだった。

人通りの多い通りにぴったりはまる小ぶりの店舗で、本の品揃えを厳選すること。そうすればアマゾンはお客様にこれまでとは違う体験を提供することができると考えた。キャストはこのアイデアを社内会議で共有することに興奮を覚えたが、まずはそれを文章にしなければならなかった。

「最初に知っておくべきことは、ＦＡＱ付きのプレスリリースの作成には、時間と粘り強さ、そして大きな覚悟が求められるということです」（出典11）とキャストは言う。「私は、アマゾン・ブックスのプレスリリースの準備に6週間、少なくとも１２０時間を費やして、原稿を12回は書き直しました」

その努力は報われた。アマゾン・ブックスのためのワーキング・バックワーズ会議は90分におよんだが、ベゾスとSチームのメンバーは最終的に、アマゾン初のリアル店舗の出店にゴーサインを出した。

次ページの表9で、アマゾン・ブックスの誕生につながった、キャストの未来のプレスリリースの要点を紹介しよう。

アマゾンは２０１５年11月3日、シアトルのユニバーシティ・ビレッジ・モールに初のリアル書店をオープンした。

キャストは、未来のプレスリリースのおかげでプロジェクトの明確な方向性が定まり、チームが顧客体験にこだわり続けることができたと評価する。

また、彼女はアマゾンのリーダーシップ原則の第1条が、カスタマー「サービス」でもなく「フォーカス」でもないことを指摘する。あくまでも、カスタマー「オブセッション（執拗なほどのこだわり）」なのだ。その後には、「リーダーは、お客様を起点にさかのぼるように仕事をします」と続く。すべての関係者に、お客様を体験の中心に置くことを強いているのである。

［表9］アマゾン・ブックスの未来のプレスリリース（出典12）

| | |
|---|---|
| **タイトル** | 「アマゾン、オンライン書店の機能とメリットを兼ね備えたオフライン書店をオープン」 |
| **リード文** | 「店頭では、アマゾンのデバイスをフルラインナップで用意し、お客様は商品をアマゾンと同じ低価格でお求めいただけます」 |
| **第1段落（サマリー・パラグラフ）** | キャストは第1段落で、アマゾンが初の実店舗をオープンしたことを発表。ロケーションを明記し、顧客にとってのメリットをいくつか挙げている。 |
| **第2段落（プロブレム・パラグラフ）** | この段落はキャストの創造性が発揮されている。実店舗の書店に課題があるわけではないので、現状の「問題点」に言及するのを避けたのである。その代わり、ジェフ・ベゾスの発言の引用を通して、アマゾン・ブックスが顧客にもたらすこれまでとは異なる体験を強調することを選択した。 |
| **第3～6段落（ソリューション・パラグラフ）** | 店舗デザイナーが実店舗での顧客体験を構築するための指針となる、詳細な描写を展開。 |
| **パートナーシップの強調／経営幹部の声明／お客様の声** | 想像上のお客様の声を引用。正面を向けて並べられた書籍の表紙を眺めたり、アマゾンでの評価やレビューを読んだり、アマゾンの書籍リーダー端末を比較したり、ファイヤーTVスティックなどの新商品を手に取ったり、モバイルアプリから注文をしたり、書籍の詳細情報を確認したりできることに、お客様は喜びの声をあげている。キャストは、顧客の声は未来のプレスリリースのプロセスの重要な位置を占めると述べる。意思決定者がアイデアの堅牢さを評価するうえで役立つからだ。もしお客様の声が弱ければ、プロジェクトを遂行するのに値する、十分な数の顧客ベースに実質的な価値を提供できない可能性があると考えるのだ。 |

**コーチング・ドリル**

次の表10を活用して、起業、製品、サービス、会社、計画などに関する、未来のプレスリリースを作成してみよう。

［表10］未来のプレスリリースのテンプレート

| | |
|---|---|
| **トピック** | 製品、取り組み、サービス、会社など。 |
| **タイトル** | 誰が何を発表するのか、これに1文で答える。 |
| **リード文** | 読み手が関心を持つべき理由、きっかけを与える。簡潔に、英語なら30語以内でまとめる。 |
| **第1段落（サマリー・パラグラフ）** | 導入部。製品、取り組み、サービス、または会社に関する簡潔な要約と、その利点を明記する。 |
| **第2段落（プロブレム・パラグラフ）** | 製品、取り組み、サービス、会社が解決しようとしている問題を説明する。 |
| **第3～6段落（ソリューション・パラグラフ）** | 製品、取り組み、サービス、会社について詳しく、またそれがどのように上述の問題を解決するのかを深く掘り下げる。 |
| **パートナーシップの強調／経営幹部の声明／お客様の声** | 広報担当者やパートナー、顧客からの肯定的な発言を引用する。たとえ顧客がまだ存在しなくとも明記すること。 |

## キャリアアップにもつながる逆算思考

プレスリリースのテンプレートは、製品開発の指針として、またチーム内の意思疎通、提案内容の明確化、新規事業や製品、サービスのアイデアの売りこみなどの用途で、誰でも利用することができる。

ジョンは、あるグローバル医療機器メーカーの事業部長を務める人物である。その彼が、アマゾンのプレスリリースにまつわる経験について話してくれた。

ジョンは、アマゾンとのパートナーシップの可能性を話し合う目的で、彼が率いるチームのメンバー数人とシアトルに飛んだ。その時初めて、プレスリリースの執筆というアマゾン独自のプロセスに接したという。

ジョンは、アマゾンの未来のプレスリリースの取り組みを評価しつつも、この手法が自社にもたらすメリットについては疑問視していた。アマゾンが、彼のチームを寛大にもブレインストーミング・ミーティングに招待してくれたので、先方のやり方にしたがったに過ぎなかった。

「そう、私たちはどちらかというと懐疑的でした。彼らのプロセスを尊重しましたが、正直なところ、時間の無駄だと感じました」と、ジョンは私に語ってくれた。

ところが、実際にやってみると、いやおうなしに自分のアイデアをシンプルに、またわかりやすく説明しなくてはならないことに気づいた。参加メンバーも皆、すぐにその価値を理解したという。

「ミーティングを終えるころには、すっかり納得していました。心酔したと言った方がいいかもしれません。私たちは、このプレスリリースの伝道者になりました。誇張しているわけではありません。私たちのチームが置かれた環境を一変させてしまったのですから」とジョンは語る。

まったく大げさではない。ジョンとチームメンバーは帰国後直ちに、CEO向けのプレゼンテーションの準備に取りかかった。目的は、アマゾンとの提携についての承認と、そのプロジェクトを完了させるために必要となる予算の確保である。

チームに与えられた時間は60分だった。世界150か国に拠点を持つグローバル企業を率いるCEOの時間は貴重だ。まるまる1時間を割いてもらえるだけでも、チームにとっては有難いことだった。

そこでジョンは大胆な決断をした。プレゼンテーションを20分におさめて、CEOに40分の時間を返そう、とチームを説得したのだ。もしCEOの側に質問があれば、残りの時間を使って答えられるように準備をしておく。しかし、プレゼンテーションそのものは20分以内で終える。

コミュニケーションの探究者であるジョンは、長いプレゼンテーションはしばしば渦巻のように複雑で、まとまりに欠け、聞き手を疲弊させ、ただただ退屈であることを認識していた。短いプレゼンテーションの方が、ほぼ必ずと言っていいほど、長いプレゼンテーションよりも説得力があるのだ。

ジョンのチームは、さっそく仕事に着手した。アマゾンとの打ち合わせを要約し、パートナーシップの内容を具体的に定義し、そのアイデアによって患者たちが得られるだろう利益を描写した。

ジョンは、アマゾンで学んだばかりの未来のプレスリリースを忘れてはいなかった。しかし、文章を書く代わりに、そのコンセプトをもう一歩先に進めた。「患者の視点から逆算するならば、製品発売後に放映されるテレビ広告から出発してはどうか」と考えたのである。

「動画を使って、いかに簡単に検査ツールを注文できるか、そして患者が自宅で検査を完結できる利便性の高さを実演しよう。それから、アマゾンのクラウド技術との連携によって、検査結果を迅速かつスムーズに患者の主治医に送信できることも示したい」

ジョンのチームは、役者が未来の患者を演じる2分間のビデオを制作し、プレゼンテーションに挟みこんだ。ジョンは、映像が流れた時のＣＥＯの様子を見守った。「目が輝いていました」と彼は言う。

映像が終わったところで、ジョンはスライドに戻った。「私たちが目指すビジョンをご覧になっていただいたところで、次はどうやってそこに到達するかを見ていきましょう。スタッフ、新しい人材、そしてリソースへの投資が必要です」

1時間を予定していたミーティングは、30分ほどで終了した。ＣＥＯは、前のめりになるようにして、ジョンの予算要求を承認した。

同社は、２０２２年に検査ツールの臨床試験を開始し、２０２３年に規制当局への承認申請を行う予定だ。最先端の医療技術とアマゾンのクラウドコンピューティングの力によって、ある種のがんを早期に発見し、何百万人もの命を守ることになるだろうと期待されている。

未来のプレスリリースから逆算して仕事をするワーキング・バックワーズは確かに、ジョンの人生を変えた。

彼は昇進し、この画期的なプロジェクトを率いることになり、10万人以上の従業員を抱えるグローバル企業で、たった20人しかいない事業部トップのひとりに任命されたのだ。

「コミュニケーションのスキルなくして、このポジションに就けることはなかったでしょう。説得力のあるアイデアを明確に、そして簡潔に伝える能力は、非常に重要なスキルです。大企業で出世していくには、あるいはスタートアップの創業者が資金調達をするためであっても、上司やCEO、または投資家を納得させなければなりません。私自身が、コミュニケーションのスキルがいかにキャリアを左右するかを示す例証です」とジョンは私に語った。

## 全員の認識をひとつに

ワーキング・バックワーズのシステムを取り入れているビジネスパーソンとの会話で頻出するテーマが、「共通認識」である。

ゼインは、いずれ大企業のCEOになるという夢を抱く、意欲的な人物だ。彼はあるハイテク企業で、プロダクトマネージャーのポジションに就いている。

ゼインの勤め先でも、戦略的なイニシアティブを推進する際、関係者の足並みを揃えるために未来のプレスリリースを活用しているという。彼自身、少なくとも四半期に一度、新しいアイデアを提案するために未来のプレスリリースを作成している。なお、ゼインの会社の経営陣は、プレスリリースに1ページという厳しい制限を課している。

「自分が提案しようとしているアイデアが解決するはずの問題を1、2文で説明できないとしたら、それはその問題を十分に理解できていないのかもしれません。お客様の利益を数行の文で説明して、お客様の声を引用しながら、なぜ彼らがその製品を気に入るのかを明らかにできなければ、顧客のことを十分に理解しているとは言えません。その製品が競合製品とどう違うのか、顧客の生活をどう便利にするのかを、これも2、3文で説明できないようであれば、社内で必要なサポートを得ることは、ほぼ不可能でしょう」とゼインは話す。

新型コロナウイルスのパンデミック下で、彼の勤め先は全従業員にリモートワークを認めた。そして多くの企業と同様に、社員が分散していても、プロジェクトや人材の管理は可能であること、また従業員の側も総じてリモートワークに満足しているという事実が明らかになった。

「チームのメンバーが遠隔地、そして異なるタイムゾーンで仕事をするようになった今、文章を書くことの重要性が、これまで以上に高まっています」と彼は述べる。

「自分の考えを、誰もが理解できる簡潔な形にまとめなければならなくなりました。財務、営業、技術、カスタマーサクセスなど、関係する全員の足並みが確実に揃うようにしなければなりません」

プロダクトマネージャーは、異なる部門のさまざまな専門性を持つ人々をまとめ、共通のゴールに向かわせるというその機能横断的な役割から、「ミニCEO」と呼ばれることもある。

「つねに4~5種類の異なるオーディエンスに対応する必要があります。製品を作る開発者たちとは、エンジニアの言葉で話さなければなりません。最高財務責任者（CFO）には数字を示して、私たちの製品が会社の収益に与える影響を明確に説明しなければなりません。セールスチームには、製品がお客様に喜ばれるだろうこと、そのためにもその製品の営業活動により多くのリソースを割り振るように説得しなければなりません。コミュニケーションはすべて、情報の受け手に合わせていく必要があります。オーディエンスごとにメッセージを調整することができなければ、プロダクトマネージャーとしては役立たずですし、成功はおぼつかなくなるでしょう」というのがゼインの考えだ。

ワーキング・バックワーズは、新しいアイデアを提案するすべての人にとって重要なステップとなる。

ロケット科学者のオザン・ヴァロルによると、NASAもアマゾンの未来のプレスリリースに類似した、独自手法を持つという。なおこちらは、「Backcasting（バックキャスティング）」と呼ばれている。

ヴァロルとその科学者チームは、火星探査ローバーのプロジェクトを推進するために、NASA版未来のプレスリリースを作成した。「バックキャスティングの思考によって、リソースを前提にビジョンを定めるのではなく、ビジョンに基づきリソースを動員できるようになります」（出典13）

ヴァロルによれば、理想の状態から逆算するバックキャスティングこそが、ムーンショット思考

［訳注：１９６１年、ケネディ大統領がアポロ計画を発表し、人類を月に着陸させると宣言。壮大な目標だったが、必要なイノベーションを順に起こしていき、１９６９年に月面着陸を実現させた。野心的な目標（ムーンショット目標）を先に設定し、克服すべき課題を逆算して考える方法として知られる］の真髄であり、不可能を可能にすべくＮＡＳＡを駆り立てたというのだ。

実際、人類を月に送り、安全に地球に帰還させるために必要なロケット技術は、１９６０年代初頭には存在しなかった。

「ＮＡＳＡは人類が月面に着陸するという『成果』から出発して、そこに到達するために必要なステップを逆算していったのです。まずロケットを試験発射させました。次に宇宙飛行士を地球軌道に送り、続いて船外活動を行いました。軌道上で待つ司令船と月着陸船をランデブー、それからドッキングさせました。そして有人宇宙船を月に送り、月を周回して戻ってくる。これらのロードマップの各ステップを順に完了していって、やっとのことで月面着陸が試みられたのです」（出典14）とヴァロルは述べる。

「口頭、文章を問わず、コミュニケーションは、科学者や専門家が磨いていける最重要スキルのひとつです」（出典15）と、ヴァロルは私に話した。

「自分が取り組んできたこと、特に複雑なテーマについて、誰にでも理解できるような言葉に置き換える、これは希少価値の高いスキルです。このスキルを身につけている人は、抜きん出る可能性が非常に高いのです」

第Ⅱ部の最後となる第10章では、優れた話し手が自分のアイデアを説明するためのクリエイティブな手法をどのように習得しているのかに焦点を当てよう。それから、ストーリーのネタが尽きない理由についても探っていく。

ライティングに重きを置く企業は、より良い書き手となるために、読書の力を重視する。これもアマゾンの成長力の源泉のひとつでありながら、過小評価されている点である。

# 10 成功者の本の読み方

優れたリーダーは、優れたコミュニケーターでなければならない。そしてライティング力を磨く努力は、読書という砥石で研ぐのが一番だ。
――元米国海軍大将ジェームズ・スタブリディス

ベゾスは、4歳から16歳までの人格形成期を通して、毎年夏になると、テキサス州コトゥーラにある祖父の牧場で過ごし、仕事を手伝った。

テキサス州西部で牧場を営む人々は、コトゥーラを故郷と呼ぶことに誇りを感じている。ただし、その場所の説明には誰しもが苦労する。ちなみに、ベゾスは「サンアントニオとラレドの中間あたりにあります」と描写している。

地球最大の書店を立ち上げる30年前、少年ジェフ・ベゾスはちょっとしたSF小説のコレクションを発見し、いつしか大きな夢を抱くようになった。

地元のある人物が町の図書館に寄贈したSF小説をきっかけに、ベゾスは恒星間旅行の情熱に目覚め、そのビジョンはいつまでも消えることがなかった。

早熟なジェフ少年は、ジュール・ヴェルヌ、アイザック・アシモフ、ロバート・A．ハインラインの作品をむさぼるように読んだ。6年生になると、J．R．R．トールキンの『ホビットの冒険』から学んだ価値観をはっきりと口にするようになった。同書の「平凡な環境から並外れた英雄が生まれる」というテーマが、未来の冒険家ベゾスの琴線に触れたのだ。

本は少年ベゾスの競争心にも火を点けた。12歳の時、読書家の生徒に与えられる特別な賞を目指して彼はさまざまな本を読んだ。持ち前の競争本能を早くから発揮し、読んだ本の数で、他の生徒に負けるものかと決意した。しかし、「週に12冊もの本を読んでいると言い張るクラスメートがいて、自分の不利を自覚した」こともあったという。

ベゾスは今でも本に囲まれている。湖畔に建つシアトルの自宅には数百冊の本が並べられ、その中には、ベゾスが株主への手紙で引用した未来学者アーサー・C．クラークの著作も含まれている。伝記作家のブラッド・ストーンは、「他の人はこれらの古典小説を読んで、もうひとつの現実を夢見るだけなのに対して、ベゾスはこれらの本を刺激的な未来のための設計図としてとらえているようだ」（出典1）と書いている。

ジュール・ヴェルヌの名作『月世界旅行』は、ベゾスの心に特に深く響いた。

ベゾスの友人であるダニー・ヒリスがかつて、「ジェフは自分自身とブルーオリジンを、より大きなストーリーの一部だと考えています。それはつまり、ジュール・ヴェルヌが紡ぎだした世界、そしてアポロ計画が達成したことに続く、次のステップなのです」と語っている（出典2）。

シアトルから南へ17マイル（約27キロ）ほどのところにあるブルーオリジンの本社吹き抜けのロビーには、ヴェルヌの小説から着想を得た、2階建てロケットの模型が展示されている。ストーンによればこの模型は、「ジュール・ヴェルヌの小説に登場するようなビクトリア朝時代を反映した、スチームパンク［訳注：SFのジャンルのひとつ］の宇宙船のフルスケールモデルで、コックピット、真鍮製の操縦装置、19世紀の調度品などが備わっている。

同社への訪問者は、ビロードが張られた座席に座り、ネモ船長やフィリアス・フォッグの時代の勇敢な探検家になった気分を味わうことができる」（出典3）という。

ベゾスが考え出したベンチャー事業は、アマゾンが最初ではない。まだパルメット高校に通っていた頃、ミドルスクール［訳注：日本の小学校高学年〜中学生に相当］の生徒向けにサマーキャンプ「ドリーム・インスティテュート」のアイデアを思いついた。

キャンプの参加者には、ベゾスが自ら選んだ一連の本を読むことが義務づけられていた。チャールズ・ディケンズ『デイヴィッド・コパフィールド』、ロバート・A．ハインライン『異星の客』、ジョナサン・スウィフト『ガリバー旅行記』、アンナ・シュウエル『黒馬物語』、T．H．ホワイト『永遠の王―アーサーの書』、J．R．R．トールキン『指輪物語』、ロバート・L．スティーヴンスン『宝島』、リチャード・アダムズ『ウォーターシップ・ダウンのウサギたち』などである。

このベンチャー事業の立ち上げが実を結ぶことはなかったが、周囲の人々と本に対する思いを分かち合いたいという情熱をベゾスが失うことはなかった。

リーダーの役割についてベゾスは、読書を通じて得た知識を共有することだと考えている節がある。2013年の夏のあいだ、ベゾスはアマゾンの上級幹部を対象に、終日の読書会を3回開催している。

「全員でビジネス書を読み、戦略やビジョン、それからその文脈について話し合いました」（出典4）とベゾスは、CNBCの記者に話している。「これらの本は、ビジネスについて議論するための、ちょうどいいフレームワークになるのです。お互いをよく知る機会を与えてくれます」

読書を最優先にしている億万長者は、ベゾスだけではない。

リチャード・ブランソンからウォーレン・バフェット、サラ・ブレイクリー、オプラ・ウィンフリー、レイ・ダリオ［訳注：世界最大級のヘッジファンド会社ブリッジウォーター・アソシエイツの創業者。同社は長期の歴史分析に重きを置くことで知られる］、そしてイーロン・マスクまで、億万長者たちは平均よりはるかに多くの本を読んでいる。

アメリカ人の読書習慣に関するある包括的な調査によると、米国の成人の約4分の1（27％）は本をまったく読まないという。1年に12冊以上の本を読むと回答したのは、調査対象のわずか5人に1人だった（出典5）。

この結果を考慮したならば、月に1・5冊の本を読むだけで、熱心な読書家と大いなる成功者から構成されるエリートグループの仲間入りができるということだ。

元米国海軍大将のジェームズ・スタブリディスは、読書の「超人」である。彼は、年に少なくとも100冊の本を読むと言い、これはアメリカの平均的な成人の1年間の読書量のほぼ10倍である。

「これまでの直接的な経験から言えることは、大将または提督といった4つ星の階級に昇進する人というのは皆、深い知識を持つ、真の読書家です」（出典6）と私の問いに答えてくれた。

スタブリディスは、他のリーダーたちに、週に2～3冊の本を読むことや、4000冊に上る彼の蔵書に匹敵するような数の本を読破するよう求めているわけではない。

それでも、どのような職業であれ、リーダーを目指す人には、フィクション、ノンフィクションを問わず、競争相手よりも多くの本を読むよう強く勧めている。

## たくさんの本を読むべき4つの理由

### 1．自分ならばどうするかのシミュレーションができる

作家ジョイス・キャロル・オーツは次のように言う。「読書は、私たちが無意識のうちに、しばしば為す術もなく、他者の肌となり、他者の声を借り、他者の魂に入りこむための唯一の手段です」（出

典7）

他者の魂に入りこむことで、本は心のシミュレーターのように機能する。神経科学者に言わせると、私たちの脳は、他者の体験について読むことと、現実の出来事を体験することの区別がつかないという。

本の登場人物が直面する状況の中に身を置くことで、「自分ならばどう行動しただろうか」と己に問うことができるのだ。

20年余り前、スタブリディスは海軍の駆逐艦を指揮するにあたり、その準備として『新鋭艦長、戦乱の海へ―英国海軍の雄 ジャック・オーブリー』をはじめ、パトリック・オブライアンの名作海洋冒険小説の数々を読んだという。

彼はまた、テルモピュライの戦いで決死の覚悟を誓ったスパルタ軍を描いたスティーヴン・プレスフィールドの大作『炎の門―小説テルモピュライの戦い』からインスピレーションを受けたとも述べている。

「この本を読むと、彼らの立場に立って考え、その動機を理解し、自分ならミッションを引き受ける勇気を持てただろうか、身を捧げ、栄誉を得ることができただろうかと自問することができるのです」（出典8）

## 2．さまざまな視点を得られる

スタブリディスは、「本は、家や学校にいながらにして、さまざまな人生経験をする機会を与えてくれます」（出典9）と言う。

「リーダーを目指す若者が、エンデュアランス号が1915年に南極で流氷に阻まれ難破した後、アーネスト・シャクルトンが乗組員全員を救った方法を知る手段がそれ以外にあるでしょうか？　私の読書人生を振り返ってみると、私がもっとも深く尊敬する人物の多くは、本人によって、あるいは彼らについて書かれた本を通して知り得たと言えます」

起業家は、圧倒的に不利な状況を乗り越えてビジョンを実現した経験を持つ人々によって一人称で書かれた記録を読むことで、インスピレーションを得ることがたびたびある。

ベゾスも2009年のニューズウィーク誌のインタビューで次のように語っている。「私のお気に入りの本のひとつである『日の名残り』を読んだならば、10時間ばかり別の人生を送っただけなのに、人生と後悔について何がしかを学んだと思わずにはいられないはずです。ブログの記事では、そのような体験はできません」（出典10）

## 3．凝縮された知識に触れられる

次なる有望なスタートアップ企業の株式を手に入れようと躍起になっている投資家にとってさえ、良質なビジネス書への投資に優るものはない。

たとえば本書は、平均的な読書スピードならば、6時間と少しで読み終えることができる。6時間を読書に費やすことと引き換えに、ひとつのアイデアを1兆7000億ドルの巨大企業に変えて、世界でもっとも裕福な人物のひとりになった起業家の洞察を手に入れることができる。おまけに、アマゾンの元幹部や、起業時にベゾスのブループリントを取り入れて成功を遂げたビジネスリーダーが実践するコミュニケーション戦略も学べるのだ。

## 4．コミュニケーション能力を向上させられる

スタブリディス元海軍大将の言葉を借りれば、「リーダーシップの本質は、情報を伝えること、そして人々を鼓舞する能力です。そのためには、優れた話し手であり、優れた書き手でなければなりません。フィクション、ノンフィクションを問わず、優れた作品を読むことで、文章を書き、言語を操る能力を高めることができます」

企業などに講演者として招かれた際に経営者と話すと、ほぼ全員が私の著作を1冊は読んでいる。それだけでなく、私自身、年に50冊以上の本を読んでいるが、そういったCEOや起業家たちは、ほとんどいつもと言っていいほど、まだ私のアンテナに引っかかったことのない本について教えを施してくれるのだ。

これらのリーダーの大半が平均を上回るコミュニケーターであり、自分のチームのメンバーにも、スピーキングやライティングのスキルを向上させてほしいと望んでいる。文章に重きを置くリーダー

たちは、文章力を高めるための読書を重視しているのだ。

端的に言えば、熱心な読書家というのは優れた話し手なのである。

フィクション、ノンフィクションとも、多様なジャンルの本を読んでいる人は、幅広く、興味深いストーリーがたっぷりつまった引き出しを持っている。彼らの矢筒には、物語や洞察、事例、知恵など、たくさんの矢が入っている。新鮮でユニークな視点から世界を観察し、目にしたものを巧みに言語化する。

人間は生来、新しいことを学ぶのが好きである。だからこそ、情報を与え、人々を啓発し、奮い立たせ、文化の守り手にもなる読書家に、私たちは魅了される。

ベゾスはかつて、本、映画、ビジネス文書も含め、魅力的なコンテンツを作る秘訣について「自らがおもしろくあること」だと述べている。「人の心をとりこにしろ」と言うのだ。

すべての読書家が人の心をつかむとは限らないが、人の心をつかむリーダーは皆、読書家なのである。

昨今のスポーツ界で誰よりも人の心をつかんで離さない人物のひとりが、ゴルフチャンネルの解説者ブランデル・シャンブリーだ。数学、科学、物理、芸術、文学といった分野からさまざまな洞察を引き出してくるその姿は、スポーツ解説の「ダ・ヴィンチ」さながらである。

２０２１年の全米オープンの開催中に、私はシャンブリーと話をする機会に恵まれた。私たちの会話は、思想家フリードリヒ・ニーチェから天体物理学者ニール・ディグラス・タイソン、古代ギリシャの哲学者アリストテレス、脚本家アーロン・ソーキン、さらにはウィリアム・シェイクスピアに脚本家ノーラ・エフロンまで、古今東西の作家やストーリーテラーにおよんだ。

シャンブリーは、ゴルフトーナメントの解説に忙しく飛び回る中、つねに何冊もの本を携帯しているという。15年にわたるプロゴルファーとしてのキャリアを通して、ラウンドの疲れを癒しながら、作家との対話を楽しむ習慣を身につけたのである。

シャンブリーは、ある有名なゴルフの専門ジャーナリストに、読者の興味を引く斬新なメタファーやアナロジーを見つけ、記事を新鮮に保つ秘訣についてたずねたことがあるそうだ。

「あなたの記事は、他のライターの記事とはひと味違うように思います」(出典11)と彼が言うと、そのジャーナリストは、「それは私が、他のゴルフ記事ライターが書いた文章を読まないからでしょう」と答えたという。

「自分が専門とする仕事やスポーツに関連するテーマばかりを読んでいると、どこかの誰かと同じようなことを言ったり、書いたりするようになってしまいます。できるだけ範囲を広げていくことが大切です」とシャンブリーは述べる。

# 読書の効用を最大化するための３つの方法

## 1. 関連分野の成功者の読書体験を参考にする

私たちは読書の黄金時代に生きている。何百万ものタイトルが、ハードカバーからペーパーバック、オーディオブックから電子書籍まで、さまざまなフォーマットで提供されている。凝縮された知識は、すぐ手の届くところにある。

しかしながら、読者の皆さんもおそらく経験があるのではないかと思うが、選択肢が多すぎると決断力が低下してしまうことがある。考えすぎて、行動に移せなくなるのだ。

ここに驚くべき統計がある。アマゾンのサイトには、5分に1冊のペースで新しい本が追加されている。今、私たちが手に入れることのできる紙の本、電子書籍、オーディオブックのタイトルは３０００万を超える。さて、次に読む本をどのように選べばよいだろうか？

読んだ本から最大の効果を得るには、最大の効果を得られる本を読むことである。

あなたが生涯にわたり学習を続けること、23歳で大学を卒業してから90歳まで月に1冊ずつ本を読むことを決意したと仮定しよう。合計８０４冊。膨大な数に思えるかもしれない。その数が、現時点で入手可能な書籍の０・００２％に過ぎないという事実を知るまでは。

成功をおさめるリーダーは、すべての本を読破することは不可能だと知っている。ではどうするかというと、先に成功をおさめているリーダーが読んだ本、読んでいる本を、すべて読もうと考えるのである。

「有意義な本を年間100冊読むには、システムが必要です」（出典12）というのは、億万長者の慈善家デイヴィッド・ルーベンシュタインの言葉だ。

ルーベンシュタインは、世界最大規模のプライベート・エクイティ企業の1社に数えられ、運用資産が2300億ドルに上るカーライル・グループの共同創業者である。

彼は、テレビ番組のホスト役も務めている。対談の相手は、世界のビジネスリーダーや政界の大物である。対談前には、これらのリーダーが執筆した本を読み、彼らによる書評や、彼らが推薦する本も参考にするという。

このように、他の成功者が、特に価値があったと紹介する本や、おすすめの本を参考にすることを習慣化したい。

ルーベンシュタインは、平均的なアメリカ人よりもはるかに多くの本を読んでいるが、手あたり次第の読書では非効率的であることを理解している。

正確には、書店に足を運んだ時に起こる、偶然の出会いのための余地も残している。だが、大筋では、社会貢献、ビジネス、政治、リーダーシップ、歴史（ルーベンシュタインは、記念碑や史跡の保存に何億ドルもの寄付を行い、800年前に書かれたマグナ・カルタの現存する4点の原本のうちの1点に2400万ドルを拠出した）といった関連カテゴリーに焦点を絞っているという。

「リーダーというものは、日々知識を増やし、唯一無二の筋肉である自らの脳を鍛えていく必要がある」(出典13)とルーベンシュタインは近著『世界を変えた31人の人生の講義』で書いている。「それを怠れば、急速に変化する世界に対応するのが難しくなるだろう。私は、やや脅迫的とも言えるほど本を読むことで、学びの努力を続けてきた。優れた書籍ほど、意識を集中させてくれるものはない」

40億ドルを超える純資産を築いた後も、彼は文章力や会話力の研鑽を怠らない。ルーベンシュタインは、次のように述べている。

「ついてきてくれる人がいなければ、リーダーシップなど発揮できない。読み手を鼓舞する文章を書く、聞き手をやる気にさせる話をする、あるいは他者の模範となる行動を示す。リーダーは、この3種類の基本的なコミュニケーション手段のうちのひとつを用いて、自分についてくるよう人々を説得しなければならないのだ」(出典14)

ルーベンシュタインによれば、優れたリーダーには、高いコミュニケーション能力に加えて、もうひとつ似たような特徴が見られるという。彼らが書いた本を読むと、豊富な知識とともに成功への近道が提示されているのだ。

まずは、自分のキャリア、ビジネス、関心にもっとも関連するカテゴリーを特定しよう。次に、尊敬するリーダーや起業家を選ぶ。そして、彼らが書いた本、彼らについて書かれた本、彼らがおすすめする本、ブログ、インタビュー記事などを読んでいこう。

これらのリーダーたちの世界も、本によって開かれた可能性が高い。そして彼らは、おすすめの本を熱心にシェアしようとする。それを受け止めようではないか。

## 2. メモを取る

能動的な読書をしよう。キンドルやその他のモバイル端末ならば、マーカーを引いたり、メモを書きこんだりするのも簡単だ。

メモを取ることで、脳内での情報の符号化（エンコード）を促進できる。言い換えれば、読んだ内容をより多く記憶できるようになるのである。

書籍の余白は本来、読書中に本を支える手のためのスペースである。だが、メモを取るためのスペースにも活用できる。もちろん、図書館で借りた本でなければという前提だが。後者の場合、ポストイットを使って工夫しよう。

## 3. お気に入りの本について語り、共有する

「30代半ばで初めて艦長になる準備をしていた時、私は、船長や艦長に関連する本を読むことに非常に多くの時間を費やしました」とスタブリディスは私に語った。

「それらの本を読んだだけでも十分に有益でしたが、本当の収穫は、すでに指揮官としての試練を経験してきた上官たちと、それらの本について議論することでした」

ジェフ・ベゾスは2003年、テクニカル・アドバイザーを務めるコリン・ブライアーに、アマゾンの上級幹部チームのために本を選ぶよう指示した。

「彼らは皆、高い専門性を持つスマートなビジネスパーソンですが、より広範な知識を必要としていました」（出典15）とブライアーは言う。

「アマゾンのリーダーシップ原則のひとつに、『つねに学び好奇心を持つこと』という項目があります。Sチームのメンバーは例外なく膨大な量の仕事を抱えていましたが、その原則にのっとり、読書会のアイデアを受け入れました。ジェフが指定した本を、ジェフも含め、各々で読んでおく。そして集まって、その本についてグループで議論する。これを4～6週間おきに行いました」

ブライアーとベゾスは、フレデリック・ブルックスの『人月の神話』を選んだ。第4章で取り上げたアマゾンの「ピザ2枚分のチーム」のアイデアにつながった本である。Sチームは、アマゾンの成長をうながした「フライホイール戦略」の着想をもたらした『ビジョナリー・カンパニー2―飛躍の法則』も読んだ。

同じくジム・コリンズの『ビジョナリー・カンパニー―時代を超える生存の原則』とスティーヴ・グランドの『Creation』（未邦訳）はアマゾン・ウェブ・サービスに、クレイトン・クリステンセンの『イノベーションのジレンマ―技術革新が巨大企業を滅ぼすとき』はキンドルに、サム・ウォルトンの『Made in America』（未邦訳）はアマゾンのリーダーシップ原則に、それぞれインスピレーションを与えた。

また、アリ・ワインツワイグの『Zingerman's Guide to Giving Great Service』（未邦訳）からは、顧客を驚かせ、喜ばせる方法についてのヒントを得た。エリヤフ・ゴールドラットの『ザ・ゴール―企業の究極の目的とは何か』はアマゾン経営陣に、急成長するeコマース事業におけるボトルネックや、物流その他の経営上の課題に対処する方法を伝授した。

1997年に書いた最初の株主への手紙を、以後20年にわたり書き続けた手紙に毎年添付するというベゾスのアイデアも、読書から生まれた。出所は、アラン・グリーンバーグの『会長からのメモ―機知とユーモアの経営』である。

「世界の知識のほとんどは、本の中に凝縮されているのですから、貪欲に本を読み、知識を吸収していかなければ、チャンスを逃すことになりかねません」（出典16）とブライアーは言う。「ベゾスは、非常に博識な人物です。それでもなお、幅広い、さまざまなトピックに関心を向けて、組織に取り入れ、活用できる知識を絶えず探していました」

Sチームが読書会を開催しているという話が広まると、幹部たちが毎月どんな本を読んでいるのか教えてほしいという社員たちからの要望がブライアーのもとに届くようになった。

そこでベゾスは、自分が読んでいる本のタイトルや感想を社員たちとシェアするようにした。文字通り、皆が同じページに立ち、共通認識を持てるようになったのである。

有能なリーダーは、その組織の誰よりも多くの本を読み、新たな知識や気づきを皆と共有しようとする。

ピューリッツァー賞を受賞した歴史家バーバラ・タックマンはかつて、「本は文明の担い手です」と述べている。

「本がなければ、歴史は寡黙になり、文学は沈黙し、科学は鈍化し、思想と思索は停止します。本が存在しなかったら、文明が発展することは不可能だったでしょう。本とは、(詩人が言うように)変化のためのエンジンであり、世界をのぞく窓であり、時間の海に建てられた灯台なのです。本は、仲間であり、教師であり、魔術師であり、心の宝の銀行です。本は、印刷された人間性なのです」(出典17)

リーダーシップを学ぶ唯一最良の方法は、読書の力を活用することである。

有難いことに、活字の歴史を通して、私たちの住む世界を築いた人類の知恵の蓄積に一般の人々がこれほど簡単にアクセスできた時代はなかった。あなたの人生の旅路に、たくさんの著者をともなおう。これ以上ない、旅の道連れだ。

# 第Ⅲ部

# アイデアの実現へ

# 11 卓越したスピーカーになるために

自分の時間とエネルギーをどこに使うかは、人生でくだすもっとも重大な決断のひとつです。
――ジェフ・ベゾス

私の娘は一時期、蜘蛛を極端なほど怖がった。扉の向こうに蜘蛛がいると思うと、外に出ようとしないほどだった。

その後、セラピストが授けてくれたスマートな戦略のおかげで、娘は時間をかけて不安への対処法を学んでいった。私たちは、家中にクモの写真を何枚も貼った。1週間ごとに写真を入れ替え、貼る場所も変えた。そのうち、娘は8本足の生き物に対して鈍感になっていった。

この治療法は、エクスポージャー（暴露）療法と呼ばれる。ごく一般的な療法で、健全な日常生活を送ることができるよう、恐怖を覚える対象に直面する手助けをする。

恐怖の対象を避ければ、その瞬間は緊張が軽減し、安心を得られる。しかし、恐怖を避けてばかりいると、時間が経つにつれて、不安を引き起こすものや場所、出来事に力を与えることになってしまう。そしてついには、恐怖をコントロールするのではなく、恐怖にコントロールされるようになってしまうのだ。

読者の皆さんも、おそらくご存じだろう。人前で話すことは、私たちが経験する最大の恐怖のひとつに数えられる。米国国立衛生研究所によると、人口の約73%が、多かれ少なかれ、人前で話すことに恐怖を抱いているという。これはグロッソフォビア、スピーチ恐怖症と呼ばれる。

パブリックスピーキングへの不安は、太古の昔から人間の脳のハードウェアに組みこまれている。多くの人が人前で話すことに恐怖を覚えるのもこれが理由だ。私たちは、他者に受け入れられることを強く望むよう条件づけられており、他人が自分をどう評価しているかということを気にしすぎる傾向がある。

しかし残念ながら、キャリアアップを目指すビジネスプロフェッショナルにとって、人前で話すことを避けるという選択肢はない。

人材採用ソフトウェアを提供するiCIMSが実施した調査によると、人事担当者や採用マネージャーの65%が、「候補者の大学での専攻よりも、文章力や言語能力の高さを重視する」と回答している(出典1)。

また、クラウドベースのプレゼンテーション・プラットフォームを提供するプレジが委託した別の調査では、調査対象者の70％が「プレゼンテーションはキャリアの成功に不可欠である」と答える一方で、女性の12％、男性の7％が、「プレゼンテーションを行うのが嫌で仮病を使った経験がある」と認めている（出典2）。

億万長者のウォーレン・バフェットはかねて、パブリックスピーキングによって私たちは職場での価値を50％高めることができる、と述べている。にもかかわらず、多数のビジネスパーソンが、プレゼンテーションをすることを考えただけで不安になったり、重度のパニック発作を起こしたりしてしまい、そのチャンスを活かしきれていない。

だがここに良いニュースがある。生まれながらの名プレゼンターなど存在しない。誰でも、不安やぎこちなさの残る話し手から、会場を魅了する話し手に変身することができるのだ。

私たちは、そのようなケースを幾度となく見てきた。私の妻でありビジネスパートナーであるヴァネッサ・ガロは心理学を専門としており、私たちのクライアント――ＣＥＯや経営幹部――とともに、ボディランゲージ、スピーチ、情報伝達スキル、エグゼクティブ・プレゼンス［訳注：リーダーとしての振る舞いや自然と醸し出されるオーラ］の改善に取り組んでいる。

そしてヴァネッサと私は、ごく普通のプレゼンターを、偉大なプレゼンターに変身させるプログラム「ガロＡＭＰモデル」を構築した。このモデルは、３つの変数に基づいており、パブリックスピーキングのパフォーマンスのあらゆる側面を強化する。

## ガロAMPモデル

ガロAMPモデルにおけるAMP（アンプ）とは、「興奮させる、元気づける」という意味の他動詞である。AMPはまた、聴衆を興奮させ、元気づけるダイナミックなスピーカーに変身するための3つの変数の頭文字でもある。

まずは、次ページの表11を見てほしい。「Ability（強み）」「Message（メッセージ）」「Practice（練習）」。これらは、すべての話し手が向上させる必要がある3つの変数である。もともと備わっている強みは、変えるのではなくむしろ積極的に活かしていく。メッセージと練習は可変であり、努力次第でプレゼンテーションの質を向上させることができる。

プレゼンテーションやスピーチのスキルを磨くための最初のステップは、自分の能力を理解することだ。

すでに多くの強みを備えている人も力強いメッセージが必要だし、練習時間を確保し、話し方に磨きをかけなければならない。

パブリックスピーキングの経験が浅く、兼ね備えた能力が少ない人は、強力なメッセージを構築したうえで、他のスピーカーよりもはるかに多くの練習時間を取ることが求められる。練習を重ねるほどに、スピーカーとしての輝きは増していくのだ。

［表 11］AMP：Ability（強み）・Message（メッセージ）・Practice（練習）

| 変数 | 詳細 |
|---|---|
| **Ability（強み）〈ほぼ一定〉**<br>スピーカーのもともとの能力・長所を指す。これを土台にしてスキルを築く。 | 強みには、たとえば以下のようなものがある。<br>・人前で話すことに抵抗がない<br>・内容に関する深い知識<br>・創造性（言葉、イメージ、メタファー、アート）<br>・強く響く声のトーン<br>・状況に応じたユーモア<br>・スポーツやダンスなどの経験を通して得られる姿勢の良さ |
| **Message（メッセージ）〈可変〉**<br>プレゼンテーションの内容、テーマ、わかりやすさ、言葉の選択、ストーリー、スライド、ビジュアルなど。 | 理想的なメッセージには、たとえば以下のような要素が含まれる。<br>・感情移入できるコンテンツ（ストーリー、画像、動画）<br>・簡潔かつ明確に表現されたテーマ<br>・裏づけとなる3つの例（詳細は第15章で触れる）<br>・能動態で書かれた短いセンテンス<br>・視覚的に魅力のあるスライド<br>・聞き手の心をつかむストーリー<br>・シンプルでわかりやすい順序 |
| **Practice（練習）〈可変〉**<br>練習を適切に計画して、時間をかけるほど、自信を持って本番に臨むことができる。 | 以下のレベルに達するまで、練習を行うとよい。<br>・各スライドの重要なメッセージを消化して自分のものとし、メモに視線を落とすことなくメッセージを伝えられる。<br>・友人と夕食をともにしている時のような、リラックスした会話スタイルでプレゼンテーションを行うことができる。<br>・デモンストレーション（実演）がどのように行われ、どのくらいの時間がかかるのかを把握し、プレゼンテーションにデモンストレーションが組みこまれていても平常心でいられる。<br>・ストーリーをコンパクトにまとめられる。聞き手が必要とする要素が簡潔に示され、聞き手のアクションをうながす内容となっている。 |

最初に自分に備わっている強みを特定することで、メッセージの構築と、その伝達のための練習に費やす時間を調整できる。

下の図12は、それぞれ異なる道を歩みながらも、同じように優れたプレゼンターになった2人のクライアントの例を示している。

左の人物は、より多くの強みを兼ね備えているので、より少ない練習で、自信を持って話せるようになる。それでもなお、準備時間の30％を使って、よく練られたメッセージを作り上げる必要がある。

右側のスピーカーは、土台となる強みが少なく、壇上で落ち着かない思いをする可能性が高い。メッセージの作成に30％の時間を費やす必要があり、不安なく話せるようになるためには、より多くの練習時間を確保する必要がある。

肝心なのは、どちらも今では卓越したスピーカーだが、異なる道を歩み、ＡＭＰ変数を調整することで高みに到達したということだ。

［図12］同じように優れたプレゼンター

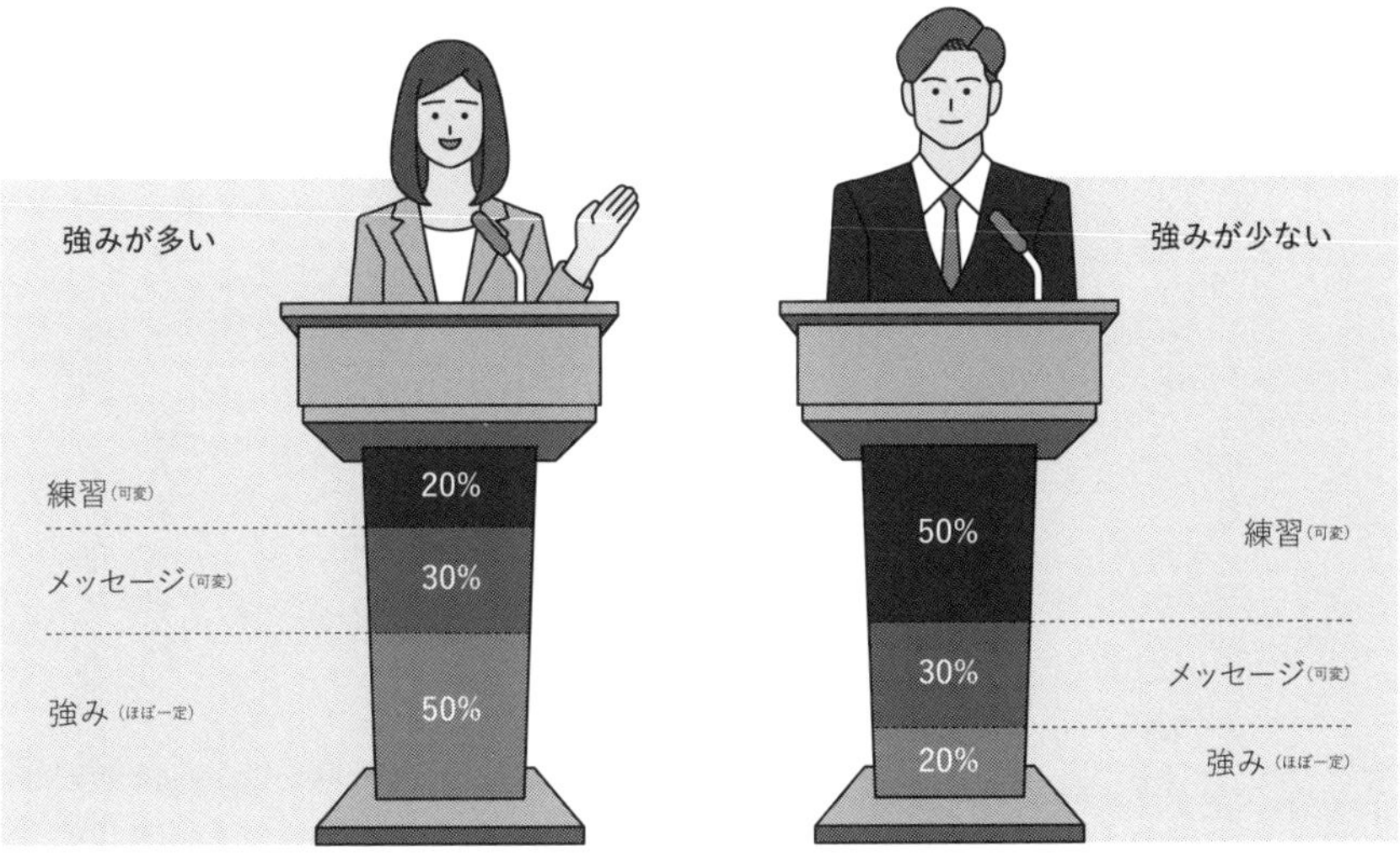

ガロＡＭＰモデルでは、自分に備わった強みを理解し、その強みをベースに、その他の変数に投資をしていくことで、誰でも優れたスピーカーになることができる。「レシピ」は人それぞれ。だが、最終的な結果は、一様に見応えのあるものになる。

## 見事なコミュニケーターへと変化を遂げたベゾス

ベゾスは以前、「私たちは誰しも、自分自身の選択でできているのです。自分自身に素晴らしい物語を築きましょう」と語った。それはまさに、彼が自身の人生において実践したことであった。ベゾスは、アマゾンでのキャリアの早い段階で、パブリックスピーキングのスキルを洗練させようと決意している。なぜわかるか？　スピーカーとしての今日のベゾスは、25年前のベゾスとは違うからだ。彼はスキル磨きに励んだ。その成果は、如実に表れている。

以降では、20年以上にわたるベゾスのパブリックスピーキングのキャリアの中から、３つのスピーチとプレゼンテーションを取り上げ、検証していく。

私たちはクライアントの指導にあたる時、いつでもビデオサンプルを分析し、彼らにすでに備わっている強みを特定することから着手する。これらは、クライアントのスピーチの能力を開発していくうえで、活用していくべき特性である。

まずは、ベゾスがアマゾンを立ち上げて間もないころのスピーチから始めよう。1998年にレイクフォレスト大学で行われたスピーチだ。

1998年のビデオサンプルから、ベゾスは、創造性、ユーモアのセンス、そしてトピックに関する相当量の知識という強みを持つことがわかる。

次ページの表13では、レイクフォレスト大学でのスピーチから、ベゾスがこれらの能力を発揮している具体的な部分を引用している。繰り返しとなるが、これらの強みは、スピーカーがキャリアを通してスキルを磨いていくうえで基礎となるものである。

創造性は、現代のビジネスプロフェッショナルに求められるスキルであるが、それを教えるのは簡単ではない。ベゾスは、パブリックスピーカーとしてのキャリアの早い段階で創造性を示した。これは、第5章で紹介したTEDトークでのプレゼンテーションで発揮されるように、後に非常に価値のあるスキルであることが明らかとなる。なにしろ、この創造性があったからこそ、ドットコムバブルの崩壊を異なる視点でとらえることができたのである。

その前にもう少し、レイクフォレスト大学でのスピーチを読みこんでいこう。

ベゾスには天性の強みがあるが、他の変数、つまりメッセージと練習については改善の余地が残されていた。ストーリーの構築と伝え方については、もっと多くの時間を割いてもよかった。また、プレゼンテーションのあちらこちらで、くどくどと話し、メモを読み上げ、しばしばつっかえ、どこまで話したかわからなくなったのか言葉に詰まる場面も見られた。

［表13］ベゾスのプレゼンテーションの強み――1998年レイクフォレスト大学でのスピーチ（出典3）

| 強み | 引用 | 解説 |
|---|---|---|
| 創造性 | 「もしアマゾンのカタログを印刷するとしたら、ニューヨーク市の電話帳40冊以上のサイズになります」 | 統計に文脈を持たせて、人々の心に鮮やかなイメージを植え付けるには、クリエイティブな発想が必要である。 |
| | 「水を一口飲もうとして、消火栓のホースをひねるような状況になるかもしれません」 | ベゾスは、ヤフーが人気サイトのリストにアマゾンを取り上げた場合、自分たちの注文に何が起こるかを描写するためにこのメタファーを使った。これまで述べてきたように、メタファーはコンセプトをシンプルで、印象深いものにするための創造的なツールである。ベゾスはそのキャリアを通して、より多くのメタファーを活用していくことになる。 |
| | 「家の所有者は、ガレージのちょうど真ん中に、大きなだるまストーブを設置していました」 | 細部に関するちょっとした描写を加えることで、物語に命が吹きこまれる。ストーリーテリングの才能の片鱗が示されている。 |
| ユーモアのセンス | 「他人が書いた文章を読むと、人間の脳というのは早くも最初の5語で、その人が賢いかおかしいかを見分けることができます」 | ベゾスにはユーモアのセンスがある。なぜアマゾンが肯定的なレビューだけでなく、否定的なレビューの掲載を許容するのかという問いに対し、どのレビューをまともに受け止めるべきかは、顧客が本能的に理解していると答えているのである。 |
| | 「私たちの荷物を車に積みこんだ後、運送屋はその荷物をどこへ運べばいいのか知りたがりました。そこで、とりあえず西の方角へ向かってくれ、明日電話をくれれば行先を教えるから、と伝えました」 | ベゾスは、会社を立ち上げるために、前妻マッケンジーと一緒にテキサスから車で西へ向かった日のことをおもしろおかしく語っている。第7章で取り上げた「英雄の旅」の言葉を用いるなら、これは平凡な世界と冒険に満ちた世界を分かつ境界線を越えることの好例と言えよう。 |
| | 「ワオ、この梱包用のテーブルは実に優れものだ、と思いました」 | アマゾンの創業直後、ベゾスと従業員たちは床に座って体の節々に痛みを感じながら、何百もの荷物を梱包していた。ベゾスは、荷物を時間通りに発送することばかりに気を取られていたため、梱包台ひとつで状況を改善できるというアイデアを思いつくことができなかった。誰かがそれを提案すると、ベゾスは大いに笑った。あまりにも単純ながら、このうえなく優れた解決策だったからだ。ベゾスは、ユーモラスな逸話をスピーチの随所に盛りこんでいる。彼がその後20年間、活用し続けることになる戦術である。 |
| 知識 | 「1994年の春、ウェブの利用が年率2300%で伸びていました……これほど速く成長するものはありません、シャーレの中を除いて」 | ベゾスには、数字を操る天賦の才能がある。統計データに文脈を与えることで、データを記憶に残りやすくするのだ。 |
| | 「川の流量で比べたら、アマゾン川はミシシッピ川の10倍の規模です」 | 社名の背景にある思いを、メタファーを使って説明している。また、小話や裏づけとなる数字を用いて、メッセージを強化してもいる。 |
| | 「使い勝手の良さ……利便性……価格。これらに基づいてお客様は選択を行うのですから、重要です」 | ベゾスはこのくだりで、顧客が何を求めているのか、アマゾンがその欲求をどのように満たすことができるのか、顧客についての深い理解を示している。 |

・それでは見てみましょう。［メモに視線を落とす］もっとおもしろいエピソードをたくさん用意していたのですが。［メモの中から該当部分を探す］

・それで、私たちは、基本的にそのような形で、5月、1996年の5月だったかな、その時点から1年をかけてウェブサイトを立ち上げました。

・誰でしたっけ、ジェーン・オースティンと同時代の人で、ずっと彼女に嫉妬していた人？　度忘れしてしまいました。［「ブロンテ！」とマッケンジーが叫ぶ］ああ、そうだ、ブロンテ。ちなみに今のは、皆さんのあいだに座っている私の妻です。またしても、僕を助けてくれました。

・ついに、それは、それは勝利でした……誰だっけ、誰の名前を挙げたかもう思い出せません。［ベゾスはメモに目をやり、直前に挙げたいくつかの名前を思い出そうとしていることを聴衆に伝えようとする］

これらの例からも、けっして滑らかなスピーチではないことが感じられるのではないだろうか。それでも、ベゾスは素晴らしいユーモアのセンスを交えたスピーチで、聴衆を笑わせ続けた。幅広い話題について豊富な知識を有していることも明らかだった。

レイクフォレスト大学でのスピーチは、ベゾスがメッセージを何度も推敲し、スピーチの練習を繰り返していれば、はるかにインパクトのあるものになったはずだ。

スピーカーが会場を支配するために必要な自信を手に入れるには、スピーチやプレゼンテーションのリハーサルを少なくとも10回は行う必要があるというのが私の考えだ。

次に、レイクフォレスト大学での講演から5年後、ベゾスが２００３年にＴＥＤトークに登壇した時のプレゼンテーションを見てみよう。表14で示すように、彼の強みである創造性、ユーモア、博覧強記ぶりは健在である。

よくよく見ていくと、１９９８年に披露した強みが健在であるどころか、より鮮明になっていることがわかる。変化したのは、情報の伝え方だ。

レイクフォレスト大学でのスピーチでは、冒頭の60秒で、「あ〜」とか「え〜」といった、「フィラーワード」と呼ばれる不要なつなぎ言葉を7回も使っている。

その5年後、ＴＥＤトークの最初の60秒ではたった1回だけであった。メモに視線を落とす時間も減った。フィラーワードを挟まずに、より引き締まった短いセンテンスを用いて話している。

続いてベゾスが宇宙探査と自身の会社ブルーオリジンについて話した、２０１９年の基調講演に時間を早送りしてみよう。

インターネットの未来のメタファーとして「電気」を挙げたＴＥＤトークから16年後、再び創造性という強みを武器に、ベゾスは聴衆の心をとらえて離さない、マルチメディアを駆使したプレゼンテーションを作成している。以下はそのプレゼンテーションの抜粋だ。

・太陽系で一番の惑星はどれだと思いますか？　米国は、太陽系のすべての惑星にロボット探査機を送りました。最高の惑星は地球です。圧倒的な差をつけて。地球は

［表14］ベゾスのプレゼンテーションの強み――2003年TEDトークでのスピーチ（出典4）

| 強み | 引用 | 解説 |
|---|---|---|
| 創造性 | 「私たちが近年経験したバブルとその崩壊に関して、つい使いたくなるアナロジーは、インターネットのゴールドラッシュです」 | ベゾスは、アナロジーの力について説明し、なぜゴールドラッシュを、より正確な比較に置き換える必要があるのかを説明している。 |
| | 「これは2000年のスーパーボウルの時に放映されたコマーシャルです(OurBeginning.com)」 | プレゼンテーション内に発想豊かに映像を埋めこんで、事例のひとつをわかりやすく示している。 |
| | 「インターネットと電気産業には多くの共通点があります」 | インターネットはゴールドラッシュよりも、電気の歴史と共通点が多いという独創的な分析を紹介し、ゴールドラッシュのメタファーからの発想の転換をうながす。 |
| ユーモアのセンス | 「1852年頃になると人々は、カリフォルニアに向かわなかったら、自分はもしかしたら地球上でもっとも愚かな人間なのではないか？　と考えるようになりました」 | スピーチの随所に軽妙な小話を散りばめている。この場面では、1850年代、カリフォルニアで成功した人々の話を耳にして、何もかもを捨て、一攫千金を狙ってカリフォルニアに向かった東海岸の人々を笑いの種にしている。 |
| | 「これは電動式のネクタイプレスですが、あまりヒットしませんでした。推察するに、そもそも皆、ネクタイにはしわが寄らないように気を付けているからでしょう」 | ベゾスは自らの過去の発明をユーモラスに語り、何度も聴衆を笑わせている。 |
| 知識 | 「この写真の左側の人物は、リチャード・ビバリーコール医師です。彼はフィラデルフィアに住んでいて、パナマ経由でカリフォルニアに向かいました」 | ベゾスは、ストーリーテラーとして成長を遂げている。ここではゴールドを探すために、社会的評価の高い仕事を捨てた人々の実話を語っている。 |
| | 「サンフランシスコの港は、ピーク時には600隻の船であふれるほどとなりました。それというのも、ゴールドを求めて、乗組員が船を乗り捨ててしまったからです」 | 具体的な船の数がストーリーに信憑性を与え、よりインパクトあるものにしている。 |
| | 「エジソン・エレクトリック社は、エジソン・ゼネラル・エレクトリック社となり、それからゼネラル・エレクトリック社になりましたが、道路を掘り返すのに必要な費用をすべて負担したのです」 | ちょっとしたディテールが真実味を感じさせ、当時の出来事を鮮やかに再現している。 |

本当に素晴らしい。金星なんて、お話になりません（出典5）。

・あなたが情熱を選ぶのではありません。情熱があなたを選ぶのです。

・地球を見てください。地球は信じられないほど素晴らしい。

・住むのに美しい場所になるでしょう。訪れるにも、学校に通うにも、美しい場所になるでしょう。

・月に戻る時が来ました。今回は月にとどまるためです。

・今日、私がここでお話ししたことが、何世代にもわたるビジョンであることは明らかです。ひとつの世代で成し遂げられるものではありません。私たちがすべきことのひとつは、そうした未来の世代を鼓舞することです。

・私たちは、宇宙へと続く道を切り拓いているのです。いずれ、驚くようなことが起こるでしょう。

・私は、未来の宇宙起業家たちにインスピレーションを与えたいのです。ひとたび解き放たれたら、人はとても創造的になれます。

・このビジョンは気宇壮大に聞こえますし、実際そうです。どれひとつ簡単なことはありません。すべてが難しい。それでも私は、皆さんを奮い立たせたいのです。どうぞ、こう考えてください。千里の道も一歩から、と。

2019年になると、ベゾスの情報伝達スキルは格段に向上している。一文一文が鋭く、正確で、簡潔だ。自信に満ちているように見え、せかせかしたところがない。構成もよく考えられている。大きなアイデアを述べた後は、聴衆のあいだにそのコンセプトが浸透するのを待つかのように、間を置いている。よく練られたセリフを準備し、しっかり練習を積んできている。

話し方、そして視覚に訴えるスライドと相まって、1998年の冗長で、とりとめがなく、細切れのスピーチよりも、はるかに印象的なプレゼンテーションになっている。

本当の感動は、自分の強みを活かし、最高のメッセージを作り上げ、そのメッセージの伝え方をとことん練習をして、ステージを支配する自信を手にした時に生まれる。

キャリアのどのステージにいる人物であろうと、コミュニケーションに改良の余地はあるものだ。しかし、努力を惜しまず、改善に積極的に取り組むスピーカーはほんの一握りである。その数少ない人たちの仲間入りをしようではないか。

**コーチング・ドリル**

ビデオは、自分が兼ね備えている強みを評価し、改善すべき分野を特定するのに役立つ、シンプルで有益なツールである。

スマートフォンを使って、プレゼンテーション、セールスピッチ、面接などの練習中の自分の姿を録画してみよう。

そして、映像を見ながら、自己評価をしてほしい。できれば、信頼できる友人や同僚にもフィードバックを求めよう。特にチェックしたい項目は、以下の通りだ。

- すでに手にしている強みは何か？（例：創造性、説得力ある文章、スライドのデザインのセンス、姿勢の良さ、力強い声のトーンや使い分け、メッセージを強化する独自のストーリーなど）　自分の強みを積極的に活用して、強調していこう。
- 自分の言いたいことにたどり着くまでに、不要な言葉を多用して、回り道をしていないだろうか？　次回の練習までに省くことのできる文章はないだろうか？
- スライドに文字を詰めこみすぎていないか？　フォントが小さすぎないか？　自分でも読みづらいと感じるテキストは、聴衆にも読めない。
- えー、あー、うー、などの不要なつなぎ言葉を使っていないか？　文末に余計なフレーズが入っていないか？　私たちは誰しも、会話の中で自然にこれらのフィラーワードを使っているが、それが過剰になると、人々の集中力を奪ってしまいかねない。練習のたびに徐々にフィラーワードを取り除いていけば、本番で洗練された、自信に満ちた話し方ができるようになる。
- テーマ、すなわちログラインは明確だろうか？　毎回、一貫した言葉で伝えているだろうか？

ビデオを撮るたびに、いかに多くの問題に気づけるか、その気づきを次の練習に活かすことでどれほど上達できるか、自分でもきっと驚くはずだ。

## スティーブ・ジョブズを「天性」のスピーカーにした猛特訓

練習というのは、下手だからするのではない。上手だからこそさらに秀でるために練習するのだ。優れたコミュニケーターは、練習が重要であることを無意識のうちに知っており、練習のための時間をけっして惜しまない。

スティーブ・ジョブズは、私たちの時代の最高のビジネス・ストーリーテラーのひとりだった。彼の有名なプレゼンテーションは、共同作業の賜物だ。ジョブズは、彼が信頼を置くチームとともにメッセージを構築し、スライドを作成し、そして徹底的にリハーサルを繰り返した。

ベゾス同様、ジョブズもキャリアの初期から天性の能力を示してはいたが、基調講演のプレゼンテーションで伝説を築き、カリスマ的なスピーカーになるまでには、何年もかかっている。ジョブズはパブリックスピーキングの技術を伸ばそうと努力した。懸命に取り組んだ。ジョブズがダイナミックなプレゼンテーションのスタイルを身につけたのは、何年もかけて計画的に練習した結果だったのだ。

1978年、若き日のスティーブ・ジョブズが初めてテレビインタビューに臨んだ時の映像を見てみよう。衛星中継でのインタビューに向けて、スタジオのクルーが、ジョブズのために準備を進めている様子が記録されている。わずか1分36秒の映像だが、彼がどれほど緊張していたか、ひしひしと伝わってくる。ジョブズの行動には、極度の不安が表れている。いくつか例を挙げよう。

・床から天井、そして周囲の人々へと、視線を落ち着きなく頻繁に動かす。
・大きく息を吐きながら、「なんてことだ」と4度もつぶやいている。
・髪に手をやる。
・口を真一文字に結び、歯を食いしばりながらぎこちなく笑い、照明の下で目を細めながら顔を上げる。
・腰かけた椅子を左右に回転させる。
・ついには気分が悪いと言って、トイレの場所を尋ねる。

まったく落ち着きがなく、映像を見ているとつらくなるほどだ。それでも、コミュニケーションの専門家であれば、テレビインタビューを前に感じている明らかな不安にもかかわらず、ジョブズのパフォーマンスの中に、いくつかの強みを見出すことができる。

たとえば、ジョブズは緊張していたものの、はっきりとした言葉づかいで、歯切れよく、明快に話している。長々と話す代わりに、ずばりと要点を述べている。その時々の状況に合ったユーモアを披露し、声の調子も強い。

もし私がコーチとして当時のジョブズの指導にあたるとしたら、まずは彼自身がこれらの強みに気づくようにサポートするだろう。独自の強みのうえに、スキルを構築していくことができるからだ。これらの強みは実際、ジョブズを見事なストーリーテラーに変身させた。

次の表15では、キャリアの早い時期に行われたインタビューを待つあいだに垣間見られたジョブズ

［表15］スティーブ・ジョブズの初期のプレゼンテーションに見られる強み（出典6）

| 強み | 引用 | 解説 |
|---|---|---|
| 断定的な言葉づかい | 「どういう意味だ?」［質問の繰り返しを求める］「いや、違う」「私が?　本当に?　本気で言ってる?」「水を持ってきてください」 | インタビューが始まるまで、そわそわと緊張した様子を見せるジョブズだが、スタッフとコミュニケーションを取っている様子を見る限り、質問する時も、誰かと話す時も、曖昧な表現を避け、具体的かつ断定的な話し方をしている。 |
| ユーモアのセンス | 「見ろよ!　おい、テレビに映ってるぞ!」。笑顔を見せながら、おどけている。「トイレの場所も教えてください。ひどい気分で、いまにも具合が悪くなりそうなんだ。冗談なんかじゃないよ!」と言いながらも、少し笑っている。 | ストレスの多い状況でもユーモアを忘れない。これは、パブリックスピーキングのスキルを身につけた時に、ユーモアのセンスを大いに発揮できる良い兆候だ。そう、ジョブズは後に、ユーモアと情熱、そして個性にあふれたプレゼンテーションで名を上げるのだ。 |
| 声のトーンやテンポの使い分け | 「これは本番じゃないですよね?」「君の準備が終わるまで、ここに座っていなくちゃいけないわけじゃないよな?」「冗談なんかじゃないよ!」 | 短い発言の中でも、ジョブズは声の高さや大きさを変えている。後年のプレゼンテーションで大いに発揮される、重要なポイントを強調したり、感情を表現したりするために、声の出し方を変化させるジョブズの能力を見て取ることができる。 |
| 簡潔な言葉 | 「あれを見ろよ!」「見ろよ、テレビに映ってるぞ!」「本気で言ってる?」「冗談なんかじゃないよ!」 | ジョブズは発言したり質問したりする時に簡潔な言い回しをするので、動画から発言の引用を抜き出してくるのも楽である。ひとつの文がどこで終わり、次の文がどこから始まるか、はっきりしているのだ。あがり症の兆候を示してはいるものの、このスピーカーがいずれシンプルで簡潔な講演原稿を書く人物に成長するだろうことを、この時点でも感じ取ることができる。 |

の強みをまとめている。

ジョブズは何年にもわたってプレゼンテーションを行い、そのために毎回リハーサルを繰り返した。そして彼は、世界の舞台で称賛を浴びるパブリックスピーカーへと変貌を遂げた。

ジョブズのキャリアを早送りして、アップルの1998年から2007年にかけての基調講演の映像記録を見ると、かつて、カメラに映ることを恐れていたスピーカーと同一人物とはとても思えない。そわそわと気をもむ様子も、髪をくしゃくしゃにすることも、気ぜわしく体を揺らすことも、視線が泳ぐこともない。一方で、初期の頃の映像で目立った断定的な言葉づかい、ユーモア、声のトーンやテンポの使い分け、簡潔さといった天性の強みが発揮されている。

ジョブズは、2007年にiPhoneを発表し、史上もっとも魅力的で印象に残るビジネスプレゼンテーションを行った。ジョブズと、プレゼンテーションのデザインチームは、聴衆に情報を与え、聴衆を楽しませ、魅了する基調講演を準備した。ユーチューブにアップされたこの時の講演の動画再生回数は、8000万回を超える。

次の表16は、ジョブズが、自分に備わっていた強みを、いかにプレゼンテーションの武器に変えていったかを示している。

2007年のiPhone発表のプレゼンテーションは、落ち着きなく不安気なスピーカーとしてのジョブズの姿が見られた1978年のテレビインタビューから、約30年後に行われたものだ。ジョブズは信じられないような変身を見せた。もともと備えていた能力もあった。だが、メッセー

[表16] スティーブ・ジョブズのプレゼンテーションの強み——2007年のiPhone発表時のプレゼンテーション（出典7）

| 強み | 引用 | 解説 |
|---|---|---|
| 断定的な言葉づかい | 「私たちは、アップルを変えただけではありません。コンピュータ業界全体を変えたのです」<br>「問題は、これらがそれほどスマートではなく、使い勝手が悪いことです」<br>「私たちは、どちらも望みません」<br>「私たちは、これらのボタンをすべて取り除き、大きな画面だけにします」 | ジョブズは断定的な言葉や、主語・動詞・目的語から成る能動態を使う。受動態はほとんど用いない。また、間をつなぐだけで、ストーリーを前に進めることのない、フィラーワードや曖昧な言葉を排除している。 |
| ユーモアのセンス | 「これです」[と言いながら、昔ながらの電話のダイヤルが付いたスマートフォンのイメージ画像を見せ、聴衆の笑いを誘う]<br>「私たちは、スタイラスペン（タッチペン）を使います。[一拍置く] まさかね！ [皮肉っぽいトーンで] タッチペンを使いたい人なんていますかね？　買わないといけないし……なくすし。うぇっ！」<br>「私たちは、新しい技術を開発しました。その名も、マルチタッチ……なんと、特許取得済みです！」[会場笑いに包まれる] | ジョブズは使い古されたジョークは使わない。だが、ユーモラスな観察眼と逸話でオーディエンスを楽しませてくれる。 |
| 声のトーンやテンポの使い分け | 「本日 [一拍]、このクラスの画期的な製品を3つご紹介します。1つめは、タッチ操作対応のワイドスクリーンのiPod。2つめは、革新的な携帯電話です。そして3つめは、先進的なインターネット通信機器です」<br>「3つです [一拍]。ワイドスクリーンでタッチ操作ができるiPod、革新的な携帯電話、そして先進的なインターネット通信機器。[一拍] iPod、携帯電話、そしてインターネット通信機器です」<br>「[話す速度を上げて] iPodと電話、もうおわかりですね!?　これは3つの別々のデバイスではありません。[一拍] ひとつのデバイスなのです。[一拍] そして私たちはこれを、iPhoneと名づけました」 | プレゼンテーションのこの部分のジョブズの話し方は、まさに天才的だ。間合いを取るべきタイミング、スピードを上げるべきタイミング、セリフを繰り返すべきタイミングを完璧に心得ている。だがこれも、本番の何週間も前からプレゼンテーションの練習を重ねてきた成果なのである。その結果はスリリングで、マジックのようだった。聴衆は魔法にかかったように、すっかり魅せられてしまったのである。 |
| 簡潔な言葉 | 「今日、アップルが電話を再発明します」<br>「これがiPhoneです」<br>「ボタンや操作パネルを変更できないから、うまくいかないのです」<br>「携帯電話のソフトウェアは赤ちゃんのソフトウェアのようなものです。つまり、それほど強力ではありません」 | スクリプトのほぼすべての文が、無駄が削ぎ落され、簡潔である。またほとんどの文が、1音節か2音節のシンプルな単語で構成されている。 |

ジの作成とプレゼンテーションのリハーサルに不断かつ重点的に取り組んだことではじめて、世界でもっとも驚嘆に値するコーポレート・ストーリーテラーに成長したのだ。

本物のカリスマスピーカーになるための鍵は、自分を変えることではない。あなただけの特性を大事にしよう。自分の強みと能力を大切にしよう。誰しもが持っている不変の資質だ。それを土台にして、スキルを構築していこう。

メッセージと練習、磨きをかけていくことのできるこの2つの変数のために、努力を惜しんではならない。この2つに投資すれば、あなたは素晴らしいコミュニケーターになれるだろう。約束する。優れたコミュニケーターは、練習に時間をかける。なぜなら、優れたコミュニケーターを作り出すのは、練習に費やした時間だから。ガロAMPモデルを活用してプレゼンテーションを強化すれば、その結果に感動するはずだ。

# 12 ミッションをマントラに

伝道者は製品を愛し、お客様を大切にします。
——ジェフ・ベゾス

人が話したり、書いたりする言葉は、その人を突き動かしているものを浮き彫りにする。株主への手紙に500回も登場するひとつの言葉が、過去30年間、ジェフ・ベゾスを駆り立ててきた。その言葉はいまや、アマゾンのDNAに刻みこまれている。

ジェフ・ベゾスは一時も無駄にせず、自分がもっとも大切にしていることを世界に伝えた。1997年、アマゾンの株主に宛てた最初の手紙の中で、彼は25回も「customer（お客様）」という言葉を使い、後にアマゾンの秘伝のソースとなるもののために舞台を整えた。

「アマゾンは、インターネットを活用して、お客様のために真の価値を創造し、そうすることで、確立された巨大マーケットにおいても永続的な事業を創造したいと考えています」（出典1）

ベゾスに言わせれば、「お客様へのこだわり」は、単に良い戦略であっただけではない。アメリカ人の大半がインターネットを利用したことがなく、ましてやインターネットで商品を購入したこともなかった1997年当時は、それが絶対的に必要だったのだ。モデムの使い方からウェブサイトのナビゲートまで、すべてを「嫌と言うほど詳しく」説明しなければならなかった、とベゾスは語っている。

ウェブサイトでの顧客体験を簡単なものにする。これを追求したことが、アマゾンの急成長に拍車をかけたのだ。

「お客様へのこだわり」はミッションへと進化し、当時も今も、アマゾンの経営判断の基準となっている。だが、ミッションが、会社の規模が大きくなるにつれ自然と定着して、拡大していくものと考えるのは間違いだ。

ミッションの定着には、皆がひとつのビッグ・ピクチャー、つまり大所高所から俯瞰した全体像に注目するように繰り返しうながす、最高「リピート」責任者が必要なのだ。

1998年までに、ベゾスは会社のミッションを明確にした。アマゾンの使命は「世界でもっともお客様を大切にする企業になることです」と述べている。それから23年間、ベゾスはアマゾンのミッションの伝道者の長となり、ミッションを誰もが諳んじることのできるものに変えていった。

## ミッションを繰り返し説く重要性

ハーバード大学のジョン・コッター教授は、ほとんどのリーダーはビジョンを10分の1しか伝えられていないと指摘している。

「何百、何千人もの人々が、しばしば短期的な犠牲を求められるレベルまで協力しようという意思を持たない限り、変革などは不可能です」（出典2）と、コッターはハーバード・ビジネス・レビュー誌に書いている。

「信頼できるコミュニケーション、しかもそれが大量に行われなければ、集団の心をつかむことはできません」

その点、ジェフ・ベゾスというリーダーは、ミッションをしつこいぐらい繰り返すことをいとわなかった。

１９９８年に初めて公の場で行ったスピーチでも、ベゾスは62回も「お客様」という言葉を用いた。そして、それは始まりにすぎなかった。ベゾスはその後20年にわたり、顧客を中心に置き続けた。

次ページの図17では、24通に上ったベゾスの株主への手紙の中で頻繁に登場する単語を示している。大きく表示されている単語ほど登場回数が多い。「お客様」が他を圧倒していることが一目瞭然である。

先に述べたように、「お客様へのこだわり」は、１９９８年に発表された会社の正式なミッションとして具体化されていった。その年の株主への手紙でベゾスは、このミッションが社内のあらゆるレベルの意思決定の指針となるべきだということを説明した。

「私は従業員に、毎朝、競争相手ではなく、お客さまにおびえながら目覚めるよう、恐怖心を持つよう繰り返し説いています」（出典3）

ベゾスはその翌年もミッションをさらに明確化していった。「お客様へのこだわり」とは、アマゾンの従業員が顧客の声に耳を傾け、顧客のためにイノベーションを起こし、顧客一人ひとりのためにサービスをパーソナライズすることを意味すると述べている。

会社に傭兵は要らない、伝道者に囲まれていたい、とベゾスは後に語っている。伝道者はミッションを大事にするからだ。

「パーパス・ドリブン［訳注：社会における企業・組織・ブランドの存在意義（パーパス）を明確にし、社員一人ひとりが事業や経営上のすべての意思決定においてパーパスを起点とする企業経営のあり方］」がビジネス用語として定着する何年も前から、ベゾスはシニアリーダーたちに、アマゾンのパーパスをつねに念頭に置くこ

［図17］24通の株主への手紙の頻出単語

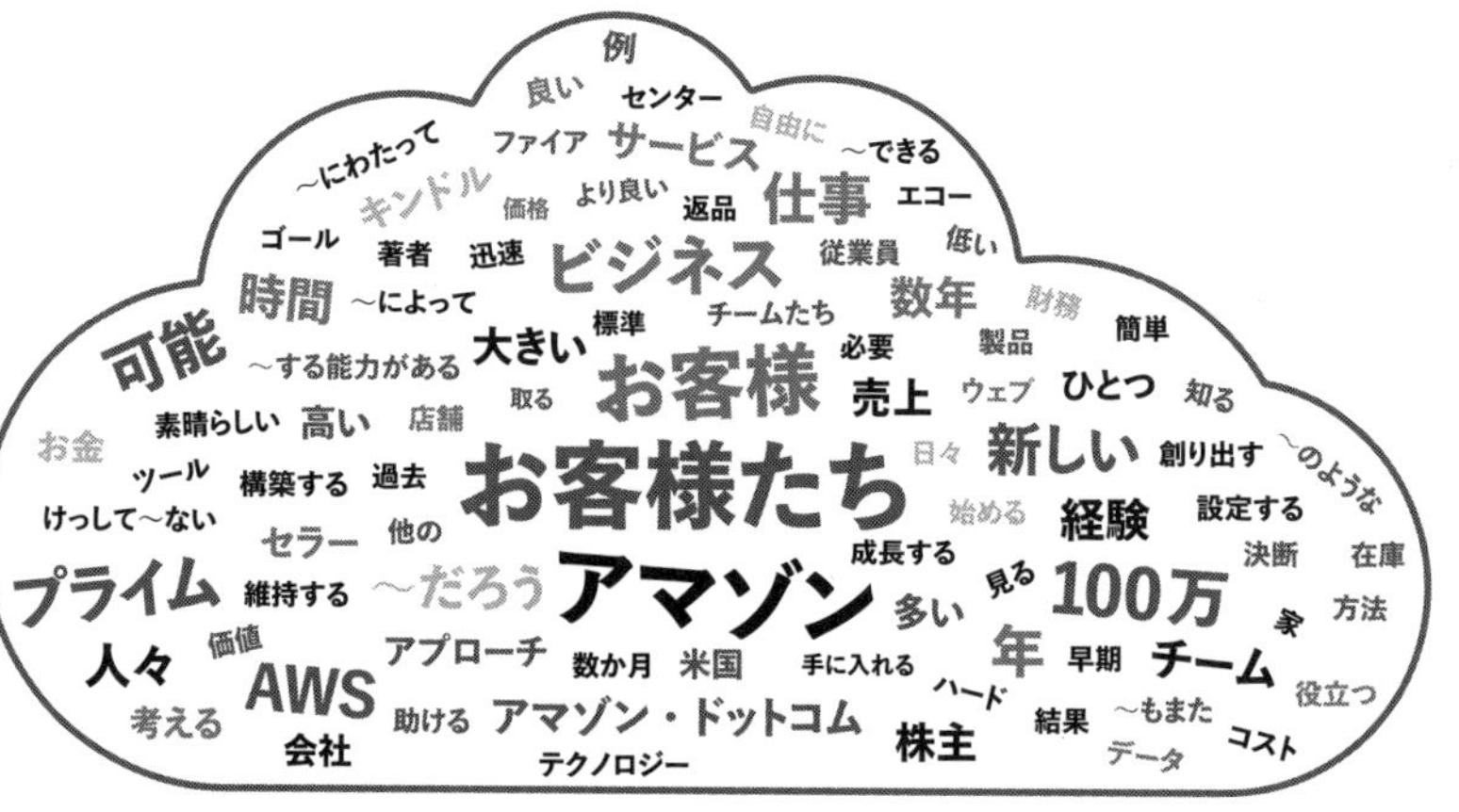

と、そしてそのミッションを信じる人材を採用するように指示した。人は自分の人生に意味を求めるものであり、自分が共感できるミッションを持つ組織で働きたいと思うものだ。

「お客様へのこだわり」というミッションは、企業文化の決定的な要素として機能し、チームあるいは勤務地を横断してアマゾンで働く人々をひとつに結びつけている。

同社の社員は、マーケティング、エンジニアリング、オペレーション、倉庫、ビジネス開発、人事、商品管理、ソフトウェア開発など34の職種に分かれて働いている。どの職種に応募しても、アマゾンは候補者に、「同社が世界でもっとも称賛されるブランドのひとつである理由は、お客様に対する徹底的なフォーカスにある」と繰り返し伝える。

「お客様へのこだわり」が、すべての求職者とアマゾン社員が知るべき第1の原則である以上、ミッションを忘れることは難しいのだ。

「お客様へのこだわり」の定義は、初期のベゾスの株主への手紙から生まれたものである。第1の原則は次の通りだ。「リーダーはお客様を起点に考え、そこから逆算して行動します。お客様から信頼を獲得し、維持していくために全力を尽くします。リーダーは競合にも注意を払いますが、何よりもお客様を中心に考えることにこだわります」とある。

ミッションがすべてであり、ベゾスは誰にもそれを忘れさせなかった。

DNAが生命のブループリント（設計図）であり、私たちを私たちたらしめる指示を含んでいるように、ミッションは会社のブループリントであり、会社がスタートアップから成長を遂げていくための指針となるのである。

ミッションが共有されることで、職種や勤務地を問わず、すべての社員が共通の目的に向かって自走できるようになる。


ミッションを記憶するには、それを「マントラ」にしてしまうのが一番だ。

マントラとは、繰り返されることによって強度を増す声明やスローガンのことである。しつこいぐらいに繰り返すことで、その影響力が増大する。


認知心理学者は「単純接触効果」を、ただ何かに接する機会が増えるほど、それに好感を持つようになる現象であると説明する。

企業のミッション・ステートメントに関しても、それを耳にすればするほど、好感度が高まるのである。社員がメッセージを好ましく思い、それを自分のものとしたならば、そのメッセージに基づいて行動する可能性が高まる。マントラは、ミッションに心の蛍光ペンを引くようなものだ。見落とすことは難しい。


ジェフ・ベゾスは、アマゾンのミッションを10分の1しか伝えていないどころか、10倍に増幅して伝えている。

ベゾスは、対談、社内資料、スピーチ、株主への手紙、メディアのインタビューなどの機会にほぼ必ずと言ってよいほど、「お客様へのこだわり」のマントラを連呼してきた。毎日、毎年、それを10年、20年続けてきた。

1999年に行われたCNBCのインタビューで、ベゾスは21回も会社のミッションに言及した。たった7分程度のインタビューだったことを考えると、ざっと20秒に1回の割合で顧客について話していた計算になる。

その頃、アマゾンの時価総額が初めて300億ドルを超えたが、ベゾスは、どのインターネット企業がトップに踊り出るかを予測するのは時期尚早だと言い聞かせた。ベゾスとて、未来を予測する水晶玉は持っていなかった。しかし、ミッションに対する断固とした確信が、アマゾンの将来を信じる支えとなっていた。

「もちろん保証はありませんが、品揃え、利便性、低価格、これに加えてより多くの情報といった顧客体験、さらに優れた顧客サービスに焦点を定めて、執拗なほど取り組むことができれば、可能性は大いにあると思います」(出典4)

「アマゾンは純粋なインターネット企業ですか?」というCNBCレポーターの問いに対しては、「インターネットだろうと何だろうと、そんなことはどうでもいいのです。顧客体験にこだわる会社に投資すべきです」と返している。

そして、ベゾスは鍵となるメッセージを強調するために強力な修辞技法を用いている。

対話を締めくくる発言を「もし~についてひとつ知っておくべきことがあるとすれば、それは……」の形で始めて、メッセージを際立たせたのだ。

If there's one thing to know about Amazon, it's that it pays "obsessive attention to the customer, end to end."
もしアマゾンについてひとつ知っておくべきことがあるとすれば、それはアマゾンが徹頭徹尾、お客様に執拗なまでに注意を払うということです。

**コーチング・ドリル**

「もし～についてひとつ知っておくべきことがあるとすれば、それは……」という形で文章を始めると、その次に来る言葉は聴衆の記憶に残りやすい。

彼らはこのメッセージを書きとめたり、他人と共有したりするだろう。まるで、要点に心の蛍光ペンを引いたかのように作用するからだ。同じように、鍵となるメッセージを強調するためのフレーズを以下に紹介しよう。

- 皆さんに知っていただきたいもっとも重要なことは……
- このプレゼンテーションから得られるものがひとつあるとすれば、それは……
- 私がお伝えできることは……

聞き手は道しるべを求めている。あなたが連れていきたい方向へ、彼らを導いていこう。

自社のミッションを十分に伝えられてない大多数のリーダーとは異なり、ベゾスは全社員が理解し吸収するまで、マントラを唱え続けた。

ベゾスの「パーパス・ドリブン」の展望は、同じようにミッションへの情熱を共有する人々とパートナーシップを組むという発想にもつながった。そのようなパートナーの1社が、「すべてのお客様に幸せをお届けする」という創業者のビジョンで一躍有名になったザッポスだ。

## お客様へのこだわり

「お客様にしつこいぐらいにこだわる企業を見ると、すっかり夢中になってしまうのです」（出典5）。アマゾンが12億ドルで買収した靴のオンライン販売会社ザッポスについて、ベゾスはこのように語っている。

ザッポスのCEOで、企業カルチャーのグル（指導者）として知られるトニー・シェイは、その数年前、ベゾスからの会社買収の提案を断っていた。

シェイは、オンライン・オフラインを問わず、卓越した顧客サービスの新基準を確立し、伝説的な企業カルチャーを築き上げた。シェイは、ザッポスでの任務を、「仕事」ではなく「天命」だと考えていた。

２００９年４月、シェイはシアトルに飛び、ベゾスと１時間におよぶミーティングに臨んだ。その時のことについて、シェイは次のように述べている。

「私は、ザッポスについていつも通りのプレゼンテーションを行った。その大部分を占めるのは、私たちの企業文化に関する説明だ。プレゼンテーションの終盤で、幸せの科学的知見について、そして私たちがその知見を活用して、どのようにお客様と従業員の幸福の向上に努めているのか、という話を始めた」（出典6）

そのタイミングでベゾスはプレゼンテーションを遮り、こう言ったという。「人は何が自分を幸せにしてくれるかを予測するのがとても苦手だということをご存じですか？」

シェイはそれに同意した。そのうえで、「あなたはパワーポイントのスライドを予測するのが得意なようですね」と返した。ベゾスの考察は、シェイが次に説明しようとしていたスライドの文言とぴったり一致していたのだ。

「その瞬間から、話し合いがスムーズに進んだ」とシェイは振り返る。「アマゾンが、私たちの売上高だけでなく、企業文化についても評価してくれているようだとわかったからだ」


ベゾスは、ザッポスの買収を発表するために社内向けのビデオを撮影した。そのビデオで、ベゾスはパワーポイントや派手なグラフィックを使用することはなかった。その代わりに、シンプルな１枚のフリップチャートを指し示した。

「私たちは失敗もしてきましたし、そこから学んでもきました」（出典7）とベゾスは社員たちに語りかけた。

「しかし、これだけは確かです。お客様に執着しなければなりません。私たちは、創業間もない頃から、このことを実践してきました。それこそが、どのような形であれ、今日のアマゾンが存在する、ただひとつの理由です。競合他社にこだわるか、お客様にこだわるかの選択を迫られた時、私たちはつねにお客様を取ります。私たちは、お客様を起点に考え、逆算していくことを好むのです」

シェイは、会社が買収された後も、年収を3万6000ドルに下げてザッポスのCEOとして働き続けた。それから11年間、彼はCEOのポジションに留まった。

仕事を辞めるのは簡単だ。天命はそうはいかない。

2020年11月、シェイは自宅の火災で不幸な死を遂げた。

シェイが亡くなったと聞いたベゾスは、「世界はあまりにも早くあなたを失ってしまった」と書いている。「あなたの好奇心、ビジョン、そしてお客様に対する執拗なまでのこだわりは、消えない足跡を残しました」

2018年に行われたブルームバーグテレビジョンのデイヴィッド・ルーベンシュタインによるインタビューでベゾスは、「私たちがこれまで成功をおさめてきた一番の理由は、競合他社に対する執着とは対照的に、お客様への執拗なまでの、脅迫的なまでのフォーカスにあります」と語っている。「競合他社ではなく、お客様に焦点を当て続けることができれば、どのような企業にとっても、大きなアドバンテージになります」（出典8）

シアトルのガレージから11人でスタートした会社は、世界中に160万人を超える従業員を持ち、米国経済に影響を与えるまでになった。

1994年の創業以来、アマゾンでも多くの変化が起こったが、最初の日、つまり「Day 1」から一貫して変わらないことがある。それは、創業者とその後任CEOが掲げるミッション、すべての上位に位置するミッションに執拗にフォーカスすることである。

AWSを率いていたアンディ・ジャシーがアマゾン史上2人目のCEOに指名されたというニュースが流れた時、記者たちはアマゾンの初期投資家であるジョン・ドーアにコメントを求めた。「アマゾンは勢いを失うのではないか」という質問に対してドーアは、新たな経営陣は、アマゾンのミッションとマントラをしっかりと自分のものにしているから、ジャシーCEOのもとでも成功し続けるだろう、という見解を述べている。

ドーアがアマゾンの未来を強く信じることができたのも、アマゾンの文化に「お客様へのこだわり」がこのうえなく深く浸透しているからである。そして、それは「Day 1」からずっとそうだったのだ。

ミッションは重要だ。ビジネスリーダーはしばしば、共通の目標に向かってメンバー全員をひとつにまとめるという困難な課題に直面する。

人から人へ、部署から部署へと伝わるあいだに、メッセージが希薄になったり、無視されたりすることもある。特にリモートワーク環境では、皆の足並みを揃えることがますます難しくなる。

その解決策は、ミッションを明確にし、自分の口から発せられるミッションに自分自身が聞き飽きるまで、何度も繰り返すことだ。

チームのメンバーがあなたの言葉をそのまま口にするようになり、メッセージに基づいて行動するようになってはじめて、彼らがミッションを自分ごと化したことを意味する。あなたのために、立ちはだかる壁を突破する伝道者が誕生したのだ。

次のセクションでは、ビジネスにおける決断と人生における選択の原動力となるだろうミッションを特定する方法について学んでいく。

ミッションをマントラに変え、大きな、夢のような、抗いがたいほど魅力的な目標に向かって、皆をひとつにまとめるための具体的なヒントやテクニックも紹介していこう。

## アップルの芯

アマゾンは猛スピードで成長し、１９９７年の株式公開に向けて好位置につけていた。時を同じくして、シアトルから南へ８００マイル（約１２８７キロ）のところでは、ビジョナリーな起業家が率いる会社が倒産の危機に瀕していた。

自らが興した会社、アップルにスティーブ・ジョブズが12年ぶりに復帰した時、同社は経営難に陥っていた。

ジョブズは、アップルの経営陣が会社に深刻なダメージを与えたこと、会社が流血するがごとく大赤字を抱えていることを診て取った。アマゾンが人材の採用を急ぐ一方で、アップルは人員を削減せねばならなかった。同社は従業員の3分の1以上にあたる、4000人を解雇した。

ジョブズは赤字の原因を突き止めるべく、究明を進めていった。そして問題は、美しくデザインされたコンピュータ製品を作り、顧客を喜ばせるという「りんごの芯」、つまりアップルのコア・ミッションを裏切ってきたことにあると考えた。

アップル製品のうち3割は、優れた、まさに「宝石」であるものの、残りの7割はお粗末で、少数の質の高い製品からリソースを奪い取っている、と分析した。

1997年10月2日のCNBCのインタビューでジョブズは、「トップラインで正しいことをすれば、ボトムラインはついてきます」と述べている（出典9）。彼は、正しい戦略、正しい人材、正しい文化が揃っていれば、最終的な利益は後からついてくると信じていたのだ。

ジョブズは、リーダーとして自分が注力すべきことは、製品戦略とコミュニケーション戦略であると明言した。アップルの社員は共通のミッションのもとに結集し、その価値観を再確認しなければならないとし、そのために自分に課された仕事は、社員と顧客が進むべき道を見つけることができるように、「茨と藪を切り拓いていくこと」だと断言した。

アップルの社員が必要としていたのは、「ペップトーク〔訳注：相手を励まし、やる気を引き出すコミュニケーション術〕」以上のものであった。

自分たちの仕事が何か大きな意味を持ち、日々の仕事がそのミッションを支えていることを知る必要があったのだ。つまり、「意味」を渇望していたのである。

ジョブズは、CNBCに出演する数日前の9月23日、非公開の社内ミーティングを開き、社員に向けて語りかけた。彼は8週間前にアップルのCEOに復帰したばかりであったが、自分が何をすべきか理解していた。

それは、ミッションとマントラでチームを奮い立たせることであった。

「私たちは、優れた製品と優れたマーケティングという基本に立ち返ります」とジョブズは切り出した。

ジョブズはまず、アップルのブランドには価値があることを社員に思い出させた。「ナイキ、ディズニー、コカ・コーラ、ソニーと並び立つブランドです」(出典10)

しかし、たとえ秀でたブランドであっても「人々に必要とされ、活力を保つ」ためには、投資と手入れを怠ってはならない。よってジョブズは、ブランドを再び偉大なものにするためには、「スピードやフィード、MIPS［訳注：コンピュータが1秒間に実行できる命令の数］やメガヘルツ」について語るのを止めなければならない、と説いた。顧客はそんなことに関心を持たない。彼らが大事にするのは、自分自身の目標や希望、夢なのだ。

そして、修辞法を活用した一連の問いを投げかけた。「アップルとは何者か(who)? 私たちは何を目指しているのか(what)? 私たちはこの世界のどこにうまく適合するのか(where)?

私たちは、お客様に何を知ってもらいたいのか（what）?」と。

アップルのビジネスは、「人々が仕事を片づけるための箱を作ることではありません」とジョブズは続けた。「私たちのコアバリューは、情熱を持った人々は世界をより良い場所に変えられる、と私たちが信じていることにあり、私たちが作っているツールは、まさにそのような人々のためのものなのです」

ジョブズがスピーチを行った時点では、成功はけっして約束されたものではなかった。その夏のはじめ、彼は10年前に買収したアニメーションスタジオ、ピクサーの経営陣を前に、不安を吐露していたぐらいだ。ジョブズは彼らに、アップルを救うことはできないかもしれないが、それでも挑戦しなければならないと話した。

ジョブズは本気で、アップルが存在することで、世界はより良い場所になると信じていた。会社のミッションが、ブランドをもう一度活性化させたいという情熱の原動力となっていた。そのミッションのもとに人々をまとめることができれば、生き残りの可能性は高くなる、と彼は語った。

アマゾンが、企業経営史上、最高のサクセスストーリーのひとつだとしたら、アップルは、企業経営史上、最高のカムバックストーリーである。

ジョブズが社員に向けてスピーチを行った日から数えて23年後、アップルは時価総額2兆ドルを達成した初の米国企業となった。ミッションは大事なのだ。

## ジョブズが190ポイントのフォントを使った理由

ガイ・カワサキは、かつての上司であるスティーブ・ジョブズから、メッセージをシンプルにすることの重要性について多くのことを教わったという。

たとえば、人の心をとらえるミッションは、わずかな単語数で表現できることを知った。

では、ミッション・ステートメントはどのぐらい短くすべきか？　彼の答えは、「190ポイントのフォントでパワーポイントのスライドにおさまる長さ」だ。

ほとんどの人が、1枚のスライドに小さな文字で単語を詰めこみすぎている。カワサキを含むプレゼンテーションデザインの専門家は、30ポイントより小さい文字をスライドに載せてはいけないと断言する。

スティーブ・ジョブズは、そのはるか上を行った。30ポイントを優に超す大きなフォントを使ったのだ。なぜか？　カワサキによれば、「大きな文字は読みやすいから。単純な話です」（出典11）という。

そうなのだ、読みやすいのだ。どんなによく練られたミッションでも、字が見えなければ何の意味もない。

ジョブズが大きなフォントを使ったのには、戦略的な理由もあった。自分自身に、より少ない単語で、要点を伝えることを強いるためだ。余計な単語を削ぎ落とすことで、残された文章に力が宿る。

１９９７年、スティーブ・ジョブズは会社の芯となるパーパスを明らかにしたミーティングで社員たちに、「自分が世界を変えられると本気で信じる人たちこそが、本当に世界を変えている」と語った。

その時のスライドに書かれていたのは、「Here's to the crazy ones.（クレイジーな人たちに乾杯）」たったこれだけだった。

## パーパス・チャンピオン

「効果的なパブリックスピーキングやコミュニケーションのスキルは、いつだってリーダーにとって重要なものでした。基本となるのはパーパスです。人々をパーパスに結びつけること、これが高い意識を持ったリーダーが一番先に取り組むべき仕事です」

ホールフーズの共同創業者であるジョン・マッキーの言葉だ（出典12）。

組織のパーパスは、単なるスローガンではない。パーパスは、企業のマントラとなることが多い。「まだ明確でない場合に、組織の高次のパーパスを発見する鍵は、その価値提案の中心に内在する善を見定めることです」とマッキーは書いている。

言い換えれば、パーパスとは、必ずしも販売する製品やサービスではないということだ。パーパスとは、あなたの仕事がどのようにコミュニティをより良い場所にし、顧客の生活をより良いものにできるか、ということに尽きるのである。

マッキーがホールフーズを共同創業した1980年のその日から、「人と地球に栄養を与える」ことが同社のパーパスだった。

そのミッションは、ブランドのメッセージにしっかり浸透しており、2017年にアマゾンが約130億ドルでホールフーズを買収した後に行われたマッキーのインタビューでも、ミッションが揺らぐことはなかった。

マッキーは、企業合併は結婚に似ていると言う。ホールフーズとアマゾンの場合は、一目ぼれから始まり、その後も熱い関係が続いた。買収から3年が経ち、マッキーに話を聞いた時にも、婚姻関係はすこぶる良好だった。

マッキーは、知り合ったその日からベゾスを高く評価し、尊敬するにいたったという。2人の起業家には多くの共通点があったが、そのひとつは、ミッションを重視したブランドの構築である。

結婚相手であるアマゾンと同じように、ホールフーズも「Day 1」からパーパスを重視してきた。ホールフーズのミッションは、人々に自然で健康的な食品を摂取するようにうながすことで、世界をより良い場所にすることだ。

マッキーは、44年にわたり育ててきた会社からの引退を発表したが、今でもホールフーズの「パーパス・チャンピオン」を自認している。そして、すべてのリーダーが、こう呼ばれるようになるべきだと考えている。

マッキーによれば、「どの企業にも、組織の高次のパーパスを生き生きと保つ個人が必要です……

日々の仕事にさえパーパスが組みこまれていることに気づけてはじめて、人々のモチベーションが高まり、組織の変革が進んでいくのです」（出典13）

マッキーのアドバイスを裏づけるデータがある。デロイトコンサルティングのレポートによると、「パーパス志向の企業は、生産性と成長率が高い」（出典14）ことが明らかになっているのだ。さらに「パーパス志向の組織は、イノベーションのレベルで競合他社を30％上回り、従業員の定着率も40％高いことが報告されている」という。

デロイトの調査では、顧客、従業員、パートナー、投資家に対して会社のパーパスを明確に伝えることができないリーダーや組織は、「遅れを取るか、完全に失敗する危険性がある」ことが示唆されている。

前世代よりも高い目的意識を持って育った若い消費者たちが、自分たちと同じ価値観を持つブランドを求めるようになるだろうことを考慮したならば、この傾向は強まる一方であろう。

**コーチング・ドリル**

成功する戦略は、明確で説得力のある、そして繰り返し唱えることのできるミッションから始まる。言葉が重要だ。言葉が行動をうながし、その行動により結果が決まるからだ。違和感なく何度でも繰り返せるよう、的確な単語と平易な表現を使おう。5秒（英語では12単語）以下で言えるように、ミッションを凝縮すること。

アマゾンはアメリカ最大の企業だが、そのミッションは4単語で表現されている。「Earth's most customer-centric company（地球上でもっともお客様を大切にする企業）」である。

世界有数のブランドの多くは、パーパスと、パーパスを明確にし、一貫して、頻繁に繰り返すリーダーに導かれている。例を挙げよう。

- ナイキ：世界中のすべてのアスリートにインスピレーションとイノベーションをもたらす
- ユニリーバ：サステナビリティを暮らしの「あたりまえ」に
- TEDトーク：価値あるアイデアを広めるために
- トゥイリオ：コミュニケーションの未来に燃料を注ぐ（トゥイリオの創業者ジェフ・ローソンは、アマゾン・ウェブ・サービスの経営幹部としてミッションが持つ力を学んだ）

ミッションは短くし、一語一句を大切に、自分でも聞き飽きるぐらいに繰り返そう。そして、飽きてもなお繰り返すのだ。

新型コロナウイルスのパンデミックは私たちに、未来についてひとつ確かなことは、それが不確実であるということを思い知らせた。職場において前例のない変化に対峙するリーダーは、会社のパーパスを明確にし、できるだけ生き生きと、そして頻繁に伝えることに再度全力を投じなければならない。

「高次のパーパスは生き物のようなもので、大事に育てていかなければなりません。リーダーの役割は、旅のすべてのステップでパーパスを探し求め、磨き、推進することです」(出典15)と、マッキーは説く。

大手家電量販店ベストバイのCEOユベール・ジョリーも、企業の「ノーブル・パーパス（崇高な目的）」は顧客を喜ばせ、従業員の情熱を高め、株主に報いるものであるというマッキーの考えに同意している。

ジョリーは、誰も予期しなかったパートナーシップを結び、ビジネス界に衝撃を与えた。

彼の耳にも、アマゾンが消費者の習慣を変えていること、大型家電量販店の存在意義を事実上消滅させているという警鐘は届いていた。ところがジョリーは、アマゾンを脅威とみなすのではなく、アマゾンの製品を店頭で展示および販売することで互恵的な関係を築くことを決意したのだ。

ジョリーは、著書『THE HEART OF BUSINESS――「人とパーパス」を本気で大切にする新時代のリーダーシップ』で、ベストバイの再建について詳しく語っている。

「ベストバイは、テクノロジーによって人々の生活を豊かにするというノーブル・パーパスによって、大きなイノベーションを実現し、成長を遂げてきました」とジョリーは述べている(出典16)。

ただし、従業員がノーブル・パーパスの周りに結集し、顧客が深く共感するのは、パーパスのチーフ・ストーリーテラー、つまりパーパス・チャンピオンとして行動するリーダーがいる場合に限られる、と説く。

「私たちの脳はストーリーテリングを通じてつながるようにできているのです。従業員、顧客、地域社会、そしてそれらが互いの人生にどのような影響を与えているかといった日常的なストーリーを語ることで、目的意識が芽生え、自分がどこで誰と働いているのかというつながりが生まれるのです」

社員は、なぜ自分が必要とされているのか、なぜ自分の仕事が重要なのかを知りたがっている。行動、文章、発言のすべてにおいて、パーパスを一致させるのはリーダーの責務だ。なぜなら、ミッションのパーパスをひとたび受け入れたならば、人々はそれを実行に移したくなるものだからだ。

## 停電から生まれた1500億ドルのアイデア

1957年10月31日は、午前中からハロウィーンが始まった。午前9時、変圧器のトラブルで、ミネソタ州とウィスコンシン州の一部で停電が発生したせいだ。

ほとんどの家庭では、その日のうちに電気が復旧した。日暮れにはポーチの灯りがともり、子どもたちは例年のようにハロウィーンのお菓子をもらいに出かけていった。

一方で、運に恵まれなかった人々もいた。病院で心臓の手術を受け、心拍を調節するためのペースメーカーにつながれていた患者たちだ。

その頃のペースメーカーは大きくてかさばる箱型で、利用時はコンセントに差しこむ必要があった。当時の新聞の切り抜きには、ベッドから出ても、電源コードが届く範囲内でしか移動できない患者の様子が写っている。

現在では、ペースメーカーは心臓に直接植えこまれる。だが１９５７年のこの日、術後の患者の一部は、停電のせいで不幸にも命を落とすことになった。死亡した患者の中には子どもも含まれていた。

この出来事は、ミネアポリスのガレージで、医療機器の修理を請け負っていたアール・バッケンに精神的なショックを与えた。

バッケンは、その後4週ものあいだ仕事場にこもって新しい医療機器の開発にいそしんだ。ガレージから姿を現した彼が手にしていたのは、初の電池駆動式ペースメーカーだった。「これでもう、停電で子どもたちが命を失うことはありません」（出典17）

その1年後、バッケンと彼の会社メドトロニックは、初の体内植えこみ型ペースメーカーの開発に成功した。今では、同社の製品は、１秒に２人の患者の生活に変化をもたらしている。

バッケンはどうやって、個人事業としてスタートし、最初の月の売上が8ドルだった医療機器のリペアショップを、時価総額１５００億ドルの医療機器メーカーに育て上げたのだろうか？

バッケン自身が明らかにしているように、すべては説得力のあるミッションから始まった。「ミッションは、日々の業務において私たちを導くとともに、私たちが毎年何百万人もの人々の生活を変えているのだということを思い出させてくれます」（出典18）とバッケンは言う。

10代の頃、バッケンは、科学で人助けをすることを生涯の使命にすると決意した。漠然とした夢ではあったが、それが発明家としての彼の好奇心を駆り立てた。ミッションがもっとも必要とされた時、彼はすでにミッション・ステートメントの信奉者であったのだ。

1960年、バッケンの会社は経営難に陥った。医療機器を開発・製造するために必要な数の従業員を雇い続けるだけの収益を上げられずにいたのだ。銀行に融資を求めたものの、ほとんどの銀行から断られた。

会社の財務状況を監視する役員を銀行から派遣することを条件に、なんとかひとつの銀行から融資を受けることができた。その役員は、バッケンに机に向かい、ペンを取り、会社が目指すもの、つまりミッション・ステートメントを紙に書いてみるように勧めた。

取締役会は、バッケンが記したメドトロニック社のミッション・ステートメントの最初のドラフトを却下した。彼はその後2年をかけて、取締役会の意見も聞きながら、ミッション・ステートメントの推敲を重ねた。

1962年、バッケンと取締役メンバーはメドトロニックのミッション・ステートメントに合意した。このステートメントは、今日にいたるまで、同社の意思決定の指針となっている。

メドトロニックのミッションの完全バージョンは、次の通りだ。

私たちは生体工学技術を応用し、人々の痛みをやわらげ、健康を回復し、生命を延ばす医療機器の研究開発、製造、販売を通して人類の福祉に貢献します。

メドトロニックの社員が諳んじている短いバージョンは、こちらである。

人々の痛みをやわらげ、健康を回復し、生命を延ばすために。

バッケンは94歳で逝去する直前、社員たちに向けて動画を撮影した。ミッションを復唱し、「毎日、このミッションにしたがって仕事をしてください」（出典19）と最後のリクエストメッセージを送ったのである。

現在、メドトロニックは世界最大規模の医療機器メーカーとなっている。9万人を超える社員が、70種類の疾患および健康課題に対する製品や治療法の開発と提供に取り組んでいる。社員は世界150か国に散らばっているが、ひとつのミッションで結ばれた、ひとつの会社で働いているのだ。

バッケンは、自分の仕事が何百万人もの患者の真の利益に直結していると実感できれば、「人は自分の努力を前向きにとらえることができるようになる」と述べた。

同社に与えられる称賛の声が、それを裏づけている。ウォール・ストリート・ジャーナル紙は、メドトロニックを「米国でもっとも効率的な経営をしている企業」の1社に、フォーチュン誌は同社を「世界でもっとも称賛される企業」の1社に、フォーブス誌は、「米国の新卒社員にとって最高の企業」の1社に選んでいる。

メドトロニックの従業員が、簡単にミッションのことを思い出せるのは、ミッションが彫られたメダルを授与されるからでもある。1974年以来、メドトロニックは事業を展開する世界各地で「メダル授与セレモニー」を開催している。いわば、パーパスの祝祭である。

新入社員は、つねに念頭に置くようにと、会社のパーパスが刻まれたメダルを手渡される。メダルによって、ミッションを物理的なシンボルに変え、共通のパーパスを達成するために人々をひとつにまとめるのだ。

シンボルとその活用法については、第13章で学んでいこう。

## 執着があなたを選ぶ

マイケル・モーリッツは、伝説的なベンチャーキャピタル、セコイア・キャピタルを通して、グーグル、エアビーアンドビー、ペイパル、ワッツアップなどに投資を行ってきた。

彼が投資するのは、ガレージでアップル社を創業した2人の人物を含む、他の人が見過ごしたり、見送ったりするようなクレイジーなアイデアだ。

フォーブス誌のために行ったインタビューで、モーリッツは私に次のように語った。「並外れたことをする人物は、自分が取り組んでいることに執着している傾向があります」（出典20）

モーリッツはここでの「執着」を、あるアイデアに心を奪われ、それを追い求める以外に選択肢を持たないことだ、と定義している。そのアイデアは、昼も夜もつきまとい、頭から離れることがない。あなたを解放してくれないのだ。

ジェフ・ベゾスはかつて「執着とは、あなたが情熱的に信じているアイデアのことです」と言った。そして、「情熱とは、あなたが追いかけるものではありません。情熱の方が、あなたを探しにやってくるのです」と続けている。

ベゾスを探しにやってきた「執着」を理解したと思う。本章では、アップル、ホールフーズ、メドトロニックの創業者たちが、思いつきに毛の生えたようなアイデアからスタートし、製品そのものよりも大きなパーパスに突き動かされて、世界に革命を起こしていったことを学んできた。

あなたのミッションは、彼らのものとは異なるだろう。それは疑いようもなく、あなた独自の、あなただけのものだ。

自分のミッションを特定できたら、次はそれを共有しよう。公言し、大きな声で発表し、ソーシャルメディアにも投稿しよう。宣言し、実行しよう。

そして何よりも、あなたが歩む道で関わりあう人々の心と思考の中に、そのミッションを鮮やかに刻みつけよう。きっと、あなたの冒険の旅に加わりたいと思わせることができるだろう。

価値あるものをひとりで作り上げることはできない。優秀な人々、才能ある人々を惹きつけていかなければならない。あなたの旅を抗いがたいほど魅力的な、人々が喜び勇んで参加するような冒険にしていこう。

# 13 シンボルの大いなる力

シンボルは、非常に大きな力を持ち得ます。
——ジェフ・ベゾス

ジェフ・ベゾスは時計を作っている。この時計を、アマゾンのサイトから購入することはできない。高さ500フィート（約152メートル）の時計は、テキサス州西部の山中に設置される。（今のところ）4000万ドルを超える建設費を投じて作られるそれは、1万年の時を刻む。エンジニアたちが設計するのは、時計の目盛りひとつが1年を表し、1000年に1度チャイムが鳴るという、非常に複雑な機械式時計なのである。

このプロジェクトをハワード・ヒューズばりのエキセントリックな行動と決めつける前に、ベゾスが1万年時計について語ったことに耳を傾けてみよう。

時計は、長期的な思考を表すシンボルです。このシンボルが重要であるのには、いくつかの理由があります。第1に、長期的な思考をすれば、さもなくば達成できないようなことも成し遂げられるということです。もし私があなたに、5年以内に世界の飢餓を解決してほしいと言ったとしたら、あなたは当然のことながらその挑戦を断るでしょう。では、100年以内に飢餓を解決してほしいと言ったらどうでしょうか。ずっとおもしろくなります。まず、そのような変化を起こすための条件を整えていくでしょう。課題を変更したのではありません。時間軸を変えたのです。時間軸は重要です。とても重要です。もうひとつ指摘しておきたいのは、私たち人間は技術的にものすごく高度になってきており、人間自身にとって非常に危険な存在になる可能性を大いにはらんでいるということです。私たちは種として、より長期的な視点で考え始める必要があるように思うのです。1万年時計は、まさにそのシンボルです。シンボルは非常に大きな力を持ち得ると、私は思います（出典1）。

ベゾスは、ウェブサイトを作成し、1万年時計建設の進捗状況を一般に公開しているが、実際に時計を訪れるには覚悟がいる。最寄りの空港から車で数時間かかるうえ、時計の建設現場にたどり着くには、谷底から2000フィート（約610メートル）の険しい山道を登っていかなければならないのだ。

それから、今すぐに時計を見たいと勇み立ってもいけない。ベゾスによると、時計が完成するのは「何年も先」になるそうだ（出典2）。

ベゾスは、競合他社よりも長期的な視野に立って考えることは、アマゾンのイノベーションのエンジンを加速させる柱のひとつであったとも語る。この1万年時計というモニュメントは、その哲学の象徴であり、物理的なアイコンなのである。

## シンボルによってビジョンを伝達する

アマゾンの元幹部で、『アマゾンの最強の働き方―Working Backwards』の共著者であるビル・カーによると、アマゾンの文化を構築する秘密のソースは次の4つの要素でできているという。それは、「お客様へのこだわり」「長期的思考」「イノベーションへの熱意」そして「卓越したオペレーションへの誇り」である。

「アマゾンで、この4つの基本原則へのコミットメントが揺らいだことはありません」(出典3)とカーは述べている。「そして、2015年にアマゾンが世界最速で年間売上高1000億ドルに到達した企業となったのも、これらの要素が大きく作用しています」

1億人以上の視聴者を持つアマゾン・プライム・ビデオは、10年におよぶ研究開発とコンテンツの獲得から生まれたと、カーは語る。

「何か大きなものを構築し、それを永続させるには、長期的な視座を持つことが重要です。多くの企業が、四半期や1年でリターンを得られないと、そのアイデアを諦めてしまいます。アマゾンは、構想に弾みがつき、受け入れられるようになるまで――投資を管理できる範囲で、つねに学習し、改善しながら――5年、6年、7年と粘り強く取り組んでいます」

アマゾンのCEO在任中、ベゾスが一貫して、アマゾンのコアバリューを文章や口頭で社員に伝えていたことは、すでに述べた通りである。その際ベゾスは、メタファーとアナロジーに続く第3の強力なコミュニケーション戦術も活用してきた。それが、シンボルである。

ベゾスは、1万年時計のような大きなシンボルが大好きなのである。大きなインパクトを持つ、小さなシンボルも好む。例を挙げよう。熟達のコミュニケーターの手にかかれば、「空席の椅子」にも意味が宿るのだ。

「アマゾンの創業からまだそれほど時間が経っていない時期、ジェフ・ベゾスは役員会議室に誰も座らない椅子を1脚用意した」(出典4)とジョン・ロスマンは述べる。

ロスマンはベゾスと緊密に仕事をし、アマゾン・マーケットプレイスのローンチで重要な役割を果たした。アマゾン・マーケットプレイスは今では、アマゾンで販売される全商品数の50%を占めるようになっている。

「彼は空の席を通して会議の全出席者に、その部屋でもっとも大切な人物、つまりお客様の存在を意識させようとしたのだ」

会議室に置かれた椅子はロスマンの心に深く刻まれ、彼はこのシンボルとそれに込められたメッセージをけっして忘れることはなかった。

この椅子のおかげで、あらゆる議論が「お客様にとって何がベストなのか」という問いを中心に展開されるようになった。

ロスマンによれば、これは、アマゾンのリーダーシップ原則を強化するために、核となるメッセージを繰り返し伝えるうえで、計算された、極めて象徴的な意思表示のひとつだった。このケースでは、すべての判断は、何らかの形でお客様の視点に立ってくだされる必要があった。

人々を奮い立たせるリーダーは、情熱、パーパス、ビジョンをもってコミュニケーションを行う。彼らは、自分の考えを伝えるために、メタファーやアナロジー、ストーリーやエピソードを用いる。強力な、感覚に訴えるような経験を呼び起こすという理由から、シンボルもまた、これらのコミュニケーションツールキットに含まれる。

視覚が聴覚に影響を与え、嗅覚が味覚に影響を与えるように、私たちの感覚は互いに作用しあうように進化してきた。それゆえ、一度に複数の感覚を刺激された時、私たちはもっともよく学ぶことができるのだ。

シンボルとは、あるアイデアを象徴するもののことであり、イメージ、物体、場所などがシンボルになり得る。1万年時計は長い時間軸での思考を、空席の椅子はお客様の声を表す。

シンボルの歴史は言語よりも古い。私たちの脳には、太古の昔からシンボリズムがプログラムされているのだ。何の変哲もない物体を用いて、私たちは深い考えを表現することができる。

マーク・ランドルフとリード・ヘイスティングスがネットフリックスを立ち上げて2か月が経った

1998年の夏、2人の起業家はシアトルに招かれた。ベゾスと面会することになったのだ。

アマゾンは当時、書籍ビジネスに特化していたが、ベゾスは「エブリシング・ストア」を構築するというビジョンを持っていた。音楽や映像の販売は、次のステップとして理にかなったものだった。

ランドルフは、当時のことを振り返り、殺風景な職場を目にして驚いたと述べている。スタートアップ企業だったとはいえ、アマゾンの社員数はすでに600人にまで増えていた。

しかし、洗練された企業のオフィスにあるようなデスクの代わりに、従業員たちは、ドアを再利用した机で仕事をしていた。ドアノブのための穴は、丸い木片でふさがれていた。

「ところで、ジェフ、このドアはいったい全体どういうことなんですか？」（出典5）とランドルフは笑いながら尋ねた。

「意図的なメッセージが込められているのです。全社員がこの机を使っています。お客様に影響を与えるものにはお金を使い、それ以外のことには使わない、そのことを忘れないための方法です」というのがベゾスの説明であった。

この時、ベゾスはネットフリックスに1500万ドルを提示した。連続起業家でもあるランドルフは、この提案は悪くないと考えた。しかし、ネットフリックスの現CEOであるヘイスティングスは、ランドルフを思いとどまらせた。やっと走り始めたスタートアップの鍵を手放す準備はできていなかったからだ。

2人はベゾスの申し出を断ろうと決めた。アマゾンに軽いショックを与えつつ、でも丁重に。

会社を売却こそしなかったものの、ネットフリックスの共同創業者たちにベゾスは強い印象を残した。

ベゾスには忠誠心を呼び起こすようなビジョンがあったと、ランドルフは回想する。ベゾスは、話す言葉、書く言葉、そしてそれらの言葉に命を与えるシンボルによって、ビジョンを伝達したのだ。

## 「意味」が強力な動機づけになる

力強いシンボルは、さまざまな形で姿を現す。

視覚的シンボルとは、人々が見たり触れたりできるイメージや物体のことである。たとえばコインや旗がこれに該当する。空席の椅子、ドアでできた机もここに含まれる。

聴覚的シンボルとは、耳で聞くものである。たとえば、心を揺さぶる音楽や集団から発せられる歓声などである。

アマゾンの創業当時、書籍が1冊売れると、それを知らせるベルが鳴った。ベルの音が注文と売上のシンボルだったのだ。1日の注文件数が10冊にも満たなかった頃は、その音がモチベーションになった。ところが、売上が急増していくにつれ、スタッフはベルの音に喜びを覚える代わりに、煩わしいと感じるようになった。このシンボルは短命であった。

空間的シンボルとは、特別な意味を持つ場所や空間のことを指す。建物や空間にストーリーを語らせることができるのだ。

ベゾスは「Day 1 North」と名づけられたアマゾンの社屋で働いていた。オフィスを移転した時も、その名前ごと引っ越した。「Ｄａｙ１」というシンプルな言葉は、スタートアップが持つ精神的な活力を形あるものに変え、組織がどれほど大きくなろうとも、つねに初心を思い出させるリマインダーとして機能する。

コミュニケーションはさまざまな言語で行われる。シンボリズムもひとつの重要な言語である。そう、たとえばお金はモチベーションを高める。だが、研究者たちは、「意味」もまた強力な動機づけとなることを明らかにしている。ホールフーズの共同創業者であるジョン・マッキーは、著書『Conscious Leadership』（未邦訳）で、次のように書いている。

「組織の指針や動機づけとして、高次のパーパスをうまく活用するためには、そのパーパスが人々の意識の最前線にあり続けなくてはいけない。その好例が、ジェフ・ベゾスだ。ベゾスが、アマゾンの成長の初期段階で、会議の際に顧客の存在を表現するために椅子をひとつ空席にしておくことで、『地球上でもっともお客様を大切にする企業』であるというパーパスを具体化していたことがよく知られている。このような物理的なシンボルは、会社のミッションを社員一人ひとりの意思決定に反映させるための強力なリマインダーとなるのだ」（出典6）

不可能なことに取り組むように集団を動機づけることは可能だ。しかし、そのためには、あなたのコミュニケーションツールがつまった道具箱から、あらゆるツールを総動員することが必要だ。

さまざまなシンボルをいつでも使えるようにテーブルの上に載せておこう。たとえその机が本当はドアであっても。

# 14 データに命を吹きこむ

人間は、指数関数的な成長を理解するのが苦手なのです。
――ジェフ・ベゾス

2300%。あなたには、それほど重要には思えないかもしれない。だが、ジェフ・ベゾスにとっては特別な意味を持った。

彼はこの数字の勢いに乗り、会社を築いたのだ。買い物の仕方からエンターテインメントの消費方法、世界中の何百万もの企業、大学、政府とのオンライン上でのやり取りにいたるまで、あなたの生活のほぼすべての側面に関わる企業を。

1994年春、ベゾスはウォール街の投資会社D.E.ショーに勤めていた。ある時、ベゾスは上司からの指示で、インターネットの商業的可能性調査という仕事を担当した。山積みの研究論文や調査資料をふるいにかけていると、ベゾスの目に貴重な情報が飛びこんできた。

ウェブの利用が2300％の勢いで伸びているというのだ。

ベゾスは後年、その瞬間のことを、注意警報が鳴り響いたと表現している。「何かがそれほど急速に成長することなど、まずありません。極めて異例なことなのです」（出典1）

ベゾスがこの統計を目にしたのは、コンピュータ・システムのネットワーク化に関するニュースレター『マトリックス・ニュース』であった。

他の人も同じ数字を見ていたはずだが、ベゾスは間髪入れずその数字の意味を認識した。「人間は、指数関数的な成長を理解するのが苦手なのです」と彼は後に語っている。

ベゾスは正しい。最初は小さく見える数字も、複利の魔法によって莫大な数字になる。アルベルト・アインシュタインは、複利効果を「世界の8番目の不思議」と呼んでいる。毎月25ドルを7％の利率で投資すると、40年後には6万5000ドルになる。実際の投資額は、1万2000ドルであるにもかかわらず。このプロセスを説明するのが複利効果である。

コロナウイルスが市内あるいは国内で数例しか報告されていないのに、ウイルス学者が警鐘を鳴らしたのも、同じ現象が背後にあったからだ。

1人の感染者が2人に感染させると仮定すると、2人が4人へ、4人が8人へというように感染が拡大していく。米国で、2020年1月21日に新型コロナウイルスの1症例が確認されてから5週間後には、ウイルスが猛威を振るいパンデミックとなった理由も、指数関数的な成長として説明される。

指数関数的な成長は、直線的な成長とは異なる。ほとんどの人は直線的な成長に慣れている。庭のトマトの枝に1日3個ずつ実がなるとしたら、今日は3個、明日は6個、その翌日は9個になる。2週間後には、合計42個のトマトが実ったと自慢できるだろう。

指数関数的な成長は、私たちの頭では感覚的にとらえるのが難しい。トマト畑の成長を加速させる秘密の肥料を発見したと仮定して、架空の魔法の庭を旅してみよう。

この庭では、1個のトマトから3個のトマトが生まれ、生まれたトマトそれぞれから、また3個のトマトが生まれる。するとどうなるだろう。2週間後には、159万4323個のトマトがおさまる広い庭が必要になるのだ。

この種の加速は、正しく理解されないことが多く、心理学者が「指数関数的成長バイアス」と命名しているほどだ。指数関数的に成長する数字を過小評価すれば現実世界での失敗に、逆に適切に評価できたならば大きなチャンスにつながる。

ベゾスは、指数関数的な成長を理解し、それが意味することを認識し、データの根底にあるストーリーを活用したのだ。

データが行動を導くのは、数字が語るストーリーを人々が理解した時だけなのである。

## 知覚の範囲を超える数字を、私たちの脳は処理できない

想像力や情報処理などの分野で驚異的な能力を発揮する一方で、人間の脳には限界もある。脳は、大きな数字を処理するようにはできていないのだ。

市場調査会社ＩＤＣは、世界の総データ量は年率60％で増加し、２０１８年の33ゼタバイトから２０２５年には１７５ゼタバイトに達すると予測している。

何の前置きもなく、このような数字を持ち出されてもピンとこないだろう。これではどうだろうか？　１７５ゼタバイトは、１兆ギガバイトに相当する。まだ訳がわからない？

では、別の方法を試してみよう。１７５ゼタバイトをＤＶＤに保存すると、ディスクの束は地球を２２２周することになる（出典２）。

あなたが説得を試みようとしている相手は、増える一方の大量のデータにさらされている。脳が処理できる範囲をはるかに超えた情報量だ。私たちの脳は、１から7までのかなり小さな数字を扱うために進化してきたのであって、私たちが日々浴びせられている、気の遠くなるような数字を扱うために設計されてはいない。

しかしながら、それらのデータや情報には、あらゆる分野、あらゆるビジネス、そしてあらゆる人の生活を一変させることを約束する貴重な洞察が含まれている。データに含まれる洞察を活用することでイノベーションの波を起こし、ヘルスケア、製造業、持続可能性、そして、私たちの世界のありとあらゆる分野のブレークスルーにつなげていくことができるのだ。

ただしそれには、人々がデータの意味を理解できたならば、という条件がつく。

数字に関して述べるならば、人々の注意を引きつけ、あなたのアイデアにしたがって行動を起こすように説得するための鍵は、より多くの数字、統計、データを与えて聞き手を圧倒することではない。秘訣は、データの連打を止めることだ。そして、ターゲットを慎重に検証する。つまり、聞き手が知るべき、もっとも重要な数字を特定する。次のステップは、そのデータに親近感を持ってもらうことだ。

第5章で、人間の脳はアナロジー、つまり類推のマシンだと学んだことを思い出してほしい。脳は絶え間なく、新しいものや抽象的なものを、古いものや馴染みのあるものと比較している。あなたの新しいアイデアも、オーディエンスが知っているものと比較することで、彼らの心にささり、記憶に残りやすくなる。

データを伝える時も、これと同じアプローチを取ることができる。

認知科学者は、「知覚の範囲を超えるものについて推論することに、人は困難を覚える」と言う（出典3）。ナノ秒のような小さすぎる数字も、宇宙の星の数のような大きすぎる数字も、私たちの心の目で認識できる範囲を超えている。

だが、幸いなことに、数字を理解しやすくするために、尺度を変更する簡単な方法がある。特によく用いられるのは、大きさ、距離、そして時間の比較である。

## 大きさの比較

寸法や重量などの比較は非常に有効であり、一般的によく用いられる。

ベゾスもこのような比較が好きで、株主への手紙や講演などで早くから使い始め、そして頻繁に活用している。以下に例を挙げよう。

・アマゾンのカタログを印刷したら、ニューヨーク市の電話帳40冊分のサイズになることでしょう（出典4）。

・私たちは、お客様が他の方法では手に入れられないものを提供しようと考え、書籍でお客様のご要望に応え始めました。私たちは、実店舗では不可能なほど幅広い品揃えをお客様に提供するようになりました（今では、私たちの店舗はフットボール場6面分の広さに相当します）（出典5）。

・現在、私たちの電子機器ストアでは、4万5000を超えるアイテムを提供しています（これは、大型家電量販店の約7倍の品揃えです）（出典6）。

ベゾスは、人口増加が続く中、人々の宇宙への移住を実現することで地球に利益をもたらそうと、そのための基礎を宇宙に築く目的でブルーオリジンを設立した。

これは大胆なビジョンであり、取り組みが成果となって表れるのは私たちの生きる時代からずっと先のことになる。

ブルーオリジンの計画についてその主張の正しさを説明するために、ベゾスは過去30年間磨いてきたあらゆる修辞法を駆使した。地球の資源が有限であることを論証するために、彼がデータの比較を用いたのは、はたして予想通りである。

世界のエネルギー使用量は、過去、年率3%で伸びています。年に3%というのは、大した数字ではないように聞こえますが、それが毎年続いていくと、複利の力というのはすさまじいのです。年に3%の複利で増加していくと、人類のエネルギー使用量は25年ごとに2倍になります。現在の世界のエネルギー使用量であれば、ネバダ州をすべてソーラーパネルで覆えば、全電力をまかなうことができます。簡単ではありません。でも、可能なようにも思えます。ところが、あと数百年もすれば、地球全体をソーラーパネルで覆わなければならなくなります。これは、極めて非現実的な解決策です（出典7）。

ベゾスが導き出した解決策は、惑星の表面ではなく、宇宙空間にスペースコロニーを建設することであった。

スティーブ・ジョブズも、データを説明する際に大きさの比較を用いることを好んだ。拙著『スティーブ・ジョブズ 驚異のプレゼン―人々を惹きつける18の法則』では、ジョブズがデータを文脈に即して説明している事例を数多く紹介した。中でも、iPodを紹介した時のプレゼンテーションほど印象に残るものはない。

2001年、ジョブズはアップルの初代iPodを発表し、音楽業界に革命を起こした。だが、このデバイスが5ギガバイト分のデータを保存できることを理解する人、あるいは気にする人はほとんどいないだろうことを彼は知っていた。

「しかし待ってほしい！」とジョブズは大きな声をあげ、聴衆の注目を集めた。iPodは5ギガバイトのデータよりもずっと価値がある。そう、「ポケットの中に、1000曲の音楽を持ち運べるのです」

そして人々が息をのみ、歓声をあげる中、ジョブズは手品のようにブルージーンズのポケットからiPodを取り出したのである。

本書の執筆中、私はある科学者グループから、厳重にセキュリティ管理された国立研究所へ招かれた。そこでは、未来の世代のために、豊富なクリーンエネルギーを安定的に生み出す可能性がある技術が研究されている。

彼らは、世界最大のレーザーを見せてくれた。このレーザーは現在、192本のレーザービームから構成され、「サッカー場3面分の大きさ」の建物に格納され、「消しゴムほどの大きさ」のターゲットに向けて照射される。

核融合発電［訳注：太陽がエネルギーを生成するプロセスを再現した発電技術］の研究は、科学的なグランドチャレンジ（壮大なる挑戦）だと考えられている。そのチャレンジの一部には、資金調達や提携のため、またメディアの関心を集めるために、複雑な科学を平易な言葉に置き換えることも含まれている。

研究所の所長から実験に従事している科学者まで、今回のツアーの関係者全員が、自分たちの仕事を説明するのに、大きさの比較を使っていた。彼らは皆、大きな数字を人々が感覚的に理解できるものにするための訓練を受けているのである。

## 距離の比較

距離の比較も、データに親近感を持ってもらうのに適した方法のひとつだ。一緒に仕事をしたＡＷＳのある経営幹部が、ＡＷＳが提供する「スノーボール〔訳注：顧客が大容量データファイルをクラウドに安全に転送するために使用する、データ転送ソリューション〕」に関するプレゼンテーションで、次のような説明を行った。

「オンプレミスからＡＷＳのストレージにデータを転送するためのＡＷＳスノーボール・アプライアンスは、世界を２５０周するのと同じ距離を移動しています」

ニューヨーク州イサカにあるセーガン・プラネットウォークは、気の遠くなるような宇宙の距離を、一般の人々にも理解できるような文脈で表現している。

石造りのオベリスクは太陽と惑星を表しており、その間の空間は50億分の１に縮小されている。地球から太陽までは9ヤード（約８・２メートル）ばかりの距離だが、冥王星にたどり着くには、15分ほどハイキングをすることになる。

太陽系からもっとも近い恒星であるケンタウルス座アルファ星を表す石が加えられたことで、プラネットウォークの展示は大幅に拡張された。前述の縮尺に基づいてケンタウルス座アルファ星のオベリスクが展示されているのは、５０００マイル（約８０４７キロ）離れたハワイのイミロア天文学センターである。

プラネットウォークは、大きな数字を、私たちが感覚的につかめる言葉に置き換えるだけではなく、歩くという行為を通して、想像の範囲を超える距離を体で感じられるようにしたのだ。

## 時間の比較

ベゾスは時間の比較も好んで使う。とりわけ、消費者が節約できる時間とデータを関連づけることが多い。

「消費者はアマゾンでの買い物の28％を3分以内に完了します」（出典8）とベゾスは２０２０年の株主への手紙で書いている。28と3、この数字は、そのままでは大した意味を持たない。だからこそ、ベゾスは次のような説明を加えている。

　これを、実店舗での典型的な買い物と比べてみましょう。車を運転して、駐車して、商品が置かれた通路と棚を探して、レジの列に並び、駐車場で車を探して、運転して家に帰ります。調査によれば、実店舗での一般的な買い物に要する時間は約1時間です。アマゾンでの買い物が15分だと仮定します。週に2、3回の実店舗での買い物時間を節約できるとすると、年間では75時間を超える時間の余裕が生まれることになります。これは大切なことです。私たちは皆、忙しいですから。

この比較にさらにインパクトを与えるため、ベゾスはこう続けた。

時間節約の効果を、ドル換算してみます。ごく控え目に1時間あたり10ドルとして計算してみましょう。75時間に10ドル／時をかけ、プライム会員費を差し引くと、プライム会員ひとりあたり約630ドルの価値創造になります。アマゾンには2億人のプライム会員がいますから、2020年だけで合計1260億ドルの価値創造を実現したことになります。

**コーチング・ドリル**

次のようなデータを、文脈に落としこんで説明する練習をしてみよう。

「グランデ・モカ・フラペチーノには、約55グラムの砂糖が含まれている」

さて、55グラムは多いのか、それとも少ないのか？　文脈がなければ、それは単なる数字に過ぎない。ここでは、あなたが栄養士で、クライアントにフレーバーコーヒーの摂取を控えるように説得する場面を想定してみよう。55グラムの砂糖が、どれほどの量に相当するのか、どのようにたとえられるだろうか？

小さじならば何杯分にあたるか比較してもいい（答えは、11杯分）。M&M'sチョコレートにたとえるのも有効かもしれない。グランデ・モカ・フラペチーノの砂糖の量は、M&M'sのファンサイズパッケージの、1つ分でも2つ分でもなく、3つ分に相当する。

これであなたのクライアントも、フラペチーノを飲みすぎないよう考えを改めてくれるだろうか？

## わかりやすいデータの表現で、価値を可視化する

強い影響力を持つスピーカーは、聞き手を圧倒してしまうような膨大なデータを積み上げることを避ける。その代わり、いくつかの重要な統計データを厳選し、そのデータを中心に、専門家でなくても理解しやすく記憶に残りやすい具体例を用いて、ストーリーを構築していく。

グーグルのチーフエコノミストを務める経済学者ハル・ヴァリアンは、「データを理解し、処理し、そこから価値を引き出し、可視化し、伝える、というデータを扱う能力は、今後数十年で非常に重要なスキルになるだろう」（出典9）という見解を示している。

データを読み手や聞き手が感覚的にとらえやすい形にすることで、数字をそれまでとは異なる方法

で認識できるよう後押しするのだ。

このような説得力のあるコミュニケーションスキルを身につけることで、一見挫折や失敗、困難に思える出来事を、チャンスとしてとらえ直すことも可能になる。これは、自分のアイデアを実現するために相手を説得するうえで鍵となる要素である。

私はよく、「あなたが自分のストーリーを語らないと、他の誰かが語り始めるでしょう。そして、あなたはそのストーリーを好きになれないかもしれませんよ」と言っている。

たとえば、世界でもっとも裕福な人物は、つねに人々の視線を集める。活動家、規制当局、メディアもまた、リストの上位に入る人物や企業に世間が厳しい目を向けることをよく理解している。

２０１８年のインタビューで、世界一の富豪になったことについて感想を求められたベゾスは、「私は、そのタイトルを追い求めたことはありません。世界で2番目の金持ちで十分です」（出典10）と答えた。ベゾスの言わんとすることを察した聴衆からは笑いが起こった。

このインタビューでベゾスは、その数年後、２０２０年の株主への手紙で再び取り上げることになる、あるデータを紹介している。

まずベゾスは、アマゾンが株主に1・6兆ドルの富をもたらしたことを認めた。彼自身も株主のひとりだ。「1・4兆ドルの富の創造に相当する、株式の8分の7以上は、私以外の株主が所有しています」（出典11）。これは誰だろうか？　正解は、「年金基金、大学、確定拠出型企業年金制度などです」。

そしてベゾスは、メアリーとラリーという名の夫婦から受け取った手紙を披露し、富をさらに人間味あふれるものにしていく。

夫婦は1997年、本が大好きな12歳の息子ライアンに、アマゾンの株を2株プレゼントして驚かせたという。その後、アマゾン株は何度か株式分割が行われ、彼らは24株を保有することになった。2021年、アマゾンの株は1株あたり3000ドルをはるかに超える価格で取引されていた。ライアンはその一部を売却し、家を購入する資金に充てた。「この2株は、私たち家族に素晴らしい恩恵をもたらしてくれました」と夫婦は書いている。「私たちは、アマゾンの価値が年々高まっていくのを喜びながら見守っていました。このストーリーを私たちはぜひ皆さんに知ってもらいたいと思います」

ベゾスはライアンの家族のストーリーとそれを裏づけるデータを使って、次のような助言を行っている。

「ビジネスで成功したいのなら（これは実際、人生についても言えることですが）、消費する以上のものを作り出さなければなりません。あなたが目指すべきゴールは、自分が関係するすべての人にとっての価値を創造することです。たとえ表面的には成功しているように見えても、関わる人たちのために価値を生み出さないビジネスが、この世で長続きすることはありません。そのようなビジネスは、すでに退却へと向かう道を歩みつつあるのです」

私たちはストーリーで物事を考える。このことを忘れないでほしい。データをストーリーで包むことで、聞き手や読み手の頭に、あなたのメッセージがすっと入るようになる。

データを聞き手にとって感覚的に理解しやすいものにすることで、あなたが創造している価値を可視化することができる。

あなたのスタートアップが投資家に提供する価値を示そう（会社がどれだけ利益を生むのか、いつ目標を達成するのか、そして、投資家はいつ出資に見合うリターンを手にすることができるのか）。会社に採用されたら、どれだけの価値をもたらせるかを示そう（前社で売上を25％伸ばしたなら、その方法と、その方法が新しい会社でも通用する理由）。

また、あなたのビジネスが、顧客や従業員に与える価値を示そう（時間やお金の節約、売上アップへの貢献など）。

ベゾスは、すべての人のために価値を創造する、という貴重な教訓を与えてくれた。だが時には、自分の仕事を売りこみ、注意を引くのが先決となることもある。次章では、アイデアの売りこみ方について見ていこう。

# 15 ガロ・メソッド：アイデアを15秒で売りこむ

もし、あなたが他の人とコミュニケーションを取って、話をし、自分の考えを伝えることができなければ、自分の可能性を放棄することになります。
——ウォーレン・バフェット

ピューリッツァー賞を受賞した歴史家、ドリス・カーンズ・グッドウィンは、50年以上にわたりリーダーシップについて研究してきた。

グッドウィンによれば、リーダーシップの本質とは、「共通の目的に向かい人々を動員するために、自分の才能、スキル、感情的知性を駆使する能力」（出典1）にあるという。

スティーブン・スピルバーグ監督の同名の映画にインスピレーションを与えた著作『リンカーン』でグッドウィンは、優れたリーダーはストーリーを通してコミュニケーションを取る、そしてそのストーリーを聞いた人々は、自分も共通の目的に向かう旅の一員なのだと感じるようになる、と論じている。

優れたリーダーは、会社が誰の役に立つのか、どのような問題を解決できるのか、関わるすべての人の人生をいかに豊かにするのか、といったビジョンを持っているからこそ、企業を成功に導くことができるのである。コミュニケーションは、そのビジョンのもとに人々をまとめ、あなたの壮大な旅に加わるよう説得するための鍵なのだ。

ガロ・コミュニケーションズ・グループでは、クライアントのストーリーを1ページで表現するためのテンプレートを作成した。私たちが「ガロ・メソッド」と呼ぶこのテンプレートは、明確で簡潔、かつ説得力のあるメッセージを作成するためのツールである。

テンプレートを作成する目的は、人々を旅へと連れ出し、あなたのアイデアに基づき行動を起こすよう説得することだ。テンプレートはまた、旅人たちを現在地から目指す目的地まで導くガイドの役も果たす。

ガロ・メソッドは、柔軟でシンプル、そして拡張性がある。15秒のピッチの作成にも、15分のプレゼンテーションの構築にも応用できる。

このメソッドには、本書で説明したコンセプト、すなわち、ログラインの作成方法、ストーリーテリング、データに意味を与え記憶に残るようにする方法、アナロジーやメタファーの作り方などが盛りこまれている。

ただし、成功のためのメッセージ・マップを完成させるためには、これまで学んできたコミュニケーションツールに加えて、もうひとつ欠かせない要素がある。それは、「3の法則」だ。

## コミュニケーションにおける3の法則

3の法則は、洋の東西を問わず、時代を超えて、文化や文学を織りなすコミュニケーションの糸である。

端的に言えば、人間の脳は努力せずして3つ以上のものを短期記憶に留めておくことができないのだ。電話番号のように、3桁を超える一連の数字を記憶しようとする場合にも、私たちは、数字を3つか4つのグループに分ける。

量子物理学者のドミニク・ウォーリマンは、3の法則をマスターできれば、誰にでも、何でも伝えられると述べている。

ウォーリマンは、物理、ナノテクノロジー、ロケット科学など、難解で複雑なテーマをわかりやすく説明する子ども向けの書籍を執筆したり、ユーチューブ動画を作成したりしている。

自分がよく知っているテーマを、それほど詳しくない人に説明する時は深く掘り下げすぎないこと、広げすぎないこと、これが彼からのアドバイスだ。

人が一度に吸収できる情報量は限られている。「たくさんの情報を詰めこんで、せっかくの成果を台無しにしてしまうよりも、相手に理解してもらえるよう、たとえば3つぐらいに絞って説明するのがいいでしょう」（出典2）とウォーリマンは述べている。

ジョージタウン大学の研究者は、3は人々に魔法をかけるが、4は人々を警戒させることを突き止めた。

彼らの研究の目的は、消費者がある商品のメッセージを他のものより魅力的だと感じる理由を探ることであった。研究の結果、説得力があると消費者が感じる製品は、3つのメッセージを持つことがわかった。4つ、5つ、あるいはそれ以上の主張が並べられていると、消費者は興味を失い、印象にも残りにくくなるのだ。

同研究に基づけば、製品販売やアイデアの売りこみ時に、たった1つのメッセージだけで主張を裏づけようとしても、十分に説得力があるとは言えない（出典3）。裏づけが2つならば、1つよりは良い。だが、3こそがマジックナンバーなのである。

スタートアップとベンチャーキャピタル投資の世界で、3の法則が浸透していることを明らかにした実におもしろい研究がある。

クラウドベースの文書共有サービスを提供するドックセンドが、データに基づいた分析調査を行ったところ、投資家がスタートアップのピッチ資料をレビューするのに費やす時間は平均3分であることが判明した。また、3名の創業者によって共同創業されたスタートアップに、より多くの資金を出資している。

さらに投資家は、ピッチ資料のうちソリューション、プロダクト、チームについて説明する3枚のスライドをもっとも多くの時間をかけて精査する。20枚のスライドから構成されるピッチ資料であっても、そのうちの3枚だけが、他のスライドよりも重要度が高いのである（出典4）。

ジェフ・ベゾスのような優れたコミュニケーターも、3の法則を活用している。以下に例を挙げよう。

- アマゾンには、3つの大きな理念があり、私たちはそれを18年間守り続けてきました。それは、お客様を第1に考えること、実験を繰り返してイノベーションを起こし続けること、そして忍耐強くあることとです。これこそが、私たちが成功している理由なのです。
- 成功の鍵は、忍耐と粘り強さ、そして細部への執拗なまでのこだわりです。
- アマゾンの成功は、品揃え、利便性、低価格の3本柱から成り立っています。
- この激動の世界経済においても、私たちの基本的なアプローチは変わりません。謙虚であること、長期的な結果に焦点を当てること、お客様にこだわることです。
- 採用の判断をくだす前に、3つの問いについて検討するように伝えています。この人物を尊敬できるか？　この人物はグループの効率性を高めるか？　この人物はどのような側面においてスーパースターになるだろうか？
- 懸命に働き、楽しみ、歴史を作ろう。

## ガロ・メソッドに基づくメッセージ・マップ・テンプレート

ガロ・メソッドに基づくメッセージ・マップ・テンプレートでは、３の法則を活用してあなたのストーリーを強化していく。テンプレートの作成手順は次の通りだ。

### １．ログラインのドラフトを作成する

「オーディエンスに知ってもらいたい、もっとも重要なことは何か」と自分に問いかける。ログラインは、具体的で、明快かつ簡潔であること。英語だと30語以内（10語ならなお良い）におさめる。ログラインが、１４０文字の制限があったツイッターで投稿できないようなら、長すぎる。

アマゾンについてベゾスが繰り返した言葉を思い出そう。「Our mission is to be Earth's most customer-centric company.（私たちのミッションは、地球上でもっともお客様を大切にする企業になることです）」。英語でたった9語だ。ビジョンは大胆に、短くまとめることが重要なのだ。

### ２．ログラインを補強する、３つのメッセージを作成する

どのメッセージも、ログラインで示したビッグアイデアにとって代わるほど重要ではない。これらのメッセージは、あくまでもビッグアイデアをサポートするためのものだ。

## 3．作成したメッセージに、ストーリーやデータ、アナロジーなどを使って命を吹きこむ

本書でこれまで学んできたストーリーやデータ、メタファー、アナロジーなどを活用して、メッセージを強化し、説得力を高めていこう。

では、わかりやすい商品を例にして、メッセージ・マップの使い方の理解を深めよう。たとえばシャツだ。

アンタックイットは、タックアウト（裾だし）シャツのトレンドを作り出した、ニューヨークを拠点とするアパレルブランドだ。同社の創業者、クリス・リッコボーノは効果的なコミュニケーションの学び人である。

「もし、競合他社との違いをワンセンテンスで説明することができなければ、時間を無駄にしているだけです」（出典5）とリッコボーノは述べている。

一文にまとめられたアンタックイットのログラインは、「Shirts designed to be worn untucked.（タックアウトで着るためにデザインされたシャツ）」である。

この6語から、アンタックイットという会社とその商品について知るべきほとんどすべてのことが伝わってくる。ウェブサイト、店舗内、ソーシャルメディア、公開プレゼンテーションなど、同社のすべてのプラットフォームで一貫してこのログラインが使われている。

話はこれで終わりではない。同社は、3つのメッセージを発信している。

「完璧な丈」「フィット感」「ヘムライン［訳注：ズボンから出しても美しく見える裾のライン］」である。

これらのメッセージはすべて、ガロ・メソッドのメッセージ・マップに見事におさまる。非常に簡潔なメッセージは、北米と英国の80以上の実店舗の壁にも掲げられている。

下の図18は、アンタックイットのメッセージ・マップを示したものである。

アンタックイットは製品の例であるが、会社の設立、製品の販売、アイデアの売りこみ、採用面接など、ガロ・メソッドは、あらゆるタイプのコミュニケーションの準備に活用できる。

ひとつ例を挙げよう。本章の執筆中に私は、時価総額１００億ドルの、非常に影響力のある上場ハイテク企業のＣＥＯとミーティングを持った。

投資コミュニティでは、同社の四半期決算の内容に期待が高まっていた。同社の業績が、業界全体の今後の方向性の指標になると考えられているためだ。

ＣＥＯオフィスに隣接した大きな会議室で打ち合わせに入

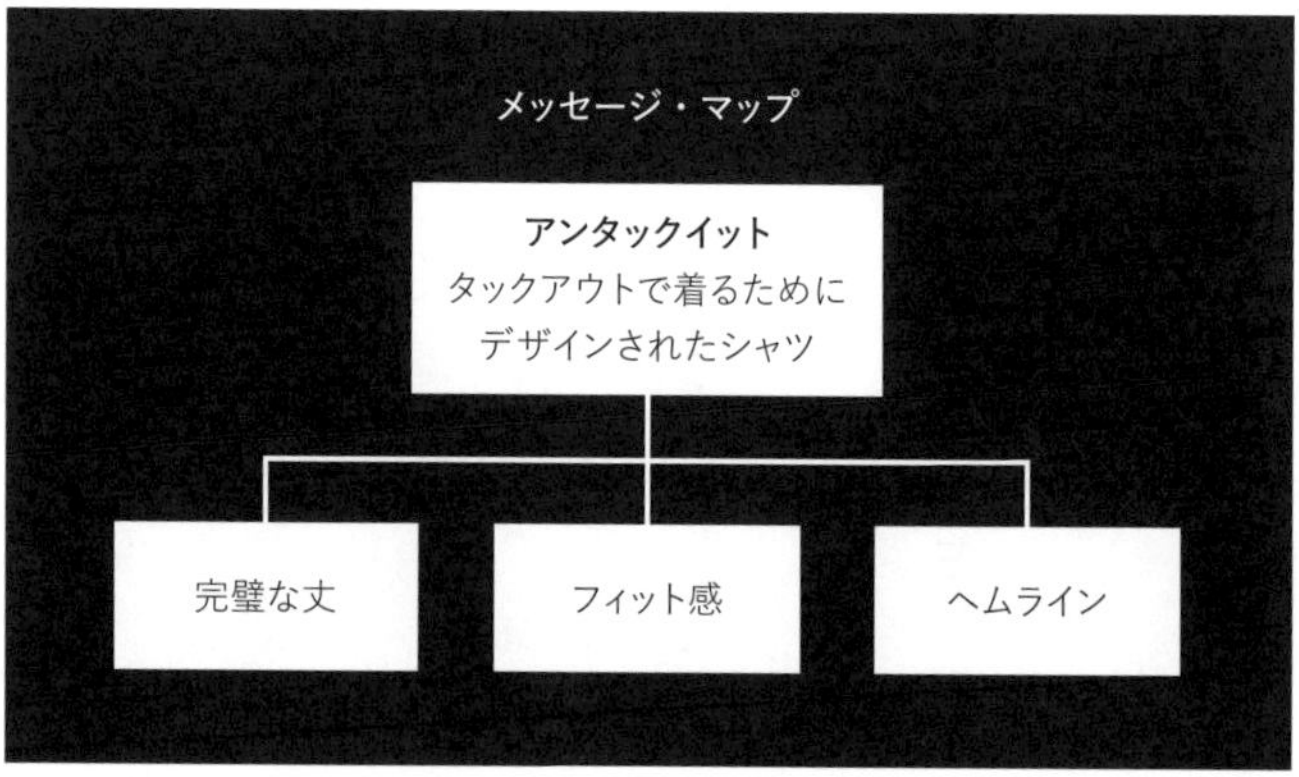


［図18］アンタックイットのメッセージ・マップ

った。彼はちょうど、アナリスト向けの四半期決算の説明会を終えたところだった。同社をカバーする証券アナリストたちと1時間ものあいだ、決算情報の森の奥深くまで入りこんでいたわけである。

アナリストたちは、CNBCの平均的な視聴者よりも深い知識を持っている。その後に予定されていたCNBCのインタビューに向けて私に課された仕事の一部は、決算の枝葉末節あるいは雑草のような情報を取り除き、CEOが再び青空を眺められるように、つまり全体像を俯瞰できるようにすることだった。

そこで私たちは、ログラインとそれをサポートする3つのメッセージから構成されるメッセージ・マップの作成に取りかかった。

まずはログラインだ。「会社について、投資家たちに知ってもらいたいことをひとつ挙げるとしたら、何になりますか？」と私はCEOに尋ねた。

これに対する彼の答えは、長く複雑なものだった。「我が社の強力な技術的優位性と規律ある財務管理により、我々は、ビジネスの根本に影響を与えている市場のトレンドを十分に利用するうえで好位置につけています」

「つまり、御社のバランスシートは強固で、プロダクトミックスについても楽観的ということが言いたいのですね？」と私は聞いた。「いかにも。これほど有利なポジションを得たことはありません。これまで一度も」と彼は言う。

それに対し私は、以下のように答えた。「それでは、ずばり要点だけ伝えましょう。投資家たちが知りたがっているのは、たったひとつのシンプルな事実です。あなたの会社は、かつてないほど健全で、力強い。そのことをはっきりと、そして簡潔に伝えましょう」

こうして、インタビューへ向けたログラインが具体的になっていった。それは次のようなものだ。

当社は、これまで以上に健全で、強固なポジションを築いています。

私たちは次に、ログラインをサポートする3つのメッセージの作成に取り組んだ。投資家が知りたいだろうこと、知るべきこと、知るべきだけれど知らないだろうこと、の3点である。

CEOは、財務チームと私の意見を聞きながら、ログラインの裏づけとして、下記の3つのメッセージに焦点を当てると決断した。

1. すべての製品カテゴリーで過去最高の収益を記録した。
2. 製品の価格競争力の強さが維持されており、来期の収益、利益とも予想を上方修正した。
3. データセンター、5G携帯電話、電気自動車という、会社の成長の原動力となっている3つのカテゴリーで、今後も力強い需要トレンドが存在する。

CEOのインタビューが行われた翌朝、CNBCは、同社の四半期決算の結果を「絶好調」と言い表して、CEOの言葉をそのままニュースのヘッドラインに使った。

私たちが、一般の視聴者にも理解できるようストーリーをわかりやすくしたことで、テレビ局のレポーターたちも、そのストーリーをそのまま使うことができたのだ。

**コーチング・ドリル**

ピッチやインタビュー、プレゼンテーションなどの内容構成を考える時は、ぜひガロ・メソッドを試してほしい。下の図19に示したメッセージ・マップのテンプレートを使って、ログラインと、ログラインをサポートする3つのポイントを書きこんでみよう。

最初のステップはとにかく書き始めること、これに尽きる。言葉を削ったり、書き足したり、推敲するのは後でいくらでもできる。協力も大切だ。意見をもらい、取り入れていこう。

メッセージ・マップが完成したら、1

［図 19］メッセージ・マップのテンプレート

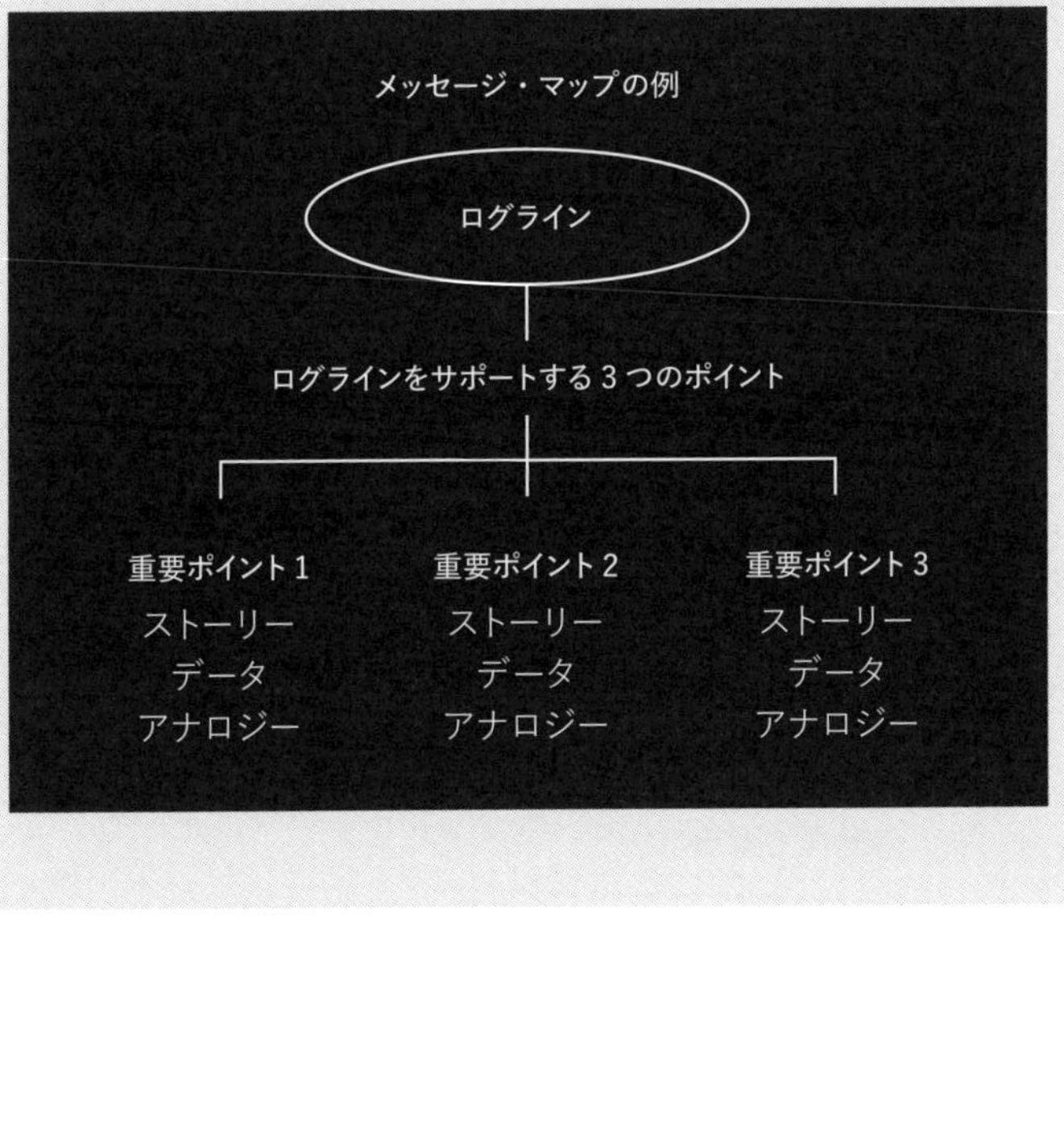

ページにシンプルでわかりやすいストーリーがまとめられているはずだ。これを頭に叩きこんで、ピッチやインタビューなどに臨もう。スライドを用いたプレゼンテーションのアウトラインとしても使える。メンバーの認識を一致させるために、チーム内で共有することもできる。ウェブサイト開発者や、マーケティング資料の制作者などにもメッセージ・マップを渡そう。

あなたのストーリーを1ページにまとめたもの、それがメッセージ・マップなのである。

ハーバード大学の私のクラスに参加している、コリンという名の経営幹部は、チームのオンラインミーティングをより効果的かつ効率的なものにする目的でメッセージ・マップのコンセプトを導入している。

彼は、ヨーロッパ市場で2番手に位置する金融サービス企業に勤め、60人のスタッフを率いている。チームの仕事は、富裕顧客の資産運用と管理である。

「メッセージ・マップの効果には驚かされました」と、授業の後にコリンから感想を聞くことができた。「顧客向けプレゼンテーションの準備に要する時間を半減することができたのです」

コリンのチームは、週に少なくとも2回――新規顧客を獲得するためのものと、既存顧客に最新情報を提供するためのもの――のプレゼンテーションを実施し、その都度資料を準備する。

ガロ・メソッドを使うことで、少数のチームメンバーで、聞き手が求める情報に合わせてプレゼンテーションごとにユニークなメッセージを簡単に作成できるようになったという。また、他のメンバーも、1枚のメッセージ・マップで議論の流れを容易に確認することができるようになった。

おまけに、メッセージ・マップを活用することで、プレゼンテーションのスライドを30枚から10枚にまで減らすことができたという。

1枚のスライドにログラインを明示する。続いてそれぞれ2、3枚のスライドを使い、3つの重要メッセージと、それを裏づけるメッセージで、ログラインを補強していく。

右の図20は、メッセージ・マップの構成をアウトラインとして用いて作成した、14枚のスライドの流れを示したイメージ図である。

［図 20］メッセージ・マップの構成に基づき
作成された 14 枚のスライドのレイアウト

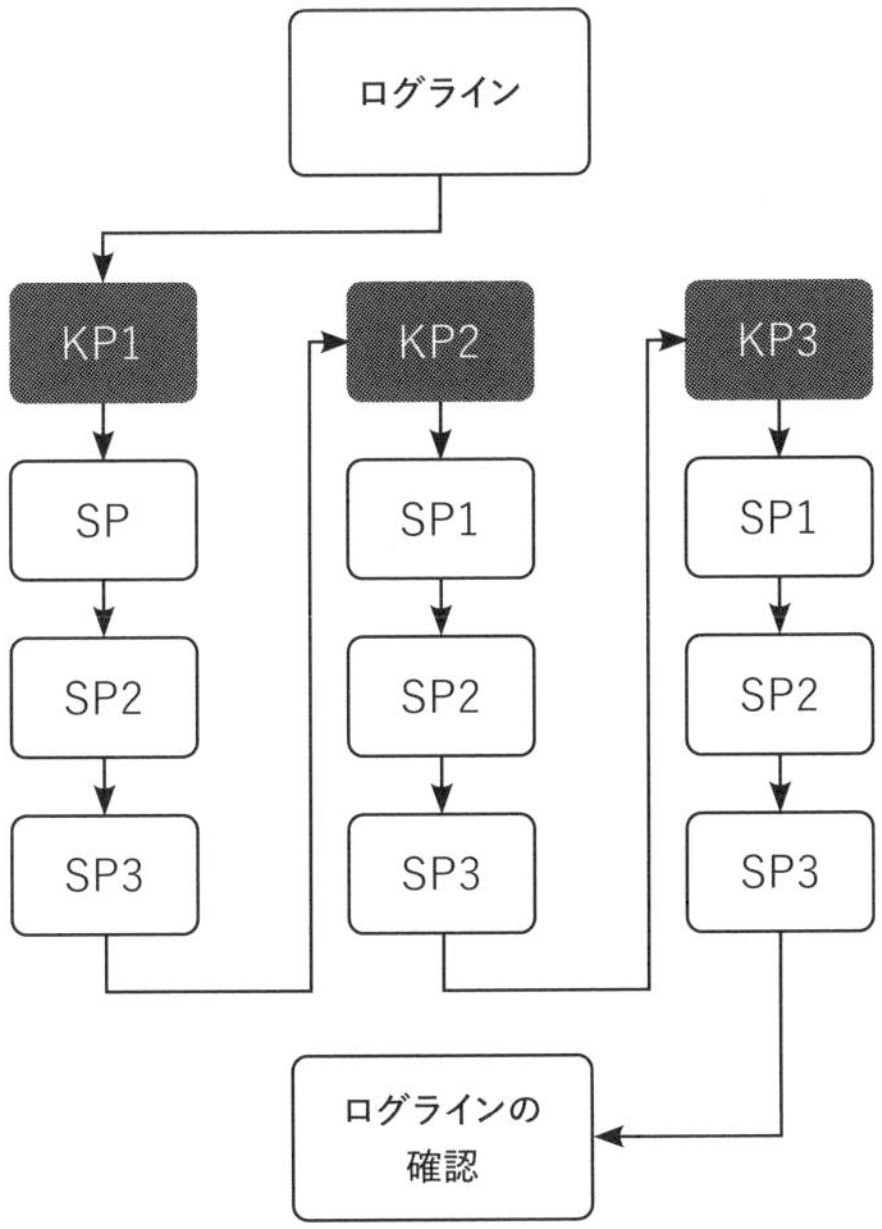


KP = key point（重要ポイント）
SP = supporting point（サポート・ポイント）

繰り返しになるが、ガロ・メソッドは時間の節約にもつながった。

コリンのチームはそれまで、1回のプレゼンテーションのために30分の会議を3回開催していた。ところが、メッセージ・マップはとてもシンプルなので、30分の会議を1回行うだけで、チームはストーリーの方向性を決めることができるようになったという。

顧客もこれを気に入った。45分間ただ座って最新情報に耳を傾ける代わりに、20分で必要な情報が得られるようになり、残りの時間はチームとの対話に使うことができるようになったのだ。

それどころか、顧客はプレゼンテーションが非常にシンプルでわかりやすいと感じ、たいていの場合は報告内容に満足し、会議の終了時間が繰り上げられ、忙しい日々に空き時間が生まれることを喜んだのである。

「金融業界で25年間働いてきましたが、チーム内の意思統一を図り、明確で簡潔なプレゼンテーションを作成するのに、これほどシンプルなコミュニケーションツールに出会ったことはありません」とコリンは話してくれた。

詩人ヘンリー・デイヴィッド・ソローは、パワーポイントが発明される200年近く前に生まれた人物だが、彼が「何ごとも簡素、簡潔、簡明に！　問題は100や1000でなく、2つか3つにとどめよう」と書いた時、その言葉は、現代のコミュニケーターに向けられていたのかもしれない。

優れたリーダーは、大胆なビジョンを掲げ、共通の目標のもとに人々をうまく結集させる。

しかし間違いなく、彼らは事前に言葉を練り上げ、その言葉を巧みに、シンプルな構成にまとめている。自分たちがどこへ向かおうとしているのかを明らかにし、その旅に参加するよう人々を説得するために、明確でわかりやすいロードマップを選択するのだ。

# おわりに

# 革新と創造、そしてさすらい

あなたが情熱を選ぶのではありません。情熱があなたを選ぶのです。

——ジェフ・ベゾス

創造性は、イノベーション、リーダーシップ、そしてコミュニケーションに不可欠な要素だ。しかし、創造性を最大限に発揮するためには、創造性を開花させる条件を整えなければならない。

画期的なアイデアは、欲しいと思った時に都合よく現れるものではない。コンピュータの画面上の白紙のページを見つめている時に、創造的なアイデアが生まれることなどめったにない。ひらめきが降りてくるのは、次の5つの条件が揃った時なのだ。

## 1．十分な睡眠を取ること

「私は8時間の睡眠を取ることをとても重視しています」（出典1）とベゾスは語っている。「そうすれば、頭が冴えますし、エネルギーも湧いてきますから」

彼は毎朝「のんびりする」時間も設けている。新聞を読み、コーヒーを飲み、子どもたちとの朝食を楽しむ。

ベゾスは、1日の最初の重要なミーティングを、自分のエネルギーが最高潮に達する午前10時に入れるようにしている。リーダーは、1日のうちに数少ない、だが質の高い決断をすることで報酬を得ている、と彼は言う。そのうえで、そのような決断を1日に3つでもくだすことができれば上出来だ、と考えている。

十分な睡眠は、良質な決断を行い、新しいアイデアを生み出すためのエネルギーをもたらしてくれるのだ。

## 2．活動的であること

スティーブ・ジョブズは、長い散歩をしながら難しい話をすることを好んだ。アップルやピクサーの社員は、この「ブレインストーミング・ウォーク」が、会議室でのミーティングよりもはるかに生産的だったと振り返る。ジョブズは散歩中に、とびきり斬新なアイデアを思いついたのだ。

スタンフォード大学の研究によると、ウォーキングは私たちの創造的なアウトプットを60％増加させるという（出典2）。

同研究では、被験者に、斬新なアイデアや革新的なアイデアを測定する、「発散思考テスト」を受けてもらった。

テストでは、歩きながら、あるいは座ったまま、というように異なる条件下で測定を行った。すると、参加者の大半は、アクティブに動いている時のほうが、はるかに創造的であるという結果が得られたのだ。

歩くという行為が斬新なアイデアの創出につながるのは、私たちの脳が、1日に12マイル（約20キロ）も歩いた祖先の脳から進化してきたためだ。

何時間も延々と教室に座っていたり、一日中ズームでミーティングをしたり、デジタルスクリーンを見つめているうちに創造性が高まると期待するのは、自然に反する。

運動しよう。創造的なアイデアは強制されるものではなく、適切な条件が整ってはじめて湧き出してくるものなのだ。

## 3．情熱にあなたを選ばせること

「ニール・アームストロングが月面を踏んだのを目にした5歳の時から、私は宇宙、ロケット、ロケットエンジン、そして宇宙旅行に情熱を傾けてきました」（出典3）
宇宙企業ブルーオリジンの活動に専念したいとして、アマゾンのCEOを退任する理由を問われたベゾスはこのように説明した。
「私たちは皆、情熱を持っていると思います。そして、あなたがそれを選ぶことはできません。情熱が、あなたを選ぶのです。それでも、情熱に敏感でなければなりません。探し続けなければならないのです」

## 4. 学びたがり屋であること

アマゾンのリーダーシップの原則のひとつに、「つねに学び好奇心を持つこと」がある。リーダーの学びに終わりはなく、皆、自らを向上させようと不断の努力をしている。

人間には、「すべてを学んでいく」タイプと「すべてを知っている」タイプがいる。変化の激しい世界情勢では、つねに学び続ける人だけが、世界を前進させる斬新なアイデアを発展させることができる。


「はじめに」でも言及したように、伝記作家ウォルター・アイザックソンは、ジェフ・ベゾスはレオナルド・ダ・ヴィンチを想起させると述べている。

「彼の喜びに満ちたノートブックからは、ダ・ヴィンチが高揚感と遊び心にあふれた好奇心を持ち、自然のあらゆる分野で心を躍らせていたことが感じ取れる……ジェフ・ベゾスにも、これらの特徴を見出すことができる。彼は、いくつになっても、子どものような好奇心を失わない。ベゾスはほとんどすべてのことに対して、飽くなき、子どものような、そして喜びに満ちた好奇心を持ち続けている」（出典4）

## 5.「無限」のマインドセットを養うこと

世界を変える起業家たちは、行動を起こそうとするたびに、アイデアを売りこもうとするたびに、現状維持バイアスに直面し、これと積極果敢に戦っている。

私たちの多くは、新しいことに挑戦するよりも、それまでの慣れ親しんだやり方を好む傾向がある。簡単に言うと、これが現状維持バイアスである。

ベゾスは、オンライン書店のアイデアを売りこんだ時に、このバイアスを克服した。その後も、eコマース、ストリーミング・エンターテインメント、クラウドコンピューティング、即日配達、宇宙開発など、「クレイジー」なアイデアを追い求めながら、現状維持バイアスを乗り越えていった。今やどれも、「ひどく現実離れしている」ようには見えない。

ベゾスは自分のアイデアに限界を設けない。

「月に行くなど昔は不可能なことだと思われていたので、私たちは実際、不可能であることの比喩として使っていたぐらいです」(出典5)とベゾスは話す。「そこから学び取っていただきたいのは、私たちは、やろうと思えば何でもできるということです」

成功と創造性のための条件を整えたあなたは、抜きん出た存在になっていくだろう。差別化は、出る杭が打たれる世界において生き残りの鍵となる。

ベゾスはCEOとしての最後の株主への手紙で、世界があなたを「普通の人」にしようと圧力をかけてくる中で際立った存在になるには大変な努力が求められる、と書いている。皆と同じようにしている方が、簡単だし、余計なエネルギーも必要ない。

しかし、「私たちは皆、独自性があること、つまりオリジナリティに価値があることを知っています」(出典6)とベゾスは続ける。「それでも世界は、あなたが普通であることを望み、ありとあらゆる方法で、あなたを抑えこもうとするでしょう。そうさせてはなりません」

独創的であるためには、不断の努力、生涯を通じての学習、尽きることのないエネルギー、そして執拗なまでの情熱が必要だ。「けっして、けっして、けっして、あなたを平らに均し、周囲に溶けこませようという宇宙のたくらみに身を委ねてはいけません」とベゾスは力説する。

そしてベゾスは言うのだ。

「今はまだＤａｙ １です」

# 謝辞

大胆な夢を追い求める時には、そばに力強いサポーターを持つことが大きな助けになる。私にとっては、妻ヴァネッサ・ガロがその人だ。私たちは1996年に出会い、その2年後に結婚した。ヴァネッサの揺るぎない支援が、自らの情熱にしたがって突き進むための自信と勇気を私に与えてくれた。私たちは共同で、CEOやビジネスリーダーたちをコミュニケーションの達人に変身させるための指導にあたる他、ハーバード大学の企業エグゼクティブ向けのクラスも担当している。ジョゼフィーンとリーラは、これ以上望みようのない素晴らしい娘たちだ。

本書の執筆にあたり、セント・マーチンズ・プレスのチームには本当にお世話になった。セント・マーチンズ・パブリッシング・グループのサリー・リチャードソン会長は、このたび勤続50年を迎えられた。彼女の編集人生の一部分に関われたことは、このうえない喜びである。セント・マーチンズ・プレスの編集者ティム・バートレットは、友人であり、頭の整理が必要な時の壁打ち相手であり、私の文章の質を絶えず高めてくれる頼もしい人物だ。セント・マーチンズの営業、マーケティング、広報チーム、そして書籍のオーディオ化を担当してくれたマクミラン・オーディオの皆さんにもお礼をお伝えしなければならない。

長年にわたり著作権エージェントを務めてくれているロジャー・ウィリアムズに、そして彼が与えてくれる、かけがえのない洞察、フィードバック、過去の経験からの教訓にも深く感謝したい。

基調講演スピーカーのエージェントであるブライトサイト・スピーカーズのトム・ニールセンとレス・トゥエルクは、私のプロモーターであり、師であり、友人であり、つねに私を鼓舞してくれる存在だ。彼らの導きには頭があがらない。

母のジュゼッピーナをはじめ、ティノ、ドナ、そして2人の甥フランチェスコにニックという愛すべき家族に囲まれていることを幸運に思う。

最後に、読者の皆さんにも、特別な感謝を捧げたい。あなたの素晴らしいアイデアが、世界を前進させるのだ。

皆さんの成功を祈って

カーマイン

# 出典・参考文献一覧

〈出典一覧〉

## はじめに 「Day 1」──毎日が1日目


出典1 Dana Mattioli, "Amazon Has Become America's CEO Factory," *Wall Street Journal*, November 20, 2019, https://www.wsj.com/articles/amazon-is-americas-ceo-factory-11574263777, accessed December 15, 2021.

出典2 "Bloomberg Studio 1.0: AWS CEO Adam Seplipsky," Bloomberg, November 17, 2021, https://www.bloomberg.com/news/videos/2021–11–18/bloomberg-studio-1-0-aws-ceo-adam-selipsky, accessed December 15, 2021.

出典3 CNBC Television, "Early Amazon Investor John Doerr on the End of the Jeff Bezos Era, "YouTube, July 2, 2021, https://www.youtube.com/watch?v=18JA3iD47B4, accessed December 15, 2021.

出典4 Ann Hiatt, *Bet on Yourself: Recognize, Own, and Implement Breakthrough Opportunities* (New York: HarperCollins, 2021), 30.

出典5 Marilyn Haigh, "Amazon's First-Known Job Listing: Jeff Bezos Sought Candidates to Work Faster Than 'Most Competent People Think Possible,'" CNBC, August 23, 2018, https://www.cnbc.com/2018/08/23/jeff-bezos-posted-the-first-job-ad-for-amazon-in-1994.html, accessed June 25, 2021.

出典6 Jeff Weiner, "LinkedIn CEO on the 'Soft' Skills Gap," CNBC, April 19, 2018, https://www.cnbc.com/video/2018/04/19/linkedin-ceo-on-the-soft-skills-gap.html, accessed June 25, 2021.

出典7 Diane Brady, Chris Gagnon, and Elizabeth Myatt,"How to Future-Proof Your Organization,"*The McKinsey Podcast*, June 17, 2021, https://www.mckinsey.com/business-functions/organization/our-insights/how-to-future-proof-your-organization, accessed October 8, 2021.

出典8 Walter Isaacson, *Invent and Wander: The Collected Writings of Jeff Bezos, with an Introduction* (Boston: Harvard Business Review Press, 2020), 1.

出典9 同右, 4.

出典10 Bill Birchard, "The Science of Strong Business Writing," *Harvard Business Review*, July–August 2021, https://hbr.org/2021/07/the-science-of-strong-business-writing, accessed October 8, 2021.

出典11 Jeff Bezos,"Letter to Shareholders," Amazon, 2016, https://s2.q4cdn.com/299287126/files/doc_financials/annual/2016-Annual-Report.pdf, accessed June 25, 2021.

## 第Ⅰ部 コミュニケーションの基礎

### 1 とにかくシンプルにすること

出典1 CNBC, "Jeff Bezos at the Economic Club of Washington (9/13/18)," YouTube, https://www.youtube.com/watch?v=xv_vkA0jsyo, accessed April 29, 2021.
出典2 "The Best Commencement Speeches, Ever," NPR, May 30, 2010, https://apps.npr.org/commencement/speech/jeff-bezos-princeton-university-2010/, accessed April 29, 2021.
出典3 Geek Wire, "Jeff Bezos Shares His Management Style and Philosophy," YouTube, October 28, 2016, https://www.youtube.com/watch?v=F7JMMy-yHSU&t=2s, accessed June 20, 2021.
出典4 Jeff Bezos, "Letter to Shareholders," Amazon, 2020, https://www.aboutamazon.com/news/company-news/2020-letter-to-shareholders, accessed April 29, 2021.
出典5 "Leadership Principles," Amazon, https://www.amazon.jobs/en/principles, accessed October 8, 2021.
出典6 Lisa Feldman Barrett, *Seven and a Half Lessons About the Brain* (New York: Houghton Mifflin Harcourt, 2020), 10.
出典7 Daniel Kahneman, *Thinking, Fast and Slow* (New York: Farrar, Straus and Giroux, 2011), 63.
出典8 Jay Elliot, former Apple executive, in conversation with the author, January 13, 2020.
出典9 Emma Martin, "Warren Buffett Writes His Annual Letter as If He's Talking to His Sisters Here's Why," CNBC, February 25, 2019, https://www.cnbc.com/2019/02/25/why-warren-buffett-writes-his-annual-letter-like-it-is-for-his-sisters.html, accessed April 29, 2021.
出典10 Warren Buffett, shareholder letter, Berkshire Hathaway, February 23, 2019, https://berkshirehathaway.com/letters/2018ltr.pdf, accessed June 20, 2021.
出典11 "Email from Jeff Bezos to Employees," Amazon, February 2, 2021, https://www.aboutamazon.com/news/company-news/email-from-jeff-bezos-to-employees, accessed June 20, 2021.
出典12 同右
出典13 Stephen Moret, CEO at Virginia Economic Development Partnership, in discussion with the author, April 23, 2021.

出典14 Florencia Iriondo, "The Greatest Minds in Business and Entertainment Share Their Career Success," LinkedIn, December 20, 2016, https://www.linkedin.com/pulse/greatest-minds-business-entertainment-share-career-advice-iriondo/?published=t, accessed June 13, 2021.

## 2 簡単で短い言葉を選ぶ

出典1 Jeff Bezos, "Letter to Shareholders," Amazon, 2007, https://s2.q4cdn.com/299287126/files/doc_financials/annual/2007letter.pdf, accessed April 3, 2021.

出典2 Erik Larson, bestselling author of *Dead Wake and The Splendid and the Vile*, in discussion with the author, March 23, 2020.

出典3 Shawn Burton, "The Case for Plain-Language Contracts," *Harvard Business Review*, January–February 2018, https://hbr.org/2018/01/the-case-for-plain-language-contracts, accessed December 15, 2021.

出典4 同右

出典5 同右

出典6 Doris Kearns Goodwin, *Leadership in Turbulent Times* (New York: Simon & Schuster, 2018), 108.

出典7 "Form S-1 Registration Statement Under the Securities Act of 1933," United States Securities and Exchange Commission, February 12, 2021, https://www.sec.gov/Archives/edgar/data/1834584/000162828021001984/coupang-sx1.htm, accessed December 15, 2021.

出典8 Nassim Nicholas Taleb, *The Bed of Procrustes: Philosophical and Practical Aphorisms (Incerto)* (New York: Random House, 2010), 108.

出典9 Eric Meisfjord, "The Untold Truth of Bill Withers' Most Popular Songs," Grunge, April 7, 2020, https://www.grunge.com/199643/the-untold-truth-of-bill-withers-most-popular-songs/, accessed December 12, 2021.

出典10 Laura Coburn, Hana Karar, and Alexa Valiente, "Country Music Breakout Star Luke Combs on Songwriting, His Fans and Remembering the Las Vegas Shooting," ABC News, August 13, 2018, https://abcnews.go.com/Entertainment/country-music-breakout-star-luke-combs-songwriting-fans/story?id=57155998.

## 3 ログライン――ビッグアイデアを伝える鍵

出典1 Jeff Bezos, "Letter to Shareholders," Amazon, 2000, https://s2.q4cdn.com/299287126/files/doc_financials/annual/00ar_letter.pdf, accessed April 3, 2021.

出典2 "James Patterson Teaches Writing," MasterClass, https://www.masterclass.com/classes/james-patterson-teaches-writing, accessed December 15,

2021.

出典3 Clayton M. Christensen, "How Will You Measure Your Life?: Don't Reserve Your Best Business Thinking for Your Career," *Harvard Business Review*, July–August 2010, https://hbr.org/2010/07/how-will-you-measure-your-life?utm_medium=email&utm_source=newsletter_weekly&utm_campaign=insider_activesubs&utm_content=signinnudge&referral=03551&deliveryName=DM65685, accessed June 20, 2021.

出典4 "Shonda Rhimes Teaches Writing for Television," MasterClass, https://www.masterclass.com/classes/shonda-rhimes-teaches-writing-for-television, accessed December 15, 2021.

出典5 Derral Eves, *The YouTube Formula: How Anyone Can Unlock the Algorithm to Drive Views, Build an Audience and Grow Revenue* (Hoboken, NJ: John Wiley & Sons, 2021), 163.

出典6 Jeff Bezos, "Letter to Shareholders," Amazon, 2007, https://s2.q4cdn.com/299287126/files/doc_financials/annual/2007letter.pdf, accessed April 3, 2021.

出典7 Jeff Bezos, "Letter to Shareholders," Amazon, 2015, https://s2.q4cdn.com/299287126/files/doc_financials/annual/2015-Letter-to-Shareholders.PDF, accessed June 21, 2021.

出典8 Jeff Bezos, "Letter to Shareholders," Amazon, 2018, https://www.aboutamazon.com/news/company-news/2018-letter-to-shareholders, accessed June 20, 2021.

出典9 Jeff Bezos, "Email from Jeff Bezos to Employees," Amazon, https://www.aboutamazon.com/news/company-news/email-from-jeff-bezos-to-employees, accessed December 15, 2021.

## 4 心にささるメタファーの生み出し方

出典1 Jeff Bezos, "Letter to Shareholders," Amazon, 1997, https://s2.q4cdn.com/299287126/files/doc_financials/annual/Shareholderletter97.pdf, accessed February 15, 2021.

出典2 Jeff Bezos, "Letter to Shareholders," Amazon, 2016, https://s2.q4cdn.com/299287126/files/doc_financials/annual/2016-Letter-to-Shareholders.pdf, accessed February 27, 2021.

出典3 Ward Farnsworth, *Farnsworth's Classical English Metaphor* (Jaffrey, NH: David R. Godine, 2016), viii.

出典4 George Lakoff, *Metaphors We Live By* (Chicago: University of Chicago Press, 1980), 3.

出典5 同右, 4.

出典6 Nelson Goodman, "Metaphor as Moonlighting," Critical Inquiry, Vol. 6, No. 1, Autumn, 1979, 125–30, https://www.jstor.org/

stable/1343090, accessed March 8, 2022.
出典7 Jason Del Rey, “Watch Jeff Bezos Lay Out His Grand Vision for Amazon's Future Dominance in This 1999 Video,” Vox, November 22, 2015, https://www.vox.com/2015/11/22/11620874/watch-jeff-bezos-lay-out-his-grand-vision-for-amazons-future, accessed December 15, 2021.
出典8 Jeff Hodgkinson, “Communications Is the Key to Project Success,” International Project Management Association, https://www.ipma-usa.org/articles/CommunicationKey.pdf, accessed February 27, 2021.
出典9 Brad Stone, *The Everything Store: Jeff Bezos and the Age of Amazon* (New York: Hachette, 2014).
出典10 Colin Bryar and Bill Carr, *Working Backwards: Insights, Stories, and Secrets from Inside Amazon* (New York: St. Martin's, 2021).
出典11 Frederic Lalonde, founder and CEO of Hopper, in discussion with the author, March 12, 2021.
出典12 Jeff Lawson, CEO of Twilio, in discussion with the author, January 12, 2021.
出典13 Jim Collins, *Good to Great: Why Some Companies Make the Leap and Others Don't* (New York: HarperCollins, 2001), 165.
出典14 Brad Stone, *Amazon Unbound: Jeff Bezos and the Invention of a Global Empire* (New York: Simon & Schuster, 2021), 163.
出典15 2015 Amazon Shareholder Letter, https://s2.q4cdn.com/299287126/files/doc_financials/annual/2015-Letter-to-Shareholders.pdf, accessed February 27, 2021.
出典16 “Chris Hadfield Teaches Space Exploration,” MasterClass, https://www.masterclass.com/classes/chris-hadfield-teaches-space-exploration, accessed December 15, 2021.
出典17 “Morning Session-1995 Meeting,” Warren Buffett Archive, November 28, 2018, https://buffett.cnbc.com/video/1995/05/01/morning-session—1995-berkshire-hathaway-annual-meeting.html, accessed December 15, 2021.
出典18 Diane Swonk, chief economist at Grant Thornton, LLP, in discussion with the author, February 2, 2021.

## 5 アナロジーはコミュニケーターの最強の武器である

出典1 Bill Carr, author of *Working Backwards*, in discussion with the author, February 3, 2021.
出典2 同右
出典3 同右
出典4 同右
出典5 Diane Halpern, *Thought and Knowledge: An Introduction to Critical Thinking* (New York: Psychology Press, 2014), 125.
出典6 同右

出典7 2017 Amazon Shareholder Letter, https://s2.q4cdn.com/299287126/files/doc_financials/annual/Amazon_Shareholder_Letter.pdf, accessed February 28, 2021.

出典8 同右

出典9 Jeff Bezos, "The Electricity Metaphor for the Web's Future," TED.com, February 2003, accessed February 28, 2021.

出典10 同右

出典11 Amazon Staff, "The Deceptively Simple Origins of AWS," Amazon, March 17, 2021, https://www.aboutamazon.com/news/aws/the-deceptively-simple-origins-of-aws, accessed December 15, 2021.

## 第Ⅱ部　ストーリーの構築

### 6　3幕構成でストーリーを語れ

出典1 Daniel Perez, "1997: Cheater Bella Can't Escape Stigma of '88 Jailbreak," *El Paso Times*, November 18, 2011, https://www.elpasotimes.com/story/news/history/blogs/tales-from-the-morgue/2011/11/18/1997-cheater-bella-cant-escape-stigma-of-88-jailbreak/31478655/, accessed December 15, 2021.

出典2 Walter Isaacson, *Invent and Wander: The Collected Writings of Jeff Bezos, with an Introduction* (Boston: Harvard Business Review Press, 2020), 4.

出典3 Syd Field, *Screenplay: The Foundations of Screenwriting (Newly Revised and Updated)* (New York: Random House, 1984), 246.

出典4 Amazon Staff, "Statement by Jeff Bezos to the U.S. House Committee on the Judiciary, "Amazon, July 28, 2020, https://www.aboutamazon.com/news/policy-news-views/statement-by-jeff-bezos-to-the-u-s-house-committee-on-the-judiciary, accessed June 29, 2021.

出典5 同右

出典6 Jeff Bezos, "The Economic Club of Washington D.C.," Economic Club's Milestone Celebration Event, September 13, 2018, https://www.economicclub.org/sites/default/files/transcripts/Jeff_Bezos_Edited_Transcript.pdf, accessed December 15, 2021.

出典7 同右

出典8 Brad Stone, *Amazon Unbound: Jeff Bezos and the Invention of a Global Empire* (New York: Simon & Schuster, 2021), 152.

出典9 同右

出典10 Josh Wigler, "'Jack Ryan' Season 2 Will Focus on the Decline of Democracy," *Hollywood Reporter*, September 4, 2018, https://www.hollywoodreporter.com/tv/tv-news/jack-ryan-season-one-explained-1139572/, accessed June 25, 2021.

## 7　著名な起業家たちのオリジン・ストーリー


出典1 Yuval Noah Harari, *Sapiens: A Brief History of Humankind* (New York: HarperCollins, 2015), 25.

出典2 Marc Randolph, cofounder of Netflix, in discussion with the author, November 22, 2019.

出典3 同右

出典4 Melanie Perkins, cofounder and CEO of Canva, in discussion with the author, May 23, 2019.

出典5 Alli McKee,"Your Company in 100 Words: How Warby Parker Uses a New Pair of Sunglasses, "Medium, November 1, 2017, https://medium.com/show-and-sell/your-company-in-100-words-e7558b0b1077, accessed December 16, 2021.

出典6 同右


## 8　イノベーションの源泉、ナラティブ


出典1 Stevie Smith, "The Cognitive Style of PowerPoint," University of Edinburgh, https://www.inf.ed.ac.uk/teaching/courses/pi/2016_2017/phil/tufte-powerpoint.pdf, accessed December 16, 2021.

出典2 Madeline Stone, "A 2004 Email from Jeff Bezos Explains Why PowerPoint Presentations Aren't Allowed at Amazon," Yahoo Finance, July 28, 2015, https://www.businessinsider.com/jeff-bezos-email-against-powerpoint-presentations-2015-7, accessed December 16, 2021.

出典3 "All-Hands Meeting," Amazon, February 2008, https://aws.amazon.com/blogs/startups/how-to-mechanize-prospecting-founder-sales-series-part-6/, accessed December 16, 2021.

出典4 Colin Bryar and Bill Carr, *Working Backwards: Insights, Stories, and Secrets from Inside Amazon* (New York: St. Martin's, 2021), 88.

出典5 Rob Adams McKean and Emil L. Hanzevack, "The Heart of the Matter: The Engineer's Essential One-Page Memo," ChE Classroom, University of South Carolina, Columbia, SC.

出典6 "P&G Good Every Day: Turning Everyday Actions into Acts of Good for the World, "P&G, May 20, 2020, https://us.pg.com/blogs/pg-everyday-turning-everyday-actions-into-acts-of-good-for-the-world/, accessed June 25, 2021.

出典7 Caltech, "Bill Gates Remembers Richard Feynman-Bill Gates," YouTube, May 11, 2018, https://www.youtube.com/watch?v=HotLmqYFKKg, accessed June 25, 2021.

出典8 Richard Phillips Feynman, *What Do You Care What Other People Think: Further Adventures of a Curious Character* (New York: W. W. Norton, 2001), 127.

出典9 同右，146.

出典10 2017 Amazon Shareholder Letter, https://s2.q4cdn.com/299287126/files/doc_financials/annual/Amazon_Shareholder_Letter.pdf, accessed February 28, 2021.

出典11 Brad Porter, former Amazon robotics engineer, in discussion with the author, April 26, 2021.

出典12 Colin Bryar, former VP of Amazon and coauthor of Working Backwards, in discussion with the author, February 5, 2021.

出典13 Jesse Freeman, "The Anatomy of an Amazon 6-Pager, "Writing Cooperative, July 16, 2020, https://writingcooperative.com/the-anatomy-of-an-amazon-6-pager-fc79f31a41c9, accessed December 16, 2021.

出典14 John Mackey, cofounder of Whole Foods, in discussion with the author, November 6, 2020.

出典15 Dana Mattioli, "Amazon Has Become America's CEO Factory," *Wall Street Journal,* November 20, 2019, https://www.wsj.com/articles/amazon-is-americas-ceo-factory-11574263777, accessed December 15, 2021.

出典16 Ronny Kohavi, former Amazon director of data mining and personalization, in discussion with author, April 8, 2021.

出典17 Ron Kohavi and Stefan Thomke, "The Surprising Power of Online Experiments: Getting the Most Out of A/B and Other Controlled Tests," *Harvard Business Review*, September–October 2017, https://hbr.org/2017/09/the-surprising-power-of-online-experiments, accessed June 25, 2021.

出典18 2013 Amazon Shareholder Letter, https://s2.q4cdn.com/299287126/files/doc_financials/annual/2013-Letter-to-Shareholders.pdf, accessed April 3, 2021.

出典19 Brad Porter, in discussion with the author, April 26, 2021.

## 9 未来から逆算する

出典1 Bill Carr, author of *Working Backwards*, in discussion with the author, February 3, 2021.

出典2 Colin Bryar and Bill Carr, *Working Backwards: Insights, Stories, and Secrets from Inside Amazon* (New York: St. Martin's, 2021), 104.

出典3 Oprah Winfrey, "Oprah's Favorite New Gadget," Oprah.com, https://www.oprah.com/oprahshow/oprahs-favorite-new-gadget/all#ixzz6tdLiW8Qd, accessed June 25, 2021.

出典4 Press Center, "Press Release: Introducing Amazon Kindle," Amazon, November 19, 2007, https://press.aboutamazon.com/news-releases/news-release-details/introducing-amazon-kindle, accessed December 16, 2021.

出典5 Montgomery Summit, "Andy Jassy, Amazon Web Services, at the 2015 Montgomery Summit, "YouTube, July 14, 2015, https://www.youtube.

com/watch?v=sfNdigibjlg, accessed June 25, 2021.
出典6 Bill Carr, in discussion with the author, February 3, 2021.
出典7 同右
出典8 Jason Del Rey, "The Making of Amazon Prime, the Internet's Most Successful and Devastating Membership Program," Vox, May 3, 2019, https://www.vox.com/recode/2019/5/3/18511544/amazon-prime-oral-history-jeff-bezos-one-day-shipping, accessed December 16, 2021.
出典9 CNBC, "Jeff Bezos at the Economic Club of Washington," YouTube, September 13, 2018, https://www.youtube.com/watch?v=xv_vkA0jsyo, accessed June 25, 2021.
出典10 Brad Stone, *The Everything Store: Jeff Bezos and the Age of Amazon* (New York: Hachette, 2014); University of Washington Foster School of Business, "Working Backwards from the Customer," YouTube, December 8, 2020, https://www.youtube.com/watch?v=SiKyMxmfiss&t=1s, accessed December 16, 2021
出典11 同右
出典12 Ozan Varol, *Think Like a Rocket Scientist: Simple Strategies You Can Use to Make Giant Leaps in Work and Life* (New York: Hachette), 129.
出典13 同右
出典14 Ozan Varol, rocket scientist and author of *Think Like a Rocket Scientist*, in discussion with author, November 24, 2020.
出典15 同右

## 10 成功者の本の読み方

出典1 Brad Stone, *Amazon Unbound: Jeff Bezos and the Invention of a Global Empire* (New York: Simon & Schuster, 2021), 23.
出典2 Brad Stone, *The Everything Store: Jeff Bezos and the Age of Amazon* (New York: Hachette, 2014).
出典3 同右
出典4 "Amazon's Bezos: Control the Ecosystem," CNBC, https://www.cnbc.com/video/2013/09/25/amazons-bezos-control-the-ecosystem.html?play=1, accessed June 25, 2021.
出典5 Andrew Perrin, "Who Doesn't Read Books in America?," Pew Research Center, September 26, 2019, https://www.pewresearch.org/fact-tank/2019/09/26/who-doesnt-read-books-in-america/, accessed June 25, 2021.
出典6 James Stavridis, admiral, U.S. Navy (ret), and vice chair of the Carlyle Group, in discussion with author, May 18, 2021.
出典7 "Joyce Carol Oates Teaches the Art of the Short Story," MasterClass, https://www.masterclass.com/classes/joyce-carol-oates-teaches-the-art-of-

the-short-story, accessed December 16, 2021.
出典8 James Stavridis, in discussion with author, May 18, 2021.
出典9 同右
出典10 Daniel Lyons, "Why Bezos Was Surprised by the Kindle's Success," *Newsweek*, December 20, 2009, https://www.newsweek.com/why-bezos-was-surprised-kindles-success-75509, accessed June 25, 2021.
出典11 Brandel Chamblee, Golf Channel analyst, in discussion with the author, June 12, 2021.
出典12 Tim Ferriss, "David Rubenstein, Co-founder of the Carlyle Group, on Lessons Learned, Jeff Bezos, Raising Billions of Dollars, Advising Presidents, and Sprinting to the End (#495)," *Tim Ferriss Show*, https://tim.blog/2021/01/27/david-rubenstein/, accessed December 16, 2021.
出典13 David Rubenstein, *How to Lead: Wisdom from the World's Greatest CEOs, Founders, and Game Changers* (New York: Simon & Schuster, 2020), xx.
出典14 同右 , xix.
出典15 Colin Bryar, former VP of Amazon and coauthor of *Working Backwards*, in discussion with the author, February 5, 2021.
出典16 同右
出典17 JSTOR, *Bulletin of the American Academy of Arts and Sciences* 34, no. 2 (November 1980), https://www.jstor.org/journal/bullameracadarts?refreqid=fastly-default%3A9f38b484f7773b99901d4e36f711a5d4, accessed December 16, 2021.

## 第Ⅲ部　アイデアの実現へ

### 11　卓越したスピーカーになるために

出典1 Carmine Gallo, "College Seniors: 65% of Recruiters Say This One Skill Is More Important Than Your Major," *Forbes*, April 30, 2017, https://www.forbes.com/sites/carminegallo/2017/04/30/college-seniors-65-percent-of-recruiters-say-this-one-skill-is-more-important-than-your-major/?sh=7d5d119c757c, accessed April 11, 2021.
出典2 Don Tennant featuring Carmine Gallo, "Presentation Skills Linked to Career Success, Survey Finds—IT Business Edge," Carmine Gallo, https://www.carminegallo.com/presentation-skills-linked-to-career-success-survey-finds-it-business-edge/, accessed April 11, 2021.
出典3 Jeff Bezos, "Jeff Bezos—March 1998, Earliest Long Speech," YouTube, https://www.youtube.com/watch?v=PnSjKTW28qE&t=6s, accessed April 11, 2021.
出典4 Jeff Bezos, "The Electricity Metaphor for the Web's Future," TED, 2003, https://www.ted.com/talks/jeff_bezos_the_electricity_metaphor_for_

the_web_s_future/transcript?language=en#t-1013417/, accessed April 11, 2021.
出典5 Jeff Bezos, "Going to Space to Benefit Earth (Full Event Replay)," YouTube, May 9, 2019, https://www.youtube.com/watch?v=GQ98hGUe6FM, accessed April 11, 2021.
出典6 Steve Jobs, "Steve Jobs Early TV Appearance.mov," YouTube, February 5, 2011, https://www.youtube.com/watch?v=FzDBiUemCSY, accessed April 13, 2021.
出典7 Steve Jobs, "Steve Jobs iPhone 2007 Presentation (HD)," YouTube, May 13, 2013, https://www.youtube.com/watch?v=vN4U5FqrOdQ, accessed April 13, 2021.

## 12 ミッションをマントラに

出典1 1997 Amazon Shareholder Letter, https://s2.q4cdn.com/299287126/files/doc_financials/annual/Shareholderletter97.pdf, accessed February 15, 2021.
出典2 John P. Kotter, "Leading Change: Why Transformation Efforts Fail," *Harvard Business Review*, May–June 1995, https://hbr.org/1995/05/leading-change-why-transformation-efforts-fail-2, accessed December 16, 2021.
出典3 1998 Amazon Shareholder Letter, https://s2.q4cdn.com/299287126/files/doc_financials/annual/Shareholderletter98.pdf, accessed February 15, 2021.
出典4 CNBC, "Jeff Bezos in 1999 on Amazon's Plans Before the Dotcom Crash," YouTube, February 8, 2019, https://www.youtube.com/watch?v=GltlJO56S1g, accessed December 16, 2021.
出典5 "Video from Jeff Bezos About Amazon and Zappos," YouTube, July 22, 2009, https://www.youtube.com/watch?v=-hxX_Q5CnaA, accessed December 16, 2021.
出典6 "Inc.: Why I Sold Zappos," Delivering Happiness, https://blog.deliveringhappiness.com/blog/inc-why-i-sold-zappos, accessed December 16, 2021.
出典7 "Video from Jeff Bezos About Amazon and Zappos," YouTube.
出典8 David Rubenstein, "Amazon CEO Jeff Bezos on the David Rubenstein Show," YouTube, September 19, 2018, https://www.youtube.com/watch?v=f3NBQcAqyu4, accessed December 16, 2021.
出典9 CNBC, "Steve Jobs 1997 Interview: Defending His Commitment to Apple/CNBC," YouTube, April 27, 2018, https://www.youtube.com/watch?v=xchYT9wz5hk, accessed December 16, 2021.

出典 10 Jose E. Puente, "Steve Jobs Holding a Small Staff Meeting in Sept 23, 1997," YouTube, https://www.youtube.com/watch?v=8-Fs0pD2Hsk, accessed December 16, 2021.

出典 11 Guy Kawasaki, chief evangelist of Canva and creator of *Guy Kawasaki's Remarkable People* podcast, in discussion with the author, February 15, 2019.

出典 12 John Mackey, cofounder of Whole Foods, in discussion with the author, November 6, 2020.

出典 13 John Mackey, Steve McIntosh, and Carter Phipps, *Elevating Humanity Through Business: Conscious Leadership* (New York: Penguin Random House, 2020), 17.

出典 14 "Leverage the Power of Purpose," *Wall Street Journal*, https://deloitte.wsj.com/articles/leverage-the-power-of-purpose-01575060972, accessed December 16, 2021.

出典 15 John Mackey et al., Elevating Humanity, 17.

出典 16 Hubert Joly with Caroline Lambert, *The Heart of Business: Leadership Principles for the Next Era of Capitalism* (Boston: Harvard Business Review Press, 2021), 270.

出典 17 "Medtronic Mission Statement," Medtronic, https://www.medtronic.com/me-en/about/mission.html, accessed December 16, 2021.

出典 18 同右

出典 19 同右

出典 20 Michael Moritz, partner at Sequoia Capital, in discussion with the author, October 23, 2015.

## 13 シンボルの大いなる力

出典 1 Amazon Web Services, "2012 re:Invent Day 2: Fireside Chat with Jeff Bezos & Werner Vogels," YouTube, November 29, 2012, https://www.youtube.com/watch?v=O4MtQGRIIuA, accessed July 1, 2021.

出典 2 10,000 Year Clock, http://www.10000yearclock.net/learnmore.html, accessed July 1, 2021.

出典 3 Bill Carr, author of *Working Backwards*, in discussion with the author, February 3, 2021; "Amazon Empire: The Rise and Reign of Jeff Bezos," PBS, https://www.pbs.org/wgbh/frontline/film/amazon-empire/, accessed December 16, 2021.

出典 4 John Rossman, *Think Like Amazon: 50 and a Half Ways to Become a Digital Leader* (New York: McGraw Hill, 2019), 66.

出典 5 Marc Randolph, *That Will Never Work: The Birth of Netflix and the Amazing Life of an Idea* (New York: Little, Brown, 2019), 150.

出典 6 John Mackey, Steve McIntosh, and Carter Phipps, *Elevating Humanity Through Business: Conscious Leadership* (New York: Penguin Random

House, 2020), 20.

## 14 データに命を吹きこむ


出典1 Academy of Achievement, “Jeff Bezos, Academy Class of 2001, Full Interview,” YouTube, July 12, 2016, https://www.youtube.com/watch?v=s7ZvBy1SROE, accessed June 27, 2021.

出典2 Andrew Cave,“What Will We Do When the World’s Data Hits 163 Zettabytes in 2025?, ”Forbes, April 13, 2017, https://www.forbes.com/sites/andrewcave/2017/04/13/what-will-we-do-when-the-worlds-data-hits-163-zettabytes-in-2025/?sh=39ee1511349a, accessed December 16, 2021.

出典3 Ilyse Resnick, Nora S. Newcombe, and Thomas F. Shipley, “Dealing with Big Numbers: Representation and Understanding of Magnitudes Outside of Human Experience,” *Cognitive Science* 41, no. 4 (2017): 1020–2041, accessed June 27, 2021, https://onlinelibrary.wiley.com/doi/full/10.1111/cogs.12388.

出典4 Jeff Bezos, “Jeff Bezos—March 1998, Earliest Long Speech,” YouTube, https://www.youtube.com/watch?v=PnSjKTW28qE&t=6s, accessed April 11, 2021.

出典5 Jeff Bezos, “Letter to Shareholders,” Amazon, 1997, https://s2.q4cdn.com/299287126/files/doc_financials/annual/Shareholderletter97.pdf, accessed February 15, 2021.

出典6 Jeff Bezos, “Letter to Shareholders,” Amazon, 2001, https://s2.q4cdn.com/299287126/files/doc_financials/annual/2001_shareholderLetter.pdf, accessed June 27, 2021.

出典7 Blue Origin, “Going to Space to Benefit Earth (Full Event Replay),” YouTube, May 9, 2019, https://www.youtube.com/watch?v=GQ98hGUe6FM, accessed December 16, 2021.

出典8 Jeff Bezos, “Letter to Shareholders,” Amazon, 2020, https://www.aboutamazon.com/news/company-news/2020-letter-to-shareholders, accessed April 29, 2021.

出典9 Brent Dykes, “Data Storytelling: The Essential Data Science Skill Everyone Needs, ”*Forbes*, March 31, 2016, https://www.forbes.com/sites/brentdykes/2016/03/31/data-storytelling-the-essential-data-science-skill-everyone-needs/?sh=2381f06052ad, accessed December 16, 2021.

出典10 CNBC, “Jeff Bezos at the Economic Club of Washington (9/13/18),” YouTube, https://www.youtube.com/watch?v=xv_vkA0jsyo, accessed December 16, 2021.

出典11 同右

## 15 ガロ・メソッド：アイデアを15秒で売りこむ

出典1 "Doris Kearns Goodwin Teaches U.S. Presidential History and Leadership," MasterClass, https://www.masterclass.com/classes/doris-kearns-goodwin-teaches-us-presidential-history-and-leadership, accessed December 16, 2021.

出典2 TEDx Talks, "Quantum Physics for 7 Year Olds, Dominic Walliman, TEDxEastVan, "YouTube, May 24, 2016, https://www.youtube.com/watch?v=ARWBdfWpDyc, accessed December 16, 2021.

出典3 Kurt A. Carlson and Suzanne B. Shu, "When Three Charms but Four Alarms: Identifying the Optimal Number of Claims in Persuasion Settings," https://journals.sagepub.com/doi/10.1509/jm.11.0504, accessed December 16, 2021.

出典4 Dominick Reuter and Megan Hernbroth, "How Founders Can Use the 'Rule of 3' to Prepare Your Pitch and Quickly Raise Vital Funding to Launch Your Startup," *Business Insider*, August 11, 2020, https://www.businessinsider.com/how-to-pitch-startup-rule-of-3-founders-raise-most-seed-pitches, accessed December 16, 2021.

出典5 Dan Michel, "The Entrepreneur-TurnedClothier Shares His Biggest Obstacles—Behind Creating UNTUCKit," UNTUCKit, https://www.untuckit.com/blogs/style/off-the-cuff-chris-riccobono, accessed December 16, 2021.

## おわりに 革新と創造、そしてさすらい

出典1 CNBC, "Jeff Bezos at the Economic Club of Washington (9/13/18)," YouTube, https://www.youtube.com/watch?v=xv_vkA0jsyo, accessed December 16, 2021.

出典2 Shane O'Mara, "Why Walking Matters—Now More Than Ever," *Wall Street Journal*, April 18, 2020, https://www.wsj.com/articles/why-walking-mattersnow-more-than-ever-11587182460, accessed December 16, 2021.

出典3 Charlie Rose, "A Conversation with Amazon's Founder and Chief Executive Officer, Jeff Bezos," Power of Questions, October 27, 1016, https://charlierose.com/videos/29412, accessed December 16, 2021.

出典4 Walter Isaacson, *Invent and Wander: The Collected Writings of Jeff Bezos, with an Introduction* (Boston: Harvard Business Review Press, 2020), 4.

出典5 Catherine Clifford, "Jeff Bezos: You Can't Pick Your Passions," CNBC, February 7, 2019, https://www.cnbc.com/2019/02/07/amazon-and-blue-origins-jeff-bezos-on-identifying-your-passion.html, accessed December 16, 2021.

出典6 2020 Amazon Shareholder Letter, https://s2.q4cdn.com/299287126/files/doc_financials/2021/ar/Amazon-2020-Shareholder-Letter-and-1997-Shareholder-Letter.pdf, accessed December 16, 2021.

〈参考文献一覧〉

『スティーブ・ジョブズ 驚異のプレゼン―人々を惹きつける18の法則』著：カーマイン・ガロ、訳：井口耕二（日経ＢＰ）
『ＴＥＤ 驚異のプレゼン―人を惹きつけ、心を動かす9つの法則』著：カーマイン・ガロ、訳：土方奈美（日経ＢＰ）
『ジェフ・ベゾス 果てなき野望―アマゾンを創った無敵の奇才経営者』著：ブラッド・ストーン、訳：井口耕二（日経ＢＰ）
『バレット博士の脳科学教室 7½章』著：リサ・フェルドマン・バレット、訳：高橋洋（紀伊國屋書店）
『ファスト&スロー―あなたの意思はどのように決まるか？』(上)(下)著：ダニエル・カーネマン、訳：村井章子（早川書房）
『ブラック・スワン―不確実性とリスクの本質』(上)(下)著：ナシーム・ニコラス・タレブ、訳：望月衛（ダイヤモンド社）
『ブラック・スワンの箴言―合理的思考の罠を嗤う３９２の言葉』著：ナシーム・ニコラス・タレブ、訳：望月衛（ダイヤモンド社）
『イノベーション・オブ・ライフ―ハーバード・ビジネススクールを巣立つ君たちへ』著：クレイトン・Ｍ．クリステンセン、ジェームズ・アルワース、カレン・ディロン、訳：櫻井祐子（翔泳社）
『レトリックと人生』著：ジョージ・レイコフ、マーク・ジョンソン、訳：渡部昇一、楠瀬淳三、下谷和幸（大修館書店）
『人月の神話 新装版』著：フレデリック・Ｐ．ブルックス Jr．、訳：滝沢徹、牧野祐子、富澤昇（ピアソン・エデュケーション）
『アマゾンの最強の働き方―Working Backwards』著：コリン・ブライアー、ビル・カー、監修：紣川謙、訳：須川綾子（ダイヤモンド社）
『ビジョナリー・カンパニー2―飛躍の法則』著：ジム・コリンズ、訳：山岡洋一（日経ＢＰ）
『サピエンス全史―文明の構造と人類の幸福』著：ユヴァル・ノア・ハラリ、訳：柴田裕之（河出書房新社）
『ホビットの冒険』著：Ｊ．Ｒ．Ｒ．トールキン、訳：瀬田貞二（岩波書店）
『月世界旅行』著：ジュール・ヴェルヌ、訳：高山宏（筑摩書房）
『デイヴィッド・コパフィールド』著：チャールズ・ディケンズ、訳：石塚裕子（岩波書店）
『異星の客』著：ロバート・Ａ．ハインライン、訳：井上一夫（東京創元社）
『ガリバー旅行記』著：ジョナサン・スウィフト、訳：山田蘭（角川文庫）
『黒馬物語』著：アンナ・シュウエル、訳：土井すぎの（岩波書店）
『永遠の王―アーサーの書』著：Ｔ．Ｈ．ホワイト、訳：森下弓子（東京創元社）
『新版 指輪物語』著：Ｊ．Ｒ．Ｒ．トールキン、訳：瀬田貞二、田中明子（評論社）
『宝島』著：ロバート・Ｌ．スティーヴンスン、訳：海保眞夫（岩波書店）
『ウォーターシップ・ダウンのウサギたち』(上)(下)著：リチャード・アダムズ、訳：神宮輝夫（評論社）
『新鋭艦長、戦乱の海へ―英国海軍の雄 ジャック・オーブリー』(上)(下)著：パトリック・オブライアン、訳：高橋泰邦（早川書房）

『炎の門―小説テルモピュライの戦い』著：スティーヴン・プレスフィールド、訳：三宅真理（文藝春秋）
『日の名残り』著：カズオ・イシグロ、訳：土屋政雄（早川書房）
『世界を変えた31人の人生の講義』著：デイヴィッド・M．ルーベンシュタイン、訳：高橋功一（文響社）
『ビジョナリー・カンパニー―時代を超える生存の法則』著：ジム・コリンズ、ジェリー・ポラス、訳：山岡洋一（日経BP）
『増補改訂版 イノベーションのジレンマ―技術革新が巨大企業を滅ぼすとき』著：クレイトン・クリステンセン、監修：玉田俊平太、訳：伊豆原弓（翔泳社）
『ザ・ゴール―企業の究極の目的とは何か』著：エリヤフ・ゴールドラット、訳：三本木亮（ダイヤモンド社）
『会長からのメモ―機知とユーモアの経営』著：アラン・C．グリーンバーグ、訳：三原淳雄（ダイヤモンド社）
『THE HEART OF BUSINESS―「人とパーパス」を本気で大切にする新時代のリーダーシップ』著：ユベール・ジョリー、キャロライン・ランバート、訳：樋口武志（英治出版）
『リンカーン』(上)(下)著：ドリス・カーンズ・グッドウィン、訳：平岡緑（中央公論新社）

著者紹介

Carmine Gallo
カーマイン・ガロ

コミュニケーション・アドバイザー。

ベストセラー『スティーブ・ジョブズ　驚異のプレゼン』（日経 BP）の著者。名だたる企業の経営幹部をクライアントに持ち、プレゼンテーションやコミュニケーションの指導にあたる。リーダーをパワフルなストーリーテラーに変える名コーチとして知られる。

Forbes.com、Harvard Business Review などに寄稿多数。

訳者紹介

**鈴木ファストアーベント理恵**

学習院大学法学部政治学科卒業、ロンドン・スクール・オブ・エコノミクス（LSE）国際関係学修士課程修了。

外資系企業、在ドイツ経済振興組織などでの勤務を経て、英日・独日翻訳に従事。訳書に『Sleep, Sleep, Sleep』（サンマーク出版）などがある。

Amazon創業者 ジェフ・ベゾスの
お金を生み出す伝え方

2023 年 8 月 8 日　第 1 刷発行

著者　カーマイン・ガロ
翻訳　鈴木ファストアーベント理恵
装丁　井上新八
本文デザイン　新開葉月　大井香苗
イラスト　周田心語
編集　林田玲奈　大橋弘祐
発行者　山本周嗣
発行所　株式会社文響社
〒 105-0001 東京都港区虎ノ門 2-2-5 共同通信会館 9F
ホームページ　http://bunkyosha.com
お問い合わせ　info@bunkyosha.com
印刷・製本　中央精版印刷株式会社



ISBN コード：978-4-86651-642-4　Printed in Japan

この本に関するご意見・ご感想をお寄せいただく場合は、郵送またはメール（info@bunkyosha.com）にてお送りください。